바닥부터 배우는
강화 학습

강화 학습 기초에 대한 쉽고 정확한 개념 설명

YoungJin.com Y.
영진닷컴

바닥부터 배우는
강화 학습

ISBN 978-89-314-6317-0

독자님의 의견을 받습니다.
이 책을 구입한 독자님은 영진닷컴의 가장 중요한 비평가이자 조언가입니다. 저희 책의 장점과 문제점이 무
엇인지, 어떤 책이 출판되기를 바라는지, 책을 더욱 알차게 꾸밀 수 있는 아이디어가 있으면 팩스나 이메일,
또는 우편으로 연락주시기 바랍니다. 의견을 주실 때에는 책 제목 및 독자님의 성함과 연락처(전화번호나
이메일)를 꼭 남겨 주시기 바랍니다. 독자님의 의견에 대해 바로 답변을 드리고, 또 독자님의 의견을 다음
책에 충분히 반영하도록 늘 노력하겠습니다.

이메일 : support@youngjin.com
주 소 : (우)08507 서울특별시 금천구 가산디지털1로 128 STX V타워 4층 401호

파본이나 잘못된 도서는 구입하신 곳에서 교환해 드립니다.

STAFF
저자 노승은 | **총괄** 김태경 | **기획** 김민경 | **표지 디자인** 임정원 | **내지 디자인** 김소연 | **편집** 김소연
영업 박준용, 임용수, 김도현 | **마케팅** 이승희, 김근주, 조민영, 김예진, 이은정 | **제작** 황장협 | **인쇄** 예림인쇄

강화 학습은 고전적인 이론들이 바탕이 되면서도 문제마다 적절한 해결 방안이 다른 매우 재미있는 분야입니다. 딥러닝과 접목된 이후 방대한 분야에서 활용되고 있는 현 시점에, '바닥부터 배우는 강화 학습'은 많은 분들에게 기초 이론과 그 응용을 위한 최고의 입문서가 될 것입니다.

이원종, 서울대학교 지능정보융합학과 교수

현업의 강화 학습 전문가가 전하는 강화 학습의 생생한 이야기. 친절한 설명과 자세한 디테일을 동시에 겸비한 책. 강화 학습의 이론적인 기초부터 실무적인 사례까지 폭넓게 다루고 있습니다.

이상우, 네이버 Clova AI Research 기술 리더

아주 직관적인 말과 예시로 강화 학습의 핵심 기초를 촘촘히 모아두었습니다. 유행하는 최신 기법들은 언제나 빠르게 생겨나지만 근간이 되는 기초는 결코 쉽게 변하지 않는다는 점에서, 이 책은 오랜 시간이 흘러도 그 가치를 잃지 않을 소중한 책이 될 것입니다. 강화 학습을 꿈꾸는 이들에게 가히 최고의 책이 아닐 수 없습니다.

곽동현, 네이버 Clova AI / 서울대학교 BILAB 박사(수료)

여러분은 강화 학습을 들어 보셨나요? 들어 보셨다면, 강화 학습을 좋아하시나요? 저는 강화 학습을 좋아해서 게임 회사에서 강화 학습을 게임 AI에 적용하는 일을 하는 연구원입니다. 강화가 잘 되는 에이전트를 처음으로 학습 시키는 데에 성공했던 날을 아직도 기억합니다. 블레이드&소울이라는 게임에서 일대일로 대전하며 무공을 겨루는 AI였는데요, 처음에는 원숭이가 무작위로 뛰어다니듯 플레이하던 에이전트가 점점 공격하고, 스킬을 쓰더니 나중에는 콤보를 이어가며 숨 쉴 틈 없이 상대를 몰아붙였습니다. 이를 거창하게 표현하자면 '지금 하나의 지능이 만들어지고 있는 순간이구나' 하고 느꼈습니다.

이런 에이전트를 만들기까지의 과정이 순탄치만은 않았습니다. 특히 처음 강화 학습 공부를 시작할 때 느꼈던 막막함은 이루 말할 수 없었습니다. 머신러닝 안의 수많은 세부 분야 중에서 유독 강화 학습이 중요도보다 한글로 된 좋은 자료가 부족한 것 같습니다. 기초가 잘 잡혀 있다면 세계적인 연구 기관에서 쏟아내는 논문이 그 자체로 학습 자료이겠지만, 초심자에게는 너무나 어렵습니다. 무작정 논문을 읽기 시작하니 이해도 잘 가지도 않고, 혹 이해가 가더라도 개념들 사이에 구멍이 숭숭 뚫려있는 듯했습니다. 스스로 논문을 읽고 어느 정도 소화할 수 있는 단계에 이르기 위해서는 탄탄한 기초를 잡아줄 수 있는 징검다리가 필요합니다. 이 책은 바로 그 징검다리를 표방합니다. 강화 학습의 기초 개념들을 구멍 없이 탄탄하게, 바닥부터 다룹니다.

이를 위해 책을 쓰는 과정 동안 두 가지를 염두에 두었습니다. 첫 번째는 **"쉽게"** 입니다. 사실 강화 학습의 본질은 경험을 통해 행동을 교정하는 과정 그뿐입니다. 경험 중에 결과가 좋았던 행동은 더 자주 하도록, 결과가 좋지 않았던 행동은 덜 하도록 교정하는 것이 강화 학습의 본질입니다. 물론 깊게 들여다보면 보다 복잡한 이야기가 나오지만, 그럴 때마다 본질에 입각하여 다양한 수식들이 어떻게 이 본질을 구현한 것에 지나지 않는지 풀어서 설명하고자 노력했습니다.

두 번째 포인트는 **"기본에 충실하게"** 입니다. 시중에 나와 있는 강화 학습 서적들이 주로 최신 알고리즘과 그 구현에 초점을 맞추고 있는 듯 하다는 느낌을 받았습니다. 숲보다는 나무를 먼저 보는 느낌이랄까요? 아무래도 당장 가져다 쓰기에 유용하겠지만 기초를 다지는 데에는 적합하지 않을 것입니다. 저는 무언가를 처음 학습할 때는 먼저 숲을 보아야 한다고 생각합니다. 그래야 내가 어떤 부분을 알고, 어떤 부분을 모르는지 알수 있습니다. 숲을 보고 나면 이후에 각각의 나무에 해당하는 내용을 오히려 더 빨리 파악할 수 있습니다. 그래서 책을 쓰며 큰 틀에서 강화 학습이라는 분야가 어떻게 구성되고, 나아가 각 알고리즘이 어느 흐름 안에 위치하는지 기초부터 전달할 수 있도록 고심하였습니다.

사실 강화 학습은 그 자체로 참 매력적입니다. 어떠한 선생님도 없이 스스로 학습하여 이세돌을 이기는 바둑 지능을 만들어 냈으니까요. 그래서 저는 이 책을 통해 강화 학습이 가지고 있는 본질적 매력을 고스란히 전할 수만 있어도 성공이라 생각합니다. 조금 더 욕심을 낸다면 이 책이 드넓은 강화 학습의 세계에서 여러분에게 길잡이 역할을 해줄 수 있기를 바랍니다. 책을 쓰는 과정이 처음인 저에게는 참 쉽지 않은 과정이었는데, 이 책이 꼭 누군가에게 도움이 될 수 있다면 좋겠습니다. 마지막으로 항상 저를 믿고 아낌없이 지지해주시는 부모님과 책 출간에 도움을 준 전민영, 박정훈, 노은에게 감사의 말씀을 전합니다. 감사합니다.

노승은

목차

저자 소개

노승은

- 민족사관고등학교 졸업
- 서울대학교 자유전공학부 컴퓨터공학/경제학 전공
- 서울대학교 융합과학기술대학원 석사
- 현) 엔씨소프트 GameAI랩 강화 학습 연구원
- 현) 강화 학습 유튜브 채널 '팡요랩' 운영

유튜브 소개

팡요랩

팡요랩은 친구 전민영과 함께 강화 학습과 관련된 다양한 컨텐츠를 소개하는 유튜브 채널입니다. 해당 채널에서는 강화 학습 기초 이론에 대한 소개부터 시작해 중요한 논문에 대한 설명, 구현까지 다룹니다.

소스 코드 다운로드 소개

책에서 사용된 소스 코드는 github.com/seungeunrho/RLfrombasics에서 다운로드하거나 [영진닷컴 홈페이지]–[부록 CD 다운로드]에서 "바닥부터 배우는 강화 학습"을 검색하면 다운로드할 수 있습니다.

강화 학습이란

바둑에서 시작하여 게임, 금융, 로봇까지 수많은 분야에서 강화 학습을 통해 전례 없는 수준의 AI가 만들어졌습니다. 기존 학습 방법론과 어떤 차이가 있었기에 이런 도약이 가능했을까요? 그에 대한 답은 강화 학습이 무엇인가 라는 작은 이야기부터 시작합니다.

강화 학습이란

드디어 강화 학습에 대해 배우는 긴 여정이 시작되었습니다. 이번 챕터의 목적은 강화 학습이란 무엇인지에 대해 설명하는 것입니다. 그에 더해서 강화 학습이 얼마나 직관적이고 매력적인 아이디어인지 여러분을 설득하는 것입니다. 이를 위해 먼저 강화 학습이 대체 무엇인지 지도 학습과 비교하여 설명하며 이야기를 시작하겠습니다. 이어서 강화 학습이 풀고자 하는 문제와 강화 학습에서 자주 등장하는 기초 개념들을 살펴본 후에 마지막으로 동기 부여를 위해 강화 학습이 갖고 있는 위력에 대해 간략히 다루겠습니다. 첫 번째 챕터인 만큼 가볍게 읽을 수 있습니다.

1.1 지도 학습과 강화 학습

| 그림 1-1 | 아버지로부터 배우는 민준이

강화 학습이 어떤 특징을 가지고 있는지 쉽게 알아보기 위해 먼저 어린 아이가 자전거를 배우는 이야기를 잠시 해볼까 합니다. 8살 어린이 민준이와 지윤이는 두발 자전거를 타는 법을 배우기 위해 둘 다 자전거를 끌고 운동장에 갔습니다. 여기까지는 똑같습니다. 하지만 둘은 서로 다른 방식을 택합니다. 민준이는 그림 1-1처럼 아버지에게 배웁니다. 자전거를 능숙하게 탈 줄 아는 아버지의 강의가 시작되었습니다. 아버지는 민준이에게 핸들은 어떻게 잡는지, 페달은 어떻게 밟는지, 방향은 어떻게 바꾸는지 하나하나 알려주었습니다. 강의가 끝나고 나서는 실습 시간도 있었습니다. 아버지는 먼저 자전거를 능숙하게 타는 모습을 보여주었고, 그 다음에는 민준이를 자전거에 앉혀놓고 세세하게 코치해 줬습니다. 이 상황에선 이렇게 하고, 저 상황에선 저렇게 하라는 식으로 말이죠. 말하자면 민준이는 **지도자**supervisor의 도움을 받아서 자전거 타는 법을 **학습**learning하고 있습니다.

| 그림 1-2 | 혼자서 시행착오를 통해 배우는 지윤이

반면에 지윤이는 조금 다른 방법으로 도전합니다. 지윤이는 그림 1-2처럼 헬멧을 착용하고 씩씩하게 혼자서 운동장으로 향했습니다. 그리고 크게 심호흡을 한 번 하고는, 무작정 자전거에 올라 타서 페달을 밟기 시작했습니다. 물론 얼마 못 가 쿵! 하고 넘어졌지만 지윤이에게 포기란 없습니다. 일어나서 흙을 털고는 다시 자전거에 올라탑니다. 그렇게 지윤이는 타고, 넘어지고, 다시 타는 것을 반복합니다. 처음에는 1m도 못 가서 넘어지지만 조금씩 넘어지지 않고 타는 방법을 익힙니다. 속도를 빠르게 하면 오히려 균형을 잡기 쉽다든지, 넘어질 것 같을 때에는 오히려 넘어질 방향으로 핸들을 더 돌리면 균형을 잡을 수 있다든지 등을 배웁니다. 여기서 중요한 점은 아무도 이런 지식을 알려준 적이 없

다는 것입니다. 그럼에도 불구하고 스스로 조금씩 깨우치게 되는 것이죠. 그런 깨우침을 통해 균형을 잡고 버티는 시간도 조금씩 늘어나게 됩니다. 말하자면 지윤이는 **시행착오**trial and error를 통해 학습하고 있습니다.

둘 다 자전거를 잘 타는 것을 목표로 하고 있지만, 전혀 다른 접근 방법을 통해 학습 중입니다. 민준이는 지도자의 도움을 통해 자전거 타는 법을 배웠고, 지윤이는 스스로 시행착오를 통해 배웠습니다. 이 2가지 카테고리의 방법론은 꼭 자전거를 배울 때에만 해당하는 이야기는 아닙니다. 두 방법론 모두 일반적으로 무언가에 대해 학습할 때에 취할 수 있는 대표적인 방법론입니다. 심지어 기계가 무엇인가를 학습할 때에도 위 2가지 방법론 중 하나를 채택할 수 있습니다. 방법론 중 민준이의 방법은 **지도 학습**supervised learning에 대응되고, 지윤이의 방법은 바로 이 책의 주제인 **강화 학습**reinforcement learning에 대응됩니다.

기계 학습의 분류

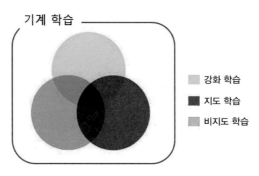

| 그림 1-3 | 기계 학습의 분류

각각의 방법론을 설명하기 전에 큰 그림부터 짚고 넘어가겠습니다. 그림 1-3과 같이 지도 학습과 강화 학습은 더 큰 틀인 **기계 학습**machine learning에 속하는 개념입니다. 기계 학습이란 문자 그대로 기계에게 무언가를 배우게 하는 것을 가리킵니다. 알파고가 이세돌을 이긴 날부터 인공지능 혹은 **AI**artificial intelligence라는 단어는 대중적으로 쓰이는 말이 된 반면, 기계 학습이라는 개념은 아직 생소한 분들이 계실 겁니다. 이 용어들은 어떻게 다를까요? 먼저 인공지능은 학술적으로 엄밀히 정의되지 않는, 좀 더 대중적인 용어입니다. 따라서 그 경계가

두루뭉술합니다. 인위적으로 만들어진 지능을 넓게 이르는 말로 이해하면 될 것 같습니다. 그리고 기계 학습은 이러한 인공지능을 구현하는 하나의 방법론입니다. 인공지능을 꼭 기계 학습으로만 구현해야 하는 것은 아닙니다. 예컨대 게임 속 몬스터의 지능을 만든다고 할 때, 각 상황에 따른 움직임을 명시적으로 프로그래밍 할 수도 있습니다. 여기에 기계 학습이 쓰이지는 않았지만 몬스터의 지능은 분명 인공지능으로 볼 수 있습니다. 어찌 되었든 사람이 만든 지능임에는 틀림 없으니까요. 하지만 모든 상황에 대해서 사람이 일일이 대처하라는 규칙을 구현해야 한다면 그 지능이 할 수 있는 일에는 한계가 있습니다. 그래서 요즘 화제가 되고 있는 인공지능은 대부분 기계 학습을 통해 만들어 집니다. 지도 학습과 강화 학습 모두 기계 학습이라는 큰 틀 안에 포함되는 방법론입니다.

그림 1-3에서 보시다시피 지도 학습과 강화 학습 말고도 **비지도 학습**unsupervised learning이라는 방법론이 있습니다. 지도 학습은 지도자(혹은 정답)가 있는 상태에서 배우는 것이고, 강화 학습은 홀로 시행착오를 통해 배우는 것입니다. 비지도 학습은 둘 다 아닙니다. 비지도 학습에 대해 예시를 통해 설명해보자면 대표적으로 생성 모델이 있습니다. 예컨대 사람 얼굴 사진 1만 장을 주고 학습한 후에 1만 장에 포함되어 있지 않은 새로운 사람의 얼굴을 생성해내는 것을 목표로 학습하는 겁니다. 이를 위해서는 사람 얼굴이 가지는 특징, 좀 더 어려운 말을 빌리면 사람 얼굴 사진의 분포를 학습해내야 합니다. 비지도 학습의 다른 예시로는 클러스터링이 있습니다. 주어진 데이터 중에서 성질이 비슷한 것들끼리 묶는 것입니다. 비지도 학습은 이 책의 주제를 벗어나므로 이보다 구체적인 내용을 다루지는 않도록 하겠습니다. 먼저 지도 학습에 대해서 간단히 설명하고, 그와 비교하면서 강화 학습이 어떻게 다른지 설명하겠습니다.

지도 학습

남자　　　　　　여자

| 그림 1-4 | 인물 사진과 해당 인물의 성별이 주어진 데이터

민준이가 아버지에게 자전거 타는 법을 배웠던 것처럼 지도 학습에는 지도자혹은 정답이 주어져 있습니다. 예컨대 그림 1-4처럼 각각 남자와 여자 사진이1만 장씩 있다고 가정해 봅시다. 이 데이터를 기반으로 지도 학습을 이용하면인물의 사진이 주어지면 해당 인물의 성별을 아웃풋으로 출력하는 모델을 학습할 수 있습니다. 이처럼 학습에 사용되는 데이터를 **학습 데이터**^{training data}라고합니다. 즉, 지도 학습을 통해 학습 데이터 안의 인풋과 아웃풋 사이 관계를학습하는 것입니다. 그렇다면 데이터와 정답 사이 관계는 어떻게 학습하느냐에대한 대답도 이 책의 범위를 벗어 나기 때문에 자세히는 다루지 못하지만 간략히 얘기해보면 어떤 예측 모델을 만드는 것입니다. 예를 들어,

"머리카락이 길면 여자다"

라는 모형을 생각해 볼 수 있습니다. 자유로운 개성을 추구하는 요즘의 시대상을 잘 반영하지 못하는 모델이겠지만 여하간 그런 모델을 생각해 볼 수 있습니다. 사진 안에서 머리에 해당하는 부분을 찾고, 그 안에서 머리카락에 해당하는 부분을 찾아서, 그 머리카락의 평균 길이를 재는 것입니다. 그래서 어떤 값x 이상이면 여자, 이하면 남자로 판별하는 식의 모형을 만들 수 있습니다. 그리고 학습 데이터 안에서 정답률을 가장 높이는 x를 찾는 것입니다. 물론 이런 방식의 모델은 한계가 분명합니다. 머리가 짧은 여자나 머리가 긴 남자를 맞힐 수는 없습니다. 위 모형은 그저 하나의 예시일 뿐입니다. 이처럼 머리 길이라는 **피처**^{feature}를 이용하여 모델을 만들 수도 있는 반면 요즘은 **딥러닝**^{deep learning}이라

는 방법론을 이용해 피처를 자동으로 추출하여 학습하는 방식을 많이 사용합니다. 구체적으로 딥러닝을 이용한 학습이 어떻게 이루어지는지에 대한 내용은 이후 챕터 7에서 자세히 다루도록 하겠습니다.

여하간 이와 같은 모델을 학습하고 나면 나중에 정답을 모르는 데이터를 인풋으로 받았을 때 그에 해당하는 정답을 맞출 수 있습니다. 예를 들어 그림 1-5처럼 정답을 모르는 인물 사진이 주어졌다고 해 봅시다.

| 그림 1-5 | 정답을 모르는 데이터

그렇다면 앞에서 학습한 모델을 이용해 각 사진에 대해 성별이 무엇일지 맞혀볼 수 있습니다. 어떤 경우에는 틀리기도 하고 맞히기도 할 것입니다. 이처럼 정답을 모르지만 우리가 궁극적으로 정답을 맞히고자 하는 데이터를 **테스트 데이터**^{test data}라고 합니다. 여기서 명심해야 할 것은 테스트 데이터는 지금까지 한 번도 본적이 없는 사진이어야 한다는 점입니다. 더 설명하자면, 테스트 데이터와 학습 데이터에 겹치는 사진이 있으면 안됩니다. 겹치는 사진이 있다면 그 사진의 정답 성별은 이미 알고 있는 것일 테니까요. 정리하면 이처럼 학습 데이터를 이용해 인풋과 정답 사이 관계를 학습하여 테스트 상황에서 정답을 맞힐 수 있는 인공지능을 학습하는 방식을 지도 학습이라고 일컫습니다.

다시 민준이와 지윤이의 애기로 돌아오겠습니다. 민준이가 자전거를 배운 방법을 생각해보면, 민준이의 아버지는 상황별로 어떤 행동을 해야 하는지 정답지를 알려 주었습니다. 여기서 각 상황이 인풋 데이터이고, 민준이가 해야 하는 행동이 정답이라면 데이터와 정답이 주어진 것이기 때문에 이 과정은 지도 학습이라 볼 수 있습니다. 그렇게 몇 시간 동안 아버지에게 상황에 따른 정답을 배우고 나면(즉, N개의 학습 데이터로 학습을 하고 나면) 그 다음부터는 아버지가 없어도 민준이는 혼자서 자전거를 탈 수 있습니다.

강화 학습

반면에 지윤이는 각 상황에서 어떻게 해야 하는지 정답을 알려줄 지도자가 없었습니다. 가르쳐 주는 사람이 없기 때문에 모든 지식을 혼자서 터득해야 했습니다. 그러면 지윤이는 어떻게 자전거를 탈 수 있는 지식을 깨우칠 수 있었을까요? 지윤이가 자전거를 배운 과정은 강화 학습과 꼭 닮아 있습니다. 여기서 강화 학습이 무엇인지 2가지 버전으로 소개하겠습니다.

■ 쉽지만 추상적인 버전

"시행착오를 통해 발전해 나가는 과정"

■ 어렵지만 좀 더 정확한 버전

"순차적 의사결정 문제에서 누적 보상을 최대화 하기 위해
시행착오를 통해 행동을 교정하는 학습 과정"

아무래도 쉽지만 추상적인 버전이 더 와닿으시겠죠? 비록 어렵지만 정확한 버전의 문장에 지금은 낯선 단어가 포함되어 있다 보니 어렵게 느껴지겠지만 책을 다 읽고 나면 정확한 버전이 더 편해질 날이 머지 않아 올 것입니다. 이제부터 각 개념을 차례로 짚어가며 본격적으로 강화 학습에 대한 이야기를 시작해 보겠습니다. 그 출발은 "순차적 의사결정 문제" 입니다.

1.2 순차적 의사결정 문제

강화 학습이 풀고자 하는 문제는 바로 **순차적 의사결정**^{sequential decision making} 문제입니다. 순차적 의사결정 문제라는 말이 낯설게 들리지만 사실 우리 삶 곳곳에서 맞닥뜨릴 수 있습니다. 예컨대 샤워를 하는 상황에서도 말이죠.

샤워하는 남자

| 그림 1-6 | 순차적 의사결정 과정인 샤워

여러분은 매일 (혹은 그보다 덜) 샤워를 합니다. 샤워를 할 때 어떤 단계를 거치나요? 아마도 대략적으로 다음과 같은 4단계를 거칠 것입니다.

❶ 옷을 벗는다.

❷ 샤워를 한다.

❸ 물기를 닦는다.

❹ 옷을 입는다.

그리고 이 4단계는 반드시 순서에 맞게 이루어져야 합니다. 만일 순서가 뒤바뀌면 어떻게 될까요?

- ❹ 옷을 입고, ❷ 샤워를 하고, ❸ 물기를 닦고, ❶ 옷을 벗는다

  ▶ 벌거 벗은 채로 끝나겠네요.

- ❸ 물기를 닦고, ❷ 샤워를 하고, ❶ 옷을 벗고, ❹ 옷을 입는다

  ▶ 대체 물기는 왜 닦죠.

- ❶ 옷을 벗고, ❷ 샤워를 하고, ❹ 옷을 입고, ❸ 물기를 닦는다

  ▶ 젖은 채로 옷을 입으면 안 되죠.

이처럼 아무리 간단한 과정이라 하더라도 이를 성공적으로 마치기 위해서 우리는 몇 가지 의사결정을 순차적으로 해 주어야 합니다. 어떤 행동(의사결정)을

하고, 그로 인해 상황이 바뀌고, 다음 상황에서 또 다시 어떤 행동을 하고… 이처럼 각 상황에 따라 하는 행동이 다음 상황에 영향을 주며, 결국 연이은 행동을 잘 선택해야 하는 문제가 바로 순차적 의사결정 문제입니다.

순차적 의사결정 문제의 예시

세상에 순차적 의사결정 문제는 정말 많고 다양합니다. 왜냐하면 이 복잡한 세상에 어떤 행동을 하고 단순하게 성공/실패라는 결과가 나오고 바로 끝나버리는 경우는 많지 않기 때문입니다. 대부분 행동을 하면 상황이 바뀌고, 거기서 또 다른 적절한 행동을 취해야 합니다. 예컨대 다음과 같습니다.

■ 주식 투자에서의 포트폴리오 관리

| 그림 1-7 | 주가 차트

주식 투자는 정해진 예산으로 어떤 주식을 얼마큼 들고 있을지에 대한 선택의 연속입니다. 해당 주식을 사는 순간부터 시작되어 그 주식을 계속 가지고 있을지, 팔지, 팔고 나서 어떤 다른 주식을 살지 계속해서 결정해야 합니다. 매 순간 내가 어떤 주식을 얼마큼 가지고 있는지에 따라 얻게 되는 수익은 천차만별로 바뀝니다. 게다가 그에 따라 이후의 전략도 달라집니다. 결국 시장 상황에 따라 리스크는 줄이고 기대 수익률은 올릴 수 있는 방향으로 유연하게 포트폴리오를 재구성해야 합니다. 따라서 주식 투자에서의 포트폴리오 관리는 순차적 의사결정 문제로 볼 수 있습니다.

■ 운전

| 그림 1-8 | 운전하는 상황

자전거와 마찬가지로 운전 또한 순차적 의사결정 문제의 관점에서 생각해 볼 수 있습니다. 예를 들어 서울에서 강원도 횡성까지 2시간 동안 운전을 해서 간다고 할 때 매 순간 내리는 모든 결정은 이후의 결정에 영향을 줍니다. 먼저 큰 스케일에서는 어느 도로를 이용할지, 고속도로를 탈지 국도를 탈지 등을 정해야 합니다. 그때 선택을 잘 해서 막히지 않는 도로를 탔다면 이후의 여정은 순탄할 것입니다. 그만큼 1번의 의사결정이 이후 2시간 동안의 운전 양상을 결정하게 되는 것입니다. 보다 작은 스케일에서는 순간마다 어느 차선을 이용할지 선택해야 합니다. 선택한 차선에서 마침 앞의 차가 초보 운전이라면 이후 다시 차선을 변경하기 전까지 서행해야 하고, 마지막으로 그보다 더 작은 스케일에서는 같은 차선 안에서도 액셀을 밟을지, 브레이크를 밟을지, 아무것도 밟지 않고 핸들만 조작할지 끊임없이 선택해야 합니다. 한 번 선택을 하면 다양한 시간 스케일에서 연쇄 작용처럼 영향을 줍니다. 이처럼 운전하는 상황은 큰 틀에서도 작은 틀에서도 모두 순차적 의사결정 과정입니다.

■ 게임

| 그림 1-9 | 리그 오브 레전드

대부분의 게임은 순차적 의사결정의 정수라고 할 수 있을 만큼 모든 의사결정이 시간에 따라 순차적으로 이루어지며, 그만큼 빠르고 정확한 의사결정을 필

요로 합니다. 대표적으로 요즘 유행하는 리그 오브 레전드(LOL)와 같은 게임에서는 처음에 어떤 영웅을 선택하여 플레이 할지 정하는 순간부터 의사결정이 시작됩니다. 영웅을 정하고 나면 이후 게임에서 겪는 경험이 통째로 바뀌게 됩니다. 일단 게임이 시작되면 특정 위치(라인)에 가서 몬스터를 잡을지, 다른 데 가서 영향을 미칠지 선택할 수 있습니다.

스타크래프트와 같은 실시간 전략 게임에서도 초반에 어떤 방향으로 플레이를 하는가(일단 배를 불리기 위해 일꾼을 뽑고 자원을 먹을지, 날카로운 공격을 준비하기 위해 병력 생산에 집중할지)에 따라 게임의 후반 상황은 전혀 다른 양상을 보입니다.

바둑이나 체스와 같은 보드 게임도 마찬가지입니다. 또 롤플레잉 게임(RPG)에서 내가 어떤 캐릭터를 키운다고 할 때에 초반 레벨이 낮을 때 캐릭터에게 어떤 능력치를 배분하느냐에 따라 나중에 레벨이 높아졌을 때 캐릭터가 할 수 있는 것들이 매우 달라집니다.

대부분의 게임은 잘게 쪼개진 선택의 연속으로 이루어져 있으며, 각 선택에 따라 이후 겪는 상황이 변하기 때문에 주어진 상황 안에서 최선의 선택을 내려야 합니다.

보다시피 세상에는 순차적 의사결정 문제가 아닌 것을 찾기가 더 어려울 정도로 순차적 의사결정 문제는 많은 상황에서 발생합니다. 그만큼 중요한 문제입니다. 그리고 강화 학습은 이런 중요한 문제를 풀기 위해 고안된 방법론입니다. 그렇기 때문에 자연스레 강화 학습이 인공 지능에서 얼마나 중요한 비중을 차지할지 감이 올 것입니다. 지금까지 앞서 어려운 버전의 정의에 등장했던 순차적 의사결정 문제라는 개념에 대해 설명했습니다. 이제 보상이라는 개념으로 넘어가 보겠습니다.

1.3 보상

보상reward이란 의사결정을 얼마나 잘하고 있는지 알려주는 신호입니다. 그리고 강화 학습의 목적은 과정에서 받는 보상의 총합, 즉 **누적 보상**cumulative reward을 최대화하는 것입니다. 앞서 지윤이가 자전거를 타는 것을 혼자서도 학습할 수 있었던 이유도 사실 보상이라는 신호가 있었던 덕분입니다. 이 경우에 보상은 지윤이가 자전거를 잘 타고 있는지를 알려주는 시그널입니다. 잘 타고 있다면 보상이 크고, 못 타고 있다면 보상이 작을 것입니다. 그렇다면 지윤이에게 보상은 무엇일까요?

예컨대 안 넘어지고 1m를 갈 때마다 +1이라는 식으로 보상을 정해볼 수 있습니다. 정확히 지윤이의 뇌 속에서 미터기를 가지고 측정하여 1m마다 1점을 주지는 않았겠지만, 대충 이와 비슷한 기준을 통해 지윤이의 뇌 안에서 잘 하고 있는지를 판별하고 있었을 것입니다. 1m당 1점이 보상이라면 자연스레 안 넘어지고 최대한 나아가는 것이 학습의 목적이 됩니다. 보상을 통해 지윤이는 행동을 교정할 방향에 대한 힌트를 얻게 됩니다. 그래서 보상은 강화 학습을 이해하는 데 있어서 가장 중요한 개념입니다. 보상이 없다면 그 어떤 것도 배울 수 없습니다. 이렇게 중요한만큼 보상을 3가지 특징으로 나누어 자세히 설명을 해보겠습니다.

■ 어떻게 X 얼마나 O

| 그림 1-10 | 보상이란 무엇일까

보상의 첫 번째 특징은 보상은 "어떻게"에 대한 정보를 담고 있지 않다는 점입니다. 보상은 내가 어떠한 행동을 하면 그것에 대해 "얼마나" 잘 하고 있는지

평가를 해줄 뿐, 어떻게 해야 높은 보상을 얻을 수 있을지 알려주지 않습니다. 그런 의미에서 보상은 지도 학습의 정답과 질적으로 다릅니다. 그러면 "어떻게"에 대한 정보를 아무도 알려주지 않는데 어떻게 학습을 할 수 있는 것일까요? 그것은 바로 수많은 시행착오 덕분입니다.

지윤이는 운동장에서 200번도 더 넘어지면서 계속해서 이런저런 시행착오를 겪고 있습니다. 페달을 세게도 밟아보고, 약하게도 밟아보고, 핸들을 왼쪽으로도 꺾어보고, 오른쪽으로도 꺾어 보고 말이죠. 그렇게 이런저런 시도를 하다 보면 "어라?"하면서 본인도 모르게 잘 타지는 경우가 있을 것입니다. 매번 1m도 못 가서 넘어지다가 스무 번째 시도에서 처음으로 3m를 가게 된 것이죠. 지윤이는 평소보다 더 먼 거리를 가는데 우연히 성공했고 비로소 깨닫게 됩니다. "아하, 방금 내가 한 행동은 이전에 1m도 못 가서 넘어질 때 했던 행동들보다 좋은 행동이었구나."하고 말입니다. 그래서 지윤이는 방금했던 행동들을 옳은 행동이라 생각하고 더 자주 하도록 교정합니다.

반대의 이야기도 가능합니다. 이제 지윤이는 3m는 어렵지 않게 갈 수 있게 되었습니다. 보다 멀리 가고 싶어서 또 이런 저런 시도를 해 볼 것입니다. 그러다가 이번에는 페달을 평소보다 더 약하게 밟는 시도를 해 보았고 결과적으로 3m보다 짧은 거리에서 넘어졌습니다. 그러면 지윤이는 다음과 같은 생각을 할 수 있습니다. "아하, 페달을 너무 약하게 밟으면 쉽게 넘어지는구나. 다음 번엔 조금 더 세게 밟아 봐야겠다!" 이번에는 같은 상황을 맞닥뜨렸을 때 방금 했던 행동들을 덜 하도록 교정합니다.

지윤이가 자신의 행동을 교정할 수 있는 이유는 지윤이가 잘 했을때는 잘했다 하고, 못 했을 때는 못 했다고 평가해 주는 신호가 있기 때문입니다. 그것이 바로 보상입니다. 보상이 어떻게 해야 할지를 직접적으로 알려주지는 않지만, 사후적으로 보상이 낮았던 행동들은 덜 하고, 보상이 높았던 행동들은 더 하면서 보상을 최대화하도록 행동을 조금씩 수정해 나갑니다.

■ 스칼라

보상의 두 번째 특징은 보상이 **스칼라**^{scalar}라는 점입니다. 스칼라는 **벡터**^{vector}
와는 다르게 크기를 나타내는 값 하나로 이루어져 있습니다. 보상이 벡터라면
동시에 2개 이상의 값을 목표로 할 수 있겠지만 스칼라이기 때문에 오직 하나
의 목적만을 가져야 합니다. 여기서 한 번 시간을 갖고 생각해보길 바랍니다.
이는 자연스러운 가정일까요? 예를 들어 어떤 대학교의 신입생은 대학 생활 동
안 여러 목표를 가질 수 있습니다. 학점도 잘 받고 싶고, 동아리 활동도 재미있
게 하고 싶고, 또 연애도 하고 싶고요. 무엇 하나 포기할 수 없습니다. 여기서
학점을 x, 동아리 활동을 y, 연애를 z라고 하면 결국 이 학생의 목표는 (x,y,z)라
는 벡터로 표현할 수 있습니다. 학점을 잘 받을수록, 동아리에 들어가 즐거운
시간을 보낼수록, 좋은 사람을 만나 행복한 연애를 할수록 x, y, z 각각의 값이
증가합니다. 공부든, 동아리 활동이든, 연애든 모두 순차적 의사결정 문제(?)이
기 때문에 강화 학습을 적용해보려 하지만 강화 학습에서의 보상은 스칼라여
야 한다는 점이 발목을 잡습니다. 때문에 이 목표들을 잘 섞어서 하나의 스칼
라 형태로 표현해줘야 합니다. 어떻게 하나의 스칼라로 표현할 수 있을까요? 여
러 방법이 있겠지만 그 중 하나는 바로 가중치를 두는 방법입니다. 학점을 중
요시 하는 학생은 각각 (50%, 25%, 25%)의 가중치를 둬서 $0.5x+0.25y+0.25z$
라는 식으로 표현할 수 있습니다. 이렇게 표현하면 3개의 목표가 하나의 숫자로
합쳐져서 스칼라가 됩니다.

강화 학습은 스칼라 형태의 보상이 있는 경우에만 적용할 수 있습니다. 이런
설정에는 충분히 의문을 제기해볼 수 있습니다. 세상은 매우 복잡하고 단 하나
만의 목표만 존재하는 단순한 상황이 많지 않으니까요. 만일 어떤 문제는 도저
히 하나의 목표만을 설정하기 어렵다면 그 문제에 강화 학습을 적용하는 것은
적절하지 못할 수 있습니다. 혹은 문제를 단순화하여 하나의 목표를 설정해야
합니다. 대신 잘 정해진 하나의 숫자로 된 목표가 있다면, 강화 학습은 불도저
처럼 해당 목표를 최대로 취하도록 최적화할 것입니다.

스칼라 보상의 예시로는 다음과 같습니다.

- 자산 포트폴리오 배분에서의 이득
- 자전거 타기에서 넘어지지 않고 나아간 거리
- 게임에서의 승리

하나의 문제 안에서도 다양한 방법으로 보상을 설정할 수 있습니다. 자전거 예시를 살펴보면 앞서 지윤이의 목적은 결국 안 넘어지고 자전거를 타는 것이었고 보상은 1m 갈 때마다 +1이라고 정했었습니다. 그러면 지윤이가 3m를 안 넘어지고 탔을 때는 3점, 2m 탔을 때는 2점이니 3m 탔던 경우가 더 잘 한 것임을 알 수 있습니다. 누적 보상을 최적화한다는 것은 결국 안 넘어지고 갈 수 있는 거리를 최대로 늘리겠다는 것이니 자전거를 배우는 목적에 부합합니다.

다른 방법으로는 시간의 관점에서 1초 안 넘어지고 탈 때마다 +1이라고 정할 수도 있습니다. 10초를 타면 10점, 5초를 타면 5점이니 10초를 탄 쪽이 더 잘 탄 것입니다. 이처럼 주어진 목적을 이루기 위해 그와 연관된 보상을 정할 수 있는 방법은 다양하며 목적과 누적 보상의 값이 의미하는 바가 잘 대응되도록 정해야 합니다.

■ 희소하고 지연된 보상

| 그림 1-11 | 경기가 끝나기 전까지 승자를 알 수 없는 바둑

보상의 세 번째 특징은 보상이 **희소**sparse할 수 있으며 또 **지연**delay될 수 있다는 점입니다. 행동과 보상이 일대일로 대응이 된다면 강화 학습은 한결 쉬워집니다. 행동에 대한 평가가 즉각적으로 이루어지는 만큼 좋은 행동과 안 좋은 행

동을 가려내기 쉽기 때문입니다. 하지만 보상은 선택했던 행동의 빈도에 비해 훨씬 가끔 주어지거나, 행동이 발생한 후 한참 뒤에 나올 수 있고 이 때문에 행동과 보상의 연결이 어려워집니다. 만일 행동마다 보상이 있는 것이 아니라 행동을 10번 해야 보상이 1번 나타나거나, 행동을 10번 하고 나서야 과거 처음 한 행동의 보상이 주어진다면 이 보상이 어떤 행동 덕분인지 책임 소재가 불분명해지면서 그만큼 학습도 어려워집니다.

바둑의 경우를 생각해보겠습니다. 바둑의 목적은 경기를 이기는 것이기 때문에 이기면 +1, 지면 −1의 형태로 보상을 정의할 수 있습니다. 그런데 평균적으로 250수는 둬야 한 경기가 끝이 납니다. 그러면 행동 250개와 보상 1개가 연결이 되는 극한의 상황에 처하게 됩니다. 250개의 행동 중에는 좋았던 행동도 있고, 안 좋았던 행동도 있을 텐데 어떤 행동을 더 하도록, 어떤 행동을 덜 하도록 어떻게 교정을 할 수 있을까요? 잘은 모르겠지만 "정말 학습이 어렵겠구나" 하고 느껴지시나요? 그렇습니다. 보상이 희소할수록 학습이 어려워지고 이런 문제를 해결하기 위해 최근의 강화 학습 연구에서도 **밸류 네트워크**value network 등의 다양한 아이디어가 등장하였습니다. 이에 대해서는 다음 챕터에서 소개하도록 하겠습니다.

이러한 특성은 지도 학습과 강화 학습을 본질적으로 다르게 만드는 요소이기도 합니다. 지도 학습에서는 정답이 "뒤늦게" 주어지는 경우는 없습니다. 다만 데이터와 정답의 쌍이 있을 뿐이죠. 반면 강화 학습에서 다루는 문제는 순차적 의사결정 문제이기 때문에 순차성, 즉 시간에 따른 흐름이 중요하고 이 흐름에서 보상이 뒤늦게 주어지는 것이 가능합니다.

지금까지 강화 학습에서의 보상이라는 개념에 대해서 살펴보았습니다. 또 자전거를 배우는 사례에서 지윤이에게 보상은 무엇이며 보상을 통해 행동을 교정하는 법, 나아가 자전거를 잘 타게 되는 과정까지 간략히 살펴 보았습니다. 강화 학습을 통해 **에이전트**agent가 어떻게 행동을 교정하여 그 목적을 달성하는지는 다음 챕터에서 차차 다루도록 하겠습니다. 그 전에 강화 학습이 풀고자 하는 문제의 상황을 그림과 약간의 수학적 표기를 이용하여 구체화 해보겠습니다.

1.4 에이전트와 환경

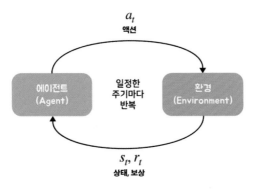

| 그림 1-12 | 에이전트와 환경 개요도

앞서 설명한 순차적 의사결정 문제를 도식화하면 그림 1-12와 같습니다. 위 그림은 강화 학습을 설명하는 책에 빠짐없이 등장합니다. 그만큼 강화 학습의 개념을 잘 설명해 줍니다. 에이전트가 **액션**action(행동)을 하고 그에 따라 상황이 변하는 것을 하나의 **루프**loop라 했을 때 이 루프가 끊임없이 반복되는 것을 순차적 의사결정 문제라 할 수 있습니다. 이 그림에서 **에이전트**Agent와 **환경**Environment이라는 개념이 처음 등장한만큼 그에 대해 먼저 자세히 살펴보겠습니다.

에이전트는 강화 학습의 주인공이자 주체입니다. 학습하는 대상이며 동시에 환경 속에서 행동하는 개체를 가리키는 용어입니다. 자전거 타는 지윤이의 예시에서는 지윤이가 곧 에이전트입니다. 마찬가지로 운전하는 환경에서는 운전자가, 게임을 플레이하는 환경에서는 게임의 플레이어가 에이전트입니다. 에이전트는 어떤 액션을 할지 정하는 것이 가장 주된 역할입니다. 에이전트 입장에서 위의 루프는 구체적으로 다음 3개의 단계로 이루어져 있습니다.

1. 현재 상황 s_t에서 어떤 액션을 해야 할지 a_t를 결정
2. 결정된 행동 a_t를 환경으로 보냄
3. 환경으로부터 그에 따른 보상과 다음 상태의 정보를 받음

그리고 에이전트를 제외한 모든 요소를 환경이라고 합니다. 그래서 "이것이 환경이다!"하고 딱 집어서 말하기가 어렵습니다. 자전거 타는 지윤이의 상황에서는 지윤이를 제외한 모든 것이 환경입니다. 다른 말로는 지윤이가 어떤 행동을 했을 때, 그 결과에 영향을 아주 조금이라도 미치는 모든 요소들이 환경이라 할 수 있습니다. 지윤이가 타고 있는 자전거, 불고 있는 바람, 자전거가 딛고 있는 바닥 등등 모든 것이 환경이 될 수 있습니다. 환경 속에서 에이전트가 어떤 행동을 하고 나면 에이전트의 상태가 바뀝니다. 자전거는 조금 앞으로 나갔을 것이고, 자전거의 기울기나 핸들의 각도도 약간은 변했을 것입니다. 현재 상태에 대한 모든 정보를 숫자로 표현하여 기록해 놓으면 그것을 **상태**state라고 합니다. 현재 자전거의 위치, 기울어진 정도, 핸들의 각도 등등을 숫자로 엮은 하나의 벡터라고 생각하셔도 좋습니다. 그리고 환경은 결국 **상태 변화**state transition를 일으키는 역할을 담당합니다. 행동의 결과를 알려주는 것입니다. 환경이 하는 일은 다음과 같은 단계로 이루어집니다.

1. 에이전트로부터 받은 액션 a_t를 통해서 상태 변화를 일으킴
2. 그 결과 상태는 $s_t \rightarrow s_{t+1}$로 바뀜
3. 에이전트에게 줄 보상 r_{t+1}도 함께 계산
4. s_{t+1}과 r_{t+1}을 에이전트에게 전달

이처럼 에이전트가 s_t에서 a_t를 시행하고, 이를 통해 환경이 s_{t+1}로 바뀌면, 즉 에이전트와 환경이 한 번 상호 작용하면 하나의 루프가 끝납니다. 이를 한 **틱**tick이 지났다고 표현합니다. 실제 세계는 앞의 그림과 다르게 시간의 흐름이 **연속적**continuous이겠지만 순차적 의사결정 문제에서는 시간의 흐름을 **이산적**discrete으로 생각합니다. 이산적이란, 뚝뚝 끊어져서 변화가 발생한다는 뜻입니다. 그리고 그 시간의 단위를 틱 혹은 **타임 스텝**time step이라고 합니다. 이 개념은 챕터 2에서 조금 더 자세히 다뤄볼 예정이니 지금 완전히 이해가 가지 않아도 너무 걱정하지 않아도 됩니다.

1.5 강화 학습의 위력

지금까지 강화 학습의 기본 개념들을 살펴 보았습니다. 아마 강화 학습이 어떤 것인지 조금씩 그림이 그려질 것입니다. 이번 챕터의 마지막 내용으로 제가 개인적으로 생각하는 강화 학습의 매력에 관한 이야기를 2가지 해볼까 합니다.

병렬성의 힘

지금까지 강화 학습을 통해 자전거를 배우는 지윤이의 얘기를 했습니다. 그런데 만일 이런 것이 가능하다면 어떨까요? 마치 손오공처럼 뇌를 공유하는 100명의 지윤이가 동시에 자전거를 배우는 겁니다. 지윤이가 자기 자신을 복제해서 지윤1, 지윤2, …, 지윤100까지 100명의 지윤이가 운동장에 넓게 퍼져서 각자의 자전거를 타고 넘어지기 시작하는 것이죠. 그런데 이 100명은 뇌가 연결되어 있어서 각자 따로 배우는 것이 아니라 각자의 경험을 공유할 수 있습니다.

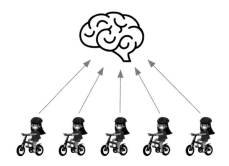

| 그림 1-13 | 경험은 각자 쌓지만, 지혜는 한데 모일 수 있다면?

민준이는 아버지의 도움을 받았기 때문에 2시간 만에 자전거를 배울 수 있었지만 지윤이는 혼자서 꼬박 5시간이 필요했습니다. 하지만 지윤이는 이제 더 이상 혼자가 아닙니다. 100명의 지윤이가 서로 다른 경험을 쌓지만 그 지식이 한데 모여 지윤1이 했던 실수를 나머지 99명은 더 이상 하지 않게 되고, 또 지윤2가 배운 지혜는 나머지 99명이 공유하게 됩니다. 그래서 100명의 지윤이는 5시간의 100분의 1에 해당하는 시간인 3분 만에 자전거를 배울 수 있습니다. 운동장에 도착해서 채 땀이 나기도 전에 자전거를 마스터 해버렸습니다. 집에 가서 샤워를 할 필요도 없겠네요.

지윤이가 자기의 몸을 100개로 나눌 수 없겠지만, 기계의 경우 이야기가 달라집니다. 강화 학습은 경험을 쌓는 부분의 병렬성을 쉽게 증가시킬 수 있습니다. 경험을 쌓는 부분을 시뮬레이터라고 합니다. 그저 시뮬레이터를 1대 더 갖다 놓으면 그만입니다. 혼자서 시행착오를 통해서 배운다면 한참 걸리겠지만 무수히 늘어난 병렬성의 힘 아래에서 어려운 지식도 빠르게 습득할 수 있게 됩니다. 실제로 OpanAI[1]에서는 Dota2[2]에 강화 학습을 적용할 때에는 시뮬레이션을 위해 256개의 GPU와 12만 8천 개의 CPU 코어가 사용하였다고 합니다. 병렬적으로 경험을 쌓는 에이전트의 실제 경험 시간을 모두 합치면 180년에 해당하는 시간입니다. 180년 동안 밥도 안 먹고, 잠도 안 자고, 볼 일도 보지 않고 24시간 동안 게임만 한 것입니다. 사람이라면 그렇게 할 수 없지만, 기계이기에 이런 방법론이 가능합니다.

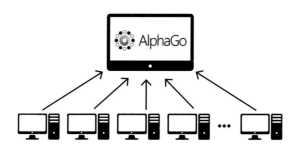

| 그림 1-14 | 병렬성을 이용하여 학습하는 알파고

그 유명한 알파고 또한 같은 방법으로 학습되었습니다. 중앙에 뇌에 해당하는 부분이 있고, 이와 연결된 수백, 수천 대의 컴퓨터에서 병렬적으로 바둑을 두는 시뮬레이션이 진행됩니다. 그리고 각 컴퓨터에서 진행된 시뮬레이션 결과는 모두 중앙으로 모여서 결과적으로 경기에서 이겼던 경우에는 그 경기에서 뒀던 수들을 좀 더 자주 두도록 하고, 졌던 경우에는 해당 경기에서 뒀던 수들을 덜 두도록 조정됩니다. 게다가 이 거대한 병렬성은 학습할 때뿐만 아니라 이세돌과 대국을 할 때 실시간으로 주어지는 초읽기 시간에도 마찬가지로 적용되었습니다. 수천 대의 컴퓨터가 다음 수를 몇 수 앞까지 둬 보면서 실제로 결과가

1   구글의 DeepMind와 더불어 세계 최고의 인공 지능 연구 기관. 미국의 샌프란시스코에 위치했다.
2   우리나라에서 흥행에 성공한 League of Legends와 같은 MOBA(Multiplayer Online Battle Arena) 장르의 게임. 역할이 구분된 5명의 플레이어가 한 팀이 되어 상대 방의 기지를 부수는 것을 목표로 플레이 한다.

가장 좋았던 수를 찾아 중앙의 뇌에 해당하는 컴퓨터에 알려주는 겁니다. 이에 대해 보다 자세한 내용은 마지막 챕터인 챕터 10에서 다룰 예정입니다. 수천 대의 컴퓨터를 상대하면서도 컴퓨터의 의표를 찌르는 수를 뒀던 이세돌이 더 대단하게 느껴질 것 같습니다. 하지만 이세돌과 뒀던 알파고의 버전에 비해 그 이후로도 강화 학습을 통해 계속 발전한 최신 버전의 알파고는 더 이상 사람에게 패하지 않는 수준에 이르렀습니다. 그러니 병렬성과 조합된 강화 학습의 힘이 얼마나 강력한지 느끼실 수 있으리라 생각합니다.

자가 학습(self-learning)의 매력

조금 뜬금없지만 제 고등학교 때 이야기를 해 보겠습니다. 제가 다녔던 학교는 똑똑한 친구들이 많았는데, 쉽게 일반화할 수는 없겠지만 그래도 과감히 표현해보자면 크게 두 그룹의 친구들이 있었습니다. 첫 번째 그룹은 사교육의 도움을 착실히 받아오던 친구들이었습니다. 여러 경로의 사교육을 통해 선행 학습이 되어 있으며, 가르쳐 주는 지식을 흡수하는데 특화된 친구들이었습니다. 두 번째 그룹은 사교육보다는 혼자 공부해서 실력을 쌓아오던 친구들이었습니다. 특별한 지도 없이도 혼자서 지식을 쌓아나갈 줄 아는 친구들이었습니다. 이처럼 성향이 다른 그룹의 친구들이 모인 곳에서 과연 전교 1등은 누구의 차지가될지 여부는 모두의 관심사였습니다. 그리고 놀랍게도 1학년 1학기 첫 중간고사에서 최고 성적을 기록한 친구는 말하자면 두 번째 그룹에 속하는 친구였습니다. 그 친구는 한 번도 학원을 다녀본 적이 없었습니다. 전설처럼 "교과서 위주로 예습 복습 철저히"를 정말로 실천에 옮기던 친구였습니다. 이 사건으로 '가장 빛을 발하는 것은 혼자서 공부할 줄 아는 힘이구나'하는 교훈을 얻었습니다.

조금 뜬금 없지만 이 친구를 보면서 느끼던 감정을 강화 학습을 보면서 느꼈습니다. 강화 학습은 조금 가혹한 학습 방법입니다. 그냥 시뮬레이션 환경 속에 던져 놓고 목적만 알려주고 알아서 배우라고 합니다. 그러면 우리의 에이전트는 흙밭을 구르며 혼자서 무언가를 깨닫게 됩니다. 제가 생각하기에 지도 학습보다 진짜 "지능"이라고 느껴지는 부분이 바로 이 부분입니다. 지도 학습은 무언가 자꾸 정답을 알려주는 반면, 강화 학습은 혼자 놔두고 알아서 성장하길 기다립니다. 그러다 보니 굉장히 유연하고 또 자유롭습니다. 심지어 성능면에서도 뛰어나죠. 지도 학습의 예시로 들었던 민준이의 경우를 생각해 봅시다. 아버지로부터 자전거를 배운 민준이는 아버지보다 자전거를 더 잘 탈 수 있을까요? 민준이의 학습 과정에서의 목적은 아버지의 지식을 잘 전달 받는 것인 만큼 아버지가 모르는 지식을 전달받기는 어렵습니다. 반면 지윤이는 혼자서 스스로 깨우쳐 가기 때문에 한계란 것이 있을 수 없습니다. 충분히 다양한 시도를 지속해서 한다면, 어떤 지식이라도 깨우칠 수 있습니다.

이는 알파고도 마찬가지입니다. 알파고 또한 학습 초기에는 프로 바둑 기사들의 기보를 통해 지도 학습을 진행하였습니다. 이 상황에서는 이렇게 둬라, 저 상황에서는 저렇게 둬라, 사람이 두었던 수를 정답으로 입력받아 그것을 잘 따라 하도록 학습했습니다. 하지만 그렇게만 학습했다면 사람을 이길 리는 만무했을 것입니다. 사람을 뛰어넘는 것이 가능했던 이유는 자가 학습에 기반을 둔 강화 학습 덕분입니다. 승리라는 목표만 알려줬을 뿐 그 과정은 알아서 찾도록 했기 때문에 충분한 **계산 능력**^{computational power}과 어우러져 사람이 생각해낼 수 없는 수를 찾아냈던 것이죠. 사람이 알려준 지식을 잘 따라하는 데에 그쳤다면 그것을 위대한 지능이라 부를 수 있었을까요? 그런 면에서 강화 학습은 제 개인적인 생각으로 진정한 인공지능에 가까이 있는 어떠한 것이 아닐까 생각해 봅니다.

마르코프 결정 프로세스
(Markov Decision Process)

문제를 풀기 위해서는 먼저 문제가 잘 정의되어야 합니다. 강화 학습
에서 문제를 잘 정의하려면 주어진 문제를 MDP(Markov Decision
Process)의 형태로 만들어야 합니다. 이번 챕터에서는 MDP에 대해
자세히 알아보겠습니다.

## CHAPTER 2

마르코프 결정 프로세스
(Markov Decision Process)

이번 챕터에서는 강화 학습이 풀고자 하는 문제에 대해 좀 더 자세하게 다뤄보겠습니다. 아시다시피 강화 학습은 순차적 의사결정 문제를 푸는 방법론이라고 얘기했지만, 사실 아직은 조금 추상적입니다. 순차적 의사결정 문제는 결국 **MDP**^{Markov Decision Process}라는 개념을 통해 더 정확하게 표현할 수 있습니다. 그래서 이번 챕터의 목적은 MDP가 무엇인지 속속들이 이해하는 것입니다. 바로 MDP를 설명하면 조금 복잡하게 느껴질 수 있으니 차근차근 단계를 밟아가며 가장 간단한 개념부터 시작하여 조금씩 복잡해질 것입니다. 그래서 먼저 가장 간단한 **마르코프 프로세스**^{Markov Process}를 설명하고, **마르코프 리워드 프로세스**^{Markov Reward Process}를 설명한 후에 마지막으로 MDP에 대해 설명해보겠습니다. 이번 챕터에서 배울 내용은 이 책의 끝까지 여러 번 반복되어 나올 만큼 중요한 내용입니다. 지금 그 기초 개념을 탄탄히 이해하는 것이 매우 중요합니다. 그럼 시작합니다.

2.1 마르코프 프로세스(Markov Process)

마르코프 프로세스^{Markov Process}는 이름은 어렵지만 그 자체로는 사실 그렇게 어려운 개념은 아닙니다. 막 잠에 드려는 아이의 상황을 통해 마르코프 프로세스를 살펴보겠습니다.

아이가 잠이 드는 마르코프 프로세스

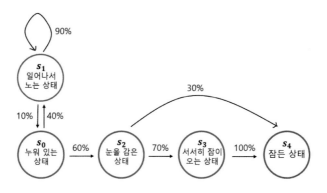

| 그림 2-1 | 아이가 잠이 드는 마르코프 프로세스

그림 2-1은 아이가 잠이 들 때 벌어지는 상황을 마르코프 프로세스로 모델링한 그림입니다. 아이가 취할 수 있는 **상태**state의 종류는 총 5가지입니다. 누워있는 상태 s_0, 일어나서 노는 상태 s_1, 눈을 감고 있는 상태 s_2, 서서히 잠이 오는 상태 s_3, 마침내 잠이 든 상태 s_4입니다. 그리고 아이가 하나의 상태에 진입하게 되면 해당 상태에서 1분씩 머물게 됩니다. 1분이 지나면 다음 상태로 **상태 전이**state transition를 합니다. 상태 전이는 현재 상태에서 다음 상태로 넘어간다는 것의 다른 말입니다. 아이가 잠에 드는 과정은 항상 자리에 눕는 것으로부터 시작하기 때문에 마르코프 프로세스의 첫 상태는 s_0입니다. 따라서 모든 여정은 s_0에서 시작합니다.

아이가 누워서 그대로 잠들면 좋겠지만, 아시다시피 그런 일이 흔치 않습니다. 아이는 1분 동안 누워있다가 40% 확률로 일어나서 노는 상태 s_1으로 전이하거나, 60%의 확률로 눈을 감은 상태로 넘어갑니다. 운이 나쁘게 40%의 확률에 걸려 아이가 일어나면 이제 아이의 상태는 s_1입니다. 일단 일어나면 지칠 줄 모르는 아이는 쉽사리 s_0로 돌아오지 않습니다. 따라서 1분이 지나 상태 전이를 해야 할 때, 무려 90%의 확률로 s_1에 그대로 머물게 됩니다. 그렇게 몇 번이고 같은 상태에 머물다가 운 좋게 s_0로 돌아오는 데에 성공합니다.

이번에는 다행히 눈을 감은 상태인 s_2로 상태가 바뀌었고, 그 때부터는 그날 아이가 얼마나 피곤했는지에 따라 다음 상태가 정해집니다. 아이가 무척 피곤했다면 1분간 눈을 감고 있다가 바로 잠든 상태로 넘어 가지만 이 확률은 30%입니다. 70%의 확률로는 서서히 잠이 오는 상태인 s_3로 이동하며 일단 s_3에 오면 후진은 없습니다. 다음 단계에서 아이는 잠이 들어 s_4로 이동합니다. s_4는 **종료 상태**terminal state여서 s_4에 도달하는 순간 마르코프 프로세스는 끝이 납니다. 끝이라는 개념이 어색하다면 s_3에서 다시 s_4로 이어지는 확률 100%짜리 화살표가 그려져 있다고 생각하셔도 좋습니다.

앞서 보았던 것처럼 마르코프 프로세스는 미리 정의된 어떤 확률 분포를 따라서 상태와 상태 사이를 이동해 다니는 여정입니다. 어떤 상태에 도착하게 되면 그 상태에서 다음 상태가 어디가 될지 각각에 해당하는 확률이 있고, 그 확률에 따라 다음 상태가 정해집니다. 하나의 상태에서 뻗어 나가는 화살표의 합은 항상 100%입니다. 이것이 마르코프 프로세스입니다. 그러면 마르코프 프로세스를 엄밀하게 정의하기 위해서는 어떤 요소들이 필요할까요? 정답은 다음과 같습니다(MP는 Markov Process의 약자입니다).

$$\mathbf{MP} \equiv (\mathbf{S}, \mathbf{P})$$

• 상태의 집합 S

가능한 상태들을 모두 모아놓은 집합입니다. 아이가 잠드는 마르코프 프로세스의 경우에는 이 집합의 원소가 5개로, $S = \{s_0, s_1, s_2, s_3, s_4\}$ 였습니다.

• 전이 확률 행렬 P

$$P_{ss'}$$

전이 확률transition probability $P_{ss'}$는 상태 s에서 다음 상태 s'에 도착할 확률을 가리킵니다. 예컨대 위의 마르코프 프로세스에서 s_0에서 s_2에 도달할 확률은 60%였습니다. 이를 수식으로 표현하면 $P_{s_0 s_2} = 0.6$이 됩니다. 첨자가 많아서 어려워 보이지만 사실 단순하죠? $P_{ss'}$를 조건부 확률이라는 개념을 이용해서 조금 다른 방식으로 표현해 볼 수 있습니다.

$$P_{ss'} = \mathbb{P}[S_{t+1} = s' | S_t = s]$$

이렇게 말이죠. 마르코프 프로세스는 정해진 간격(위 예시에서는 1분의 시간 간격)으로 상태가 바뀝니다. 그래서 시점 t에서의 상태가 s였다는 것을 조건부 확률의 조건 부분에 집어 넣었습니다. 결국 시점 t에서 상태가 s였다면 t+1에서의 상태가 s'이 될 확률이라는 뜻입니다. 그냥 다른 방식의 표기법인데 이후에 이와 같은 방식의 표기가 몇 차례 등장하므로 미리 익숙해지는 것이 좋습니다.

그러면 여기서 질문을 하나 하겠습니다. 왜 전이 확률이라 하지 않고 **전이 확률 행렬**transition probability matrix이라고 할까요? 그 이유는 $P_{ss'}$값을 각 상태 s와 s'에 대해 행렬의 형태로 표현할 수 있기 때문입니다. 아이가 잠드는 마르코프 프로세스에서 상태의 개수는 총 5개였기 때문에 전이 확률 행렬은 총 25개의 값이 필요합니다. 따라서 $P_{ss'}$를 행렬로 표현해보면 그림 2-2와 같은 행렬이 생깁니다.

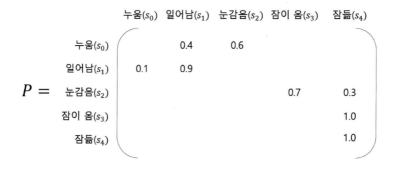

| 그림 2-2 | 아이 잠드는 MP의 전이 확률 행렬(빈칸은 0을 의미)

그림 2-1에 있는 모든 정보가 위의 행렬에 표현되어 있음을 확인할 수 있습니다. 따라서 그림 2-1과 위의 행렬은 서로 호환이 가능합니다. 행렬과 그림 사이 관계를 잘 이해했다면 위의 행렬에서 몇 개의 값이 바뀌어도 그에 대응하는 그림을 그릴 수 있어야 합니다.

마르코프 성질

지금까지 마르코프 프로세스가 무엇인지, 마르코프 프로세스를 어떻게 정의하는지에 대하여 살펴 보았습니다. 그런데 이 과정의 이름이 왜 "마르코프" 프로세스일까요? 이 이름에는 중요한 의미가 있습니다. 그 이유는 바로 마르코프 프로세스의 모든 상태가 **마르코프 성질**Markov property을 따르기 때문입니다. 마르코프 성질을 따른다는 것의 정의와 뜻은 다음과 같습니다.

$$\mathbb{P}[s_{t+1}|s_t] = \mathbb{P}[s_{t+1}|s_1, s_2, \dots, s_t]$$

"미래는 오로지 현재에 의해 결정된다"

보시다시피 정의에 조건부 확률이 사용되고, 조건부 확률에서 바(bar, "|")의 오른편에 주어진 조건을 나타냅니다. 그러므로 마르코프 프로세스에서 다음 상태가 s_{t+1}이 될 확률을 계산하려면 현재의 상태 s_t가 무엇인지만 주어지면 충분하다는 뜻입니다. s_t이전에 방문했던 상태들 s_1, s_2,⋯, s_{t-1}에 대한 정보는 t+1 시점에 어느 상태에 도달할지 결정하는 데에 아무런 영향을 주지 못합니다. 다시 말해 미래는 오로지 현재에 의해 결정되는 것입니다. 전이 확률을 어떻게 정의했었는지 다시금 생각해보면 아마도 당연하게 받아들여질 것입니다.

아이가 잠이 드는 MP의 예시를 생각해 봅시다. 아이는 현재 s_2에 있습니다. 여러분은 다음 상태가 s_3가 될 확률이 70%인지 알고 있을 것입니다. 여기서 아이가 s_2에 오기 전에 어떤 상태들을 방문했는지 알 수 있을까요? 아마 모를겁니다. 왜냐하면 알려준 적이 없기 때문입니다. 그런데도 여러분은 다음 상태가 s_3이 될 확률이 70%라는 것을 정확히 알고 있습니다. 그 이유는 위의 과정이 마르코프 프로세스이기 때문이고, 따라서 모든 상태가 마르코프하기 때문입니다.

사실 s_2에 오기까지 정말 다양한 가능성이 있습니다. s_0-> s_1 -> s_0 -> s_2의 여정을 지나 왔을 수도 있고, s_0 -> s_1 -> s_1 -> s_1 -> s_0 -> s_1 -> s_0 -> s_2의 여정을 지나 왔을 수도 있습니다. 하지만 그것은 중요하지 않습니다. 어떤 상태를 어떻게 거쳐서 왔든 다음 상태가 s_3 될 확률이 70%임에는 변함이 없습니다.

아이가 잠이 드는 과정이 정말 마르코프한 지는 모르겠으나, 여하튼 우리는 이러한 가정을 가지고 아이가 잠이 드는 과정을 마르코프 프로세스로 모델링했던 것입니다. 이처럼 학습을 적용함에 있어서 현재 에이전트에게 주어지고 있는 상태가 마르코프 상태인지 따져보는 것은 이론적으로도, 또 응용의 측면에서도 정말 중요한 과정입니다. 이해를 더하기 위해 마르코프한 상태와 마르코프 하지 않은 상태 각각의 예를 들어보겠습니다.

| 그림 2-3 | 체스판의 상태와 운전자의 상태

■ 마르코프한 상태

먼저 체스 게임을 생각해 봅시다. 흑과 백이 치열한 접전을 벌이며 그림 2-3의 왼쪽과 같은 상황을 맞닥뜨렸습니다. 지금은 백의 차례이고 최선의 수가 떠올랐습니다. 백이 떠오른 수는 흑과 백이 어떤 상황을 지나서 이 상황에 도달했는지 여부와 관련이 있을까요? 한 수 이전에 내 말이 어디 있었는지, 상대방의 퀸이 어느 자리에 있었는지, 내 폰이 어디서 잡아 먹혔는지 등의 과거 이력에 따라 현재 두어야 하는 최선의 수가 바뀔까요? 짐작하시겠지만 현재 상황에서 해야 하는 일과 과거 경기 양상이 어떠했는지 여부는 아무런 관련이 없습니다. 당장 맞닥뜨린 상황을 잘 읽고 미래를 내다보며 최선의 수를 둬야 하는 것이죠. 따라서 체스 판의 상태를 마르코프 상태라고 할 수 있습니다. 다른 말로 하면 어느 시점 t에 사진을 찍어서 사진만 보여주고 체스를 두라고 해도 손쉽게 어떤 수를 둘지 정할 수 있습니다.

■ 마르코프 하지 않은 상태

반면에 운전하고 있는 운전자의 상태를 생각해 봅시다. 특정 시점에 사진을 찍어서 해당 사진으로만 운전을 해야 한다고 해 봅시다. 그림 2-3의 오른쪽 사진처럼 말이죠. 여러분은 이 사진만 가지고 브레이크를 밟아야 할지, 엑셀을 밟아야 할지 알 수 있나요? 아마도 어려울 것입니다. 왜냐하면 심지어 지금 차가 앞으로 가고 있는지, 뒤로 가고 있는지도 알 수 없기 때문입니다. 따라서 사진만 가지고 구성한 운전자의 상태는 마르코프한 상태가 아닙니다.

여기서 응용 질문을 하나 던져 보겠습니다. "최근 10초 동안의 사진 10장을 묶어서" 상태로 제공한다면, 이 상태는 마르코프 상태라고 볼 수 있을까요? 그렇습니다. 1초 전의 사진, 2초 전의 사진, …, 10초 전의 사진이 있다면 이야기는 달라집니다. 현재 앞으로 가고 있는지, 속도는 몇인지, 가속도는 몇인지까지 모두 알 수 있기 때문입니다. 완전히 마르코프한지는 모르겠지만 적어도 마르코프한 상태에 더 가까워졌다는 것은 의심의 여지가 없을 것입니다. 또 굳이 사진을 묶지 않더라도 특정 시점에 사진과 더불어 속도 벡터, 가속도 벡터 등을 함께 제공한다면 이 또한 마르코프 성질을 더 잘 만족시킬 수 있습니다. 실제로 이러한 이유로 영국의 딥마인드사에서 발표한 연구[3]에서도 비디오 게임을 플레이하는 인공 지능을 학습시킬 때, 시점 t에서의 이미지와 함께 t-1, t-2, t-3의 과거 이미지를 엮어서 상태로 제공하였습니다. 이는 모두 상태를 조금이라도 더 마르코프하게 만들기 위함입니다.

요약하면 마르코프한 상태도 있고, 마르코프 하지 않은 상태도 있습니다. 어떤 현상을 마르코프 프로세스로 모델링 하려면 상태가 마르코프 해야 하며, 단일 상태 정보만으로도 정보가 충분하도록 상태를 잘 구성해야 합니다.

여기까지 마르코프 프로세스의 기본적인 성질들에 대해 살펴보았습니다. 이제 보상이 추가된 **마르코프 리워드 프로세스**Markov Reward Process 즉 MRP로 넘어가 보겠습니다.

---

3   Volodymyr Mnih et al., "Human-level control through deep reinforcement learning", 2015

2.2 마르코프 리워드 프로세스(Markov Reward Process)

마르코프 프로세스에 보상의 개념이 추가되면 **마르코프 리워드 프로세스**Markov Reward Process가 됩니다. 그림 2-4를 보겠습니다.

아이가 잠이 드는 MRP

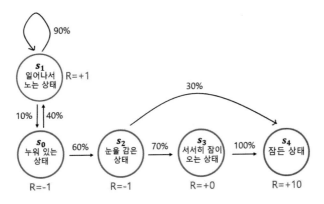

| 그림 2-4 | 아이가 잠에 드는 MRP

아까 보았던 아이가 잠이 드는 MP에 빨간 색으로 보상 값이 추가된 것을 확인할 수 있습니다. 이제는 어떤 상태에 도착하게 되면 그에 따르는 보상을 받게 되는 것이죠. 예를 들어 자기 위해서 가만히 누워 있는 것은 아이 입장에서 조금 답답하기 때문에 −1의 보상을 얻습니다. 반면 일어나서 노는 상태는 당장이 즐겁기 때문에 +1의 보상을 받습니다. 눈을 감게 된 것도, 조금씩 잠이 오는 상태도 각각의 보상을 받으며 마침내 잠들게 되면 드디어 목표하던 바를 이루기 때문에 +10의 보상을 받으면서 프로세스는 종료됩니다.

아까 마르코프 프로세스는 상태의 집합 S와 전이 확률 행렬 P로 정의 되었는데요, MRP를 정의하기 위해서는 R과 γ라는 2가지가 요소가 추가로 필요합니다. R은 보상 함수를 뜻하고 γGamma(감마)는 감쇠 인자를 가리킵니다. 각각의 요소를 설명해보겠습니다.

$$\mathbf{MRP} \equiv (\mathbf{S}, \mathbf{P}, \mathbf{R}, \boldsymbol{\gamma})$$

- **상태의 집합** S

마르코프 프로세스의 S와 같고, 상태의 집합입니다.

- **전이 확률 행렬** P

마르코프 프로세스의 P와 같고, 상태 s에서 상태 s'으로 갈 확률을 행렬의 형태로 표현한 것입니다.

- **보상 함수** R

R은 어떤 상태 s에 도착했을 때 받게 되는 보상을 의미합니다. 수식으로 표현하면 다음과 같습니다.

$$\mathbf{R} = \mathbb{E}[R_t | S_t = s]$$

기댓값이 등장한 이유는 특정 상태에 도달했을 때 받는 보상이 매번 조금씩 다를 수도 있기 때문입니다. 예컨대 어떤 상태에 도달하면 500원짜리 동전을 던져서 앞면이 나오면 500원을 갖고 뒷면이 나오면 갖지 못한다고 할 때, 보상의 값이 매번 바뀌지만 그 기댓값은 250원으로 정해지죠. 아이가 잠이 드는 MRP 예시에서는 항상 정해진 보상을 얻는 상황을 가정하였습니다.

- **감쇠 인자** γ

γ는 0에서 1사이의 숫자입니다. 강화 학습에서 미래 얻을 보상에 비해 당장 얻는 보상을 얼마나 더 중요하게 여길 것인지를 나타내는 파라미터입니다. 구체적으로는 미래에 얻을 보상의 값에 γ가 여러 번 곱해지며 그 값을 작게 만드는 역할을 합니다. 어떤 값을 작게 만들기 때문에 감쇠라는 단어가 쓰였습니다. 이에 대해 자세하게 설명하기 전에 먼저 현재부터 미래에 얻게 될 보상의 합을 가리키는 **리턴**^{Return}이라는 개념을 설명하겠습니다. 왜냐하면 γ는 리턴을 이해해야 그 의미를 진정으로 이해할 수 있습니다.

감쇠된 보상의 합, 리턴

MRP에서는 MP와 다르게 상태가 바뀔 때마다 해당하는 보상을 얻습니다. 상태 s_0에서 보상 R_0를 받고 시작하여 종료 상태인 s_T에 도착할 때 보상 R_T를 받으며 끝이 납니다. 그러면 s_0에서 시작하여 s_T까지 가는 여정을 다음과 같이 표현해 볼 수 있습니다(여기서 아래 첨자는 타임 스텝, 즉 시간을 의미합니다).

$$s_0, R_0, s_1, R_1, s_2, R_2, \ldots, s_T, R_T$$

이와 같은 하나의 여정을 강화 학습에서는 **에피소드**^episode라고 합니다. 이런 표기법을 이용하여 바로 **리턴**^return G_t를 정의할 수 있습니다. 리턴이란 t시점부터 미래에 받을 감쇠된 보상의 합을 말합니다.

$$G_t = R_{t+1} + \gamma R_{t+2} + \gamma^2 R_{t+3} + \cdots$$

보시다시피 현재 타임 스텝이 t라면 그 이후에 발생하는 모든 보상의 값을 더해 줍니다. 또 현재에서 멀어질수록, 즉 더 미래에 발생할 보상일수록 γ가 여러 번 곱해집니다. γ는 0에서 1 사이의 실수이기 때문에 여러 번 곱해질수록 그 값은 점점 0에 가까워집니다. 따라서 γ의 크기를 통해 미래에 얻게 될 보상에 비해 현재 얻는 보상에 가중치를 줄 수 있습니다. γ에 대해서는 뒤에서 좀 더 자세히 다루겠습니다.

리턴은 강화 학습에서 정말 중요한 개념입니다. 흔히들 하는 말인 "강화 학습은 보상을 최대화 하도록 학습하는 것이 목적이다"는 엄밀하게 얘기하자면 틀린 말입니다. 강화 학습은 보상이 아니라 리턴을 최대화하도록 학습하는 것입니다. 보상의 합인 리턴이 바로 우리가 최대화하고 싶은 궁극의 목표입니다.

여기서 리턴이 과거의 보상을 고려하지 않고 미래의 보상을 통해서 정의된다는 것을 유념해야 합니다. 우리는 과거의 영광에 취해서는 안 됩니다. 시점 t에 오기까지 그 이전에 100의 보상을 받았건 1000의 보상을 받았건 상관 없습니다. 에이전트의 목적은 지금부터 미래에 받을 보상의 합인 G_t를 최대화 하는 것입니다.

γ는 왜 필요할까?

이제 리턴의 개념을 살펴 보았으니 γ(감마)의 이야기로 돌아오겠습니다. 리턴을 정의할 때 보상을 그냥 더해주는 것이 아니라 감쇠된 보상을 더해줬습니다. γ는 0에서 1 사이의 실수이기 때문에 감마를 여러 번 곱하면 점점 더 0에 가까운 값이 됩니다. 똑같은 +1의 보상이더라도 당장 받는 +1의 보상이 100스텝 후에 받는 +1의 보상보다 훨씬 더 큰 값이 된다는 뜻입니다. 말하자면 미래를 평가 절하해주는 항인 것입니다. 극단적으로 γ=0이라면 미래의 보상은 모두 0이되기 때문에 이렇게 학습한 에이전트는 매우 근시안적인 에이전트가 됩니다. 미래는 생각하지 않고 아주 **탐욕적**greedy으로 당장의 눈 앞의 이득만 챙기는 것이죠. 반대로 γ=1이라면 매우 장기적인 시야를 갖고 움직이는 에이전트가 됩니다. 현재의 보상과 미래의 보상이 완전히 대등하기 때문입니다. 이쯤 되면 감마의 직관적 의미를 이해했을 텐데요. γ가 꼭 필요한 이유에 대해 3가지 관점에서 이야기해 보겠습니다.

■ 수학적 편리성

γ를 사용하는 가장 솔직한 이유는 γ를 1보다 작게 해줌으로써 리턴 G_t가 무한의 값을 가지는 것을 방지할 수 있기 때문입니다. 리턴이 무한한 값을 가질 수 없게 된 덕분에 이와 관련된 여러 이론들을 수학적으로 증명하기가 한결 수월해집니다. 좀 더 쉽게 얘기해보자면 에피소드에서 얻는 각각의 보상의 최댓값이 정해져 있다면, G_t는 유한하다는 겁니다. 예컨대 MRP를 진행하는 도중 +1, −1, +10 등 다양한 값의 보상을 받을 수 있는데 만일 이 보상이 항상 어떤 상수 값 이하임을 보장할 수 있다면 (예를 들어 보상이 아무리 커봐야 +100 보다는 항상 작다!처럼 말이죠) γ 덕분에 MRP를 무한한 스텝동안 진행하더라도 리턴 G_t의 값은 절대 무한한 값이 될 수 없습니다. 이후의 내용에서 차차 다루겠지만 우리는 어떤 상태로부터 리턴을 예측하고자 합니다. 이때 리턴이 무한이라면 어느 쪽이 더 좋을지 비교하기도 어렵고, 그 값을 정확하게 예측하기도 어려워집니다. 감마가 1보다 작은 덕분에 이 모든 것이 가능해집니다.

■ 사람의 선호 반영

| 그림 2-5 | 당장 5만원권 스무장을 받을 수 있다면

제가 여러분에게 당장 5만원권 20장, 총 100만원을 드린다고 생각하면 여러분은 기분이 좋으시겠죠? 하지만 대신에 5년 후에 100만원을 드린다고 약속하면 조금 덜 좋을 것입니다. 심지어 5년 후 약속이 이행되지 않을 확률이 0%도 당장 받는 쪽을 더 선호할 것입니다. 누군가는 당장 100만원을 받아서 은행에 넣어두면 5년 후에는 더 큰 돈이 될 테니 당연한 것 아닌가 싶으실텐데 그렇다면 100만원이 아니라 그에 해당하는 다른 재화여도 좋습니다. 그만큼 사람은 기본적으로 당장 벌어지는 눈앞의 보상을 더 선호한다는 것을 알 수 있습니다. 에이전트라고 그러지 않을 이유가 없겠죠. 이런 이유에서 에이전트를 학습하는 데 있어서 감마의 개념을 도입합니다.

■ 미래에 대한 불확실성 반영

미래는 불확실성 투성이입니다. 위의 예시에서 아무리 제가 굳게 약속을 했다해도 그 약속을 지키지 못할 가능성을 배제할 수 없습니다. 게다가 그 약속이 이행된다 하더라도 여러 다른 일들이 벌어질 수 있습니다. 예컨대 우리나라가 파산한다든지(물론 그럴 가능성은 매우 낮을 것입니다), 더 이상 원화를 사용하지 않고 암호 화폐만을 사용한다든지, 로또에 당첨되어 내가 느끼는 100만원의 가치가 작아졌다든지 말입니다. 이처럼 현재와 미래 사이에는 다양한 확률적 요소들이 있고 이로 인해 당장 느끼는 가치에 비해 미래에 느끼는 가치가 달라질 수 있습니다. 그렇기 때문에 미래의 가치에는 불확실성을 반영하고자 감쇠를 해줍니다.

MRP에서 각 상태의 밸류 평가하기

눈을 감은 상태는
얼마큼 좋지...?

| 그림 2-6 | 어떤 상태의 가치를 평가하고자 한다면?

여러분에게 간단한 질문을 하나 해보겠습니다. 만일 어떤 상태의 가치를 평가하고 싶다면 어떤 값을 사용하면 좋을까요? 예를 들어 아이가 잠드는 MRP에서 눈을 감고 있는 상태 s_2의 **밸류**^{Value} 혹은 가치를 숫자 하나로 딱 평가하고 싶다면 말이죠. 가장 먼저 떠오르는 생각은 일단 보상이 높을수록 좋은 상태일 것이라는 점입니다. 받은 보상을 모두 더해 봅시다.

그런데 s_2에 도달하기까지 그 이전에 받은 보상이 중요할까요? 아니면 이후에 받을 보상이 중요할까요? 즉, 어떤 상태를 평가하는데 있어서 과거가 중요할까요 미래가 중요할까요? 이는 조금만 생각해보면 비교적 쉽게 답할 수 있습니다. 예를 들어 사람들이 선망하는 기업인 구글에 입사하는 것의 가치를 평가해 봅시다. 그것은 구글에서 앞으로 받을 연봉이 매우 높기 때문일까요, 아니면 구글에 입사하기까지 많은 돈을 받아서(?) 였을까요. 뒤의 문장은 문장이 성립되기 어려울정도로 이상하네요. 어떤 상태를 평가할 때에는 당연히 그 시점으로부터 미래에 일어날 보상을 기준으로 평가해야 합니다. 그러니 아이가 잠드는 MRP에서 아이가 눈을 감고 있는 상태를 평가하고자 한다면 마찬가지로 해당 상태를 지나 미래에 받을 보상들을 더해야 합니다. 어라?! 우리는 마침 그에 해당하는 값을 알고 있습니다. 그것은 바로 리턴입니다. 리턴은 그 시점부터 이후에 받을 보상들을 (감쇠하여) 더한 값입니다. 그러면 s_2의 가치를 평가하고 싶다면 s_2부터 시작하여 리턴을 측정하면 됩니다.

하지만 한가지 문제가 있습니다. 그 리턴이라는 값이 매번 바뀐다는 점입니다.

왜냐하면 MRP 자체가 확률적인 요소에 의해 다음 상태가 정해지기 때문에 같은 s_2에서 출발해도 아이가 잠들 때까지 각기 다른 상태를 방문하며 그때마다 얻는 리턴의 값은 달라지기 때문입니다. 그러면 s_2의 밸류를 어떻게 평가해야 할까요? 정답은 리턴의 **기댓값**^{Expectation}을 사용하는 것입니다. 하지만 논의를 이어가기 전에 "에피소드를 샘플링한다"라는 개념을 설명하고, 그에 따라 정말 매번 다른 리턴 값을 얻게 되는지를 확인하고 넘어가겠습니다. 좀 쉬운 내용일 수도 있지만 그만큼 이해는 단단해질 것입니다.

에피소드의 샘플링

시작 상태 s_0에서 출발하여 종료 상태 s_T까지 가는 하나의 여정을 에피소드라고 했습니다. 그런데 하나의 에피소드 안에서 방문하는 상태들은 매번 다릅니다. 예를 들어 그림 2-4에서 상태 s_1은 방문할 수도 있고, 방문하지 않을 수도 있습니다. 그리고 그에 따라 리턴도 달라집니다. 이를 좀 더 강화 학습에서 사용되는 용어를 빌려서 얘기해보자면 매번 에피소드가 어떻게 **샘플링**^{sampling}되느냐에 따라 리턴이 달라집니다. 그렇다면 샘플링이란 무엇일까요?

우리말로는 표본 추출이라고 하지만, 표본과 단어와 추출이라는 단어가 너무 어렵고 추상적이어서 그냥 샘플링이라는 표현을 사용하겠습니다. 샘플링이란 sample에 ing가 더해져서 샘플을 뽑아본다는 뜻을 가집니다. 어떤 확률 분포가 있을 때 해당 분포에서 샘플을 뽑아보는 것이 샘플링입니다. 예를 들어 앞 뒷면의 확률이 반반인 동전 X의 확률 분포는 다음과 같습니다.

$$\mathbb{P}\left(X = 앞면\right) = 0.5$$

$$\mathbb{P}\left(X = 뒷면\right) = 0.5$$

이때 샘플링을 해보면, 더 쉬운 말로는 그냥 동전을 던져보면, 앞면 또는 뒷면이 나옵니다. 이 때 나온 하나의 면을 샘플이라고 합니다. 우리는 위 주어진 확률 분포에서 샘플링을 계속해서 할 수 있습니다. 동전을 1억 번쯤 던지면 아마 대략 5천만 번쯤은 앞면이, 나머지 5천만 번쯤은 뒷면이 나올 것입니다. 앞으로 차차 느끼겠지만 강화 학습에서 샘플링은 무척 중요합니다. 동전 예시는 확률 분포가 간단하지만, 많은 경우에서 실제 확률 분포를 잘 모르는 경우가 대부분입니다. 따라서 우리는 샘플링을 통해서 어떤 값을 유추하는 방법론을 사용하게 됩니다. 미리 귀띔하자면 그런 류의 방법론을 일컬어 **Monte-Carlo 접근법**이라고 부릅니다. 이에 대해서는 앞으로 더 자세하게 배울 예정입니다.

정리하면 위와 같은 샘플링 기법을 통해 주어진 MRP에서 여러 에피소드를 샘플링해 볼 수 있습니다. 예컨대 아이 재우기 MRP에서는 상태마다 다음 상태가 어떻게 될지에 대한 확률 분포가 주어져 있습니다. 이때 각 상태에서 마치 동전 던지기와 같은 과정을 거쳐서 다음 상태가 정해집니다. 각 상태마다 다음 상태를 샘플링하며 진행하면 언젠가 종료 상태에 도달할 것이고 하나의 에피소드가 끝이 납니다. 이제 다음 에피소드를 시작하여 이와 같은 작업을 반복해볼 수 있고, 그러면 우리는 그림 2-7처럼 **에피소드의 샘플**들을 얻게 됩니다.

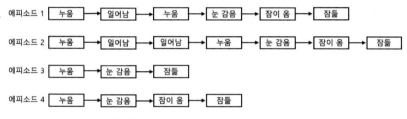

| 그림 2-7 | 아이 재우기 MRP의 에피소드 샘플들

4개 에피소드의 샘플을 예시로 표현해 봅니다. 우연히 4개의 에피소드의 샘플들은 서로 다르지만 계속 샘플링을 하다 보면 완전히 겹치는 에피소드도 있을 것이고, 또 에피소드 길이가 1천이 넘는 에피소드도 있을 수 있습니다. 요점은 우리에게 P(전이 확률 행렬)가 주어져 있기 때문에 이런 샘플들은 원한다면 무한히 뽑아낼 수 있다는 것입니다.

상태 가치 함수(State Value Function)

우리의 문제 의식은 상태를 어떻게 하면 주어진 상태 s의 가치를 평가할 수 있을까? 에서 출발하였습니다. 그래서 상태 가치 함수라는 것을 가정해 보겠습니다. 상태 가치 함수는 상태를 인풋으로 넣으면 그 상태의 밸류를 아웃풋으로 출력하는 함수입니다. 앞서 살펴본 것처럼 에피소드마다 리턴이 다르기 때문에 어떤 상태 s의 밸류 v(s)는 기댓값을 이용하여 정의합니다.

$$v(s) = \mathbb{E}[G_t | S_t = s]$$

상태 s로부터 시작하여 얻는 리턴의 기댓값

조건부로 붙는 $S_t = s$의 의미는 시점 t에서 상태 s부터 시작하여 에피소드가 끝날 때까지의 리턴을 계산하라는 뜻이 됩니다. 이해를 돕기 위해 아이가 잠드는 MRP에서 상태 s_0의 밸류에 대해 생각해 보겠습니다. 그림 2–8과 같이 s_0에서 시작하는 에피소드를 4개 샘플링하여 그때마다 리턴을 계산해 봅니다.

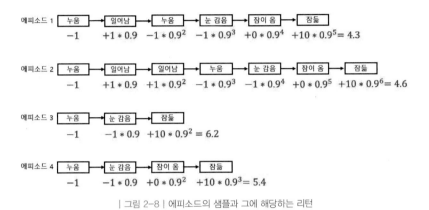

| 그림 2–8 | 에피소드의 샘플과 그에 해당하는 리턴

위 그림과 같이 s_0에서 출발하여 발생할 수 있는 에피소드는 무한히 많고, 그때마다 리턴도 항상 다릅니다. 기댓값을 구하려면 에피소드별로 해당 에피소드가 발생할 확률과 그때의 리턴 값을 곱해서 더해주어야 합니다. 가능한 에피소드가 무한히 많기 때문에 이런 접근법은 현실적으로 불가능합니다. 그래서 간단한 방법은 샘플로 얻은 리턴의 평균을 통해 밸류를 근사하게나마 계산해볼 수 있습니다. 예컨대 위의 그림에서는 4.3, 4.6, 6.2, 5.4의 평균인 5.1이 $v(s_0)$가 됩니다. 더 정확한 방법은 다음 챕터부터 시작되는 내용에서 차차 다루도록 하겠습니다.

자, 지금까지 배운 내용을 잠깐 정리해보겠습니다. 지금까지 MP는 (S, P)로 정의되었고, MRP는 보상이 추가되어 (S, P, R, γ)로 정의 할 수 있습니다(지금 각각의 알파벳이 무엇을 가리키는지 헷갈리신다면 다시 한번 복습하시는 것을 추천 드립니다). 현재 시점부터 받을 보상의 합이 리턴임을 배웠고, 같은 상태에서 출발하여도 에피소드마다 리턴이 달라지므로 주어진 상태의 가치를 리턴의 기댓값을 통해 정의할 수 있다는 것도 배웠습니다. 그러면 이제 우리의 목표인

MDP에 대한 내용으로 넘어가겠습니다. MP, MRP는 사실 MDP를 설명하기 위한 준비 운동이었다고 생각하셔도 좋습니다. 이제 자신의 의사를 가지고 행동하는 주체인 에이전트가 등장할 차례입니다.

2.3 마르코프 결정 프로세스(Markov Decision Process)

생각해보면 앞서 배웠던 MP와 MRP에서는 상태 변화가 자동으로 이루어졌습니다. 다음 상태의 분포는 미리 정해져 있었죠. 여기에는 행동하는 주체랄 것이 없었습니다. 아이가 깨고 잠드는 예시 또한 미리 정해진 확률에 따라 정해지는 과정이니 마치 흐르는 강물 위에 몸을 맡긴 것과 같았습니다. 따라서 MP나 MRP만 가지고는 순차적 의사결정 문제를 모델링 할 수 없습니다. 순차적 의사결정에서는 **의사결정**^{decision}이 핵심이기 때문입니다. 그래서 의사결정에 관한 부분이 모델에 포함되어 있어야 합니다. 바로 그런 이유에서 **마르코프 결정 프로세스**$^{Markov\ Decision\ Process(MDP)}$가 등장합니다. 이제 자신의 의사를 가지고 행동하는 주체인 에이전트가 등장합니다.

MDP의 정의

MDP는 MRP에 에이전트가 더해진 것입니다. 에이전트는 각 상황마다 액션(행동)을 취합니다. 해당 액션에 의해 상태가 변하고 그에 따른 보상을 받습니다. 이 때문에 MDP를 정의하기 위해서는 하나의 요소가 추가되니, 그것은 바로 액션의 집합 A입니다. A가 추가되면서 기존의 전이 확률 행렬 P나 보상 함수 R의 정의도 MRP에서의 정의와 약간씩 달라지게 됩니다. 정리하면 MDP의 구성요소는 (S, A, P, R, γ)입니다.

$$MDP \equiv (S, A, P, R, \gamma)$$

- **상태의 집합 S**
마르코프 프로세스^{MP}, 마르코프 보상 프로세스^{MRP}에서의 **S**와 같습니다. 가능한 상태의 집합입니다.

● **액션의 집합 A**

MDP에서 새롭게 추가된 항목이며 에이전트가 취할 수 있는 액션들을 모아놓은 것입니다. 예를 들어 화성의 흙을 채집하기 위해 보내진 탐사 로봇이 할 수 있는 행동이 "앞으로 움직이기", "뒤로 움직이기", "흙을 채집하기" 이렇게 3가지라면 액션의 집합 A는

A={앞으로 움직이기, 뒤로 움직이기, 흙을 채집하기}

가 됩니다. 이제 에이전트는 스텝마다 액션의 집합 중에서 하나를 선택하여 액션을 취하며, 그에 따라 다음에 도착하게 될 상태가 달라집니다. 이는 이후에 아이 재우기 MDP를 보면 더 잘 이해가 될 것입니다.

● **전이 확률 행렬 P**

$$P^a_{ss'}$$

MP, MRP에서는 "현재 상태가 s일 때 다음 상태가 s'이 될 확률"을 $P_{ss'}$이라고 표기했습니다. 하지만 MDP에서는 에이전트가 선택한 액션에 따라서 다음 상태가 달라집니다. 따라서 "현재 상태가 s이며 에이전트가 액션 a를 선택했을 때 다음 상태가 s'이 될 확률"을 정의해야 합니다.

여기서 주의해야 할 부분은 상태 s에서 액션 a를 선택했을 때 도달하게 되는 상태가 결정론적이 아니라는 점입니다. 같은 상태 s에서 같은 액션 a를 선택해도 매번 다른 상태에 도착할 수 있습니다. 말하자면 액션 실행 후 도달하는 상태 s'에 대한 확률 분포가 있고 그게 바로 전이 확률 행렬 P입니다. 예를 들어 바람이 세게 부는 징검다리를 생각해 보겠습니다. 앞으로 한 걸음 내딛는 액션을 했을 때 바람이 안 분다면 바로 앞에 칸에 도착하겠지만, 바람이 세게 분다면 넘어져서 물에 빠질 수도 있습니다. 즉, 같은 상태에서 같은 액션을 해도 확률적으로 다음 상태가 달라질 수 있습니다. 바람은 환경의 일부, 즉 MDP의 일부이기 때문에 에이전트가 바꿔줄 수 있는 부분이 아닙니다. 따라서 이러한 확률적 요소를 표현하기 위해 전이 확률이 $P^a_{ss'}$의 형태로 표기됩니다. 조건부 확률

의 개념을 이용한 $P_{ss'}^a$ 의 엄밀한 정의는 다음과 같습니다.

$$P_{ss'}^a = \mathbb{P}[S_{t+1} = s' | S_t = s, A_t = a]$$

위의 식을 보면 바("|" 기호, bar)의 오른 편에 2가지 조건이 붙습니다. "현재 상태 s에서, 액션 a를 했을 때"가 조건으로 붙는 것입니다.

● 보상 함수 R

MRP에서는 상태에 의해 보상이 정해졌습니다. 하지만 MDP에서는 액션이 추가 되었기 때문에 현재 상태 s에서 어떤 액션을 선택하느냐에 따라 받는 보상이 달라집니다. 이를 반영하기 위해 R_s에도 액션을 가리키는 a의 첨자가 하나 붙어서 R_s^a의 형태가 됩니다. 상태 s에서 액션 a를 선택하면 받는 보상을 가리키며, 이는 확률적으로 매번 바뀔 수 있기 때문에 마찬가지로 기댓값을 이용하여 표기합니다. 따라서 MDP에서의 보상 함수 R_s^a의 정의는 다음과 같습니다.

$$R_s^a = \mathbb{E}[R_{t+1} | S_t = s, A_t = a]$$

● 감쇠 인자 γ

감쇠 인자 **γ**는 MRP에서의 **γ**와 정확히 같습니다.

지금까지 MDP를 정의하기 위해 필요한 요소에 대해 알아보았습니다. 아이 재우기 MDP의 예시를 통해 좀 더 구체적으로 설명해 보겠습니다.

아이 재우기 MDP

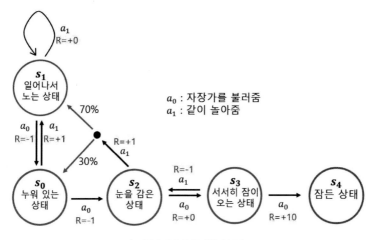

| 그림 2-9 | 아이 재우기 MDP

아이가 잠드는 상황에서 어머니라는 에이전트가 개입되기 시작하였습니다. 어머니가 선택할 수 있는 액션은 자장가를 불러주는 액션 a_0와 함께 놀아주는 액션 a_1 2가지가 있습니다. 아이가 비교적 활발한 상태인 s_0, s_1에서는 자장가를 불러주는 액션을 선택하면 당장은 음의 보상을 받습니다. 왜냐하면 아이는 기본적으로 일어나서 놀고 싶어하는 상태이기 때문입니다. 반대로 함께 놀아주는 액션을 선택하면 아이와 함께 즐거운 시간을 보내게 되어 양의 보상을 받습니다. 자장가를 불러 주어서 아이가 잠이 오는 상태 s_3에 도달하였다면 여기서 같이 놀아주는 행위는 오히려 역효과를 낳아 음의 보상을 받습니다. 반대로 아이에게 자장가를 불러주면 마침내 아이는 잠에 들게 되고, 어머니의 목표는 성공하게 되어 큰 보상을 받습니다. 눈여겨 볼 부분은 아이가 눈을 감은 상태인 s_2에서 아이에게 놀아주는 액션을 선택하면 아이의 다음 상태는 그날 아이의 상태에 따라 s_0가 될 수도 있고, s_1이 될 수도 있습니다. 이때의 전이 확률을 수식으로 표현하면 다음과 같습니다.

$$P_{s_2,s_0}^{a_1} = 0.3, \quad P_{s_2,s_1}^{a_1} = 0.7$$

아이의 상태는 환경의 일부이며, 에이전트인 어머니가 조절할 수 있는 것은 아닙니다. 따라서 확률 값을 바꿀 수는 없습니다.

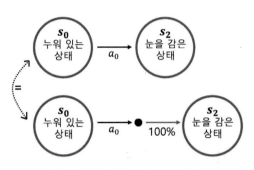

| 그림 2-10 | 두 그림은 사실 같은 의미

혹시 '왜 s_2에서 자장가를 불렀을 때만 전이 확률이 있고 나머지 상황에서는 전이 확률이 없지?' 하고 궁금한 분이 있을 수도 있습니다. 이는 그림 2-10을 보면 이해가 될 것입니다. 예컨대 s_0에서 a_0를 선택하면 그 뒤에 전이 확률이 100%인 화살표가 하나 더 그려져 있다고 생각해도 됩니다. 편의상 100%인 전이 확률 화살표를 그림에서 생략하였습니다.

자, 그러면 이제 MDP의 기본에 대해 어느 정도 이해했을테니 강화 학습의 핵심 질문을 던져 보겠습니다. 아이 재우기 MDP에서는 상황마다 어머니가 하는 선택에 따라 보상이 달라지는데, 보상의 합을 최대화하기 위해서 어머니는 어떤 행동을 선택해야 할까요? 자세히 관찰하면 어렵지 않게 계속해서 a_0만을 선택하면 최적이라는 것을 알 수 있습니다. 그렇게 되면 얼마 지나지 않아 아이는 잠드는 상태에 도달하여 큰 보상을 받고 에피소드가 끝나기 때문입니다. 그것이 어머니의 최적의 전략입니다. 이처럼 MDP가 간단한 경우 상태와 관계없이 같은 액션만 선택하면 되기 때문에 최적의 전략을 찾기 쉬웠습니다. 하지만 MDP가 복잡해지면 최적 행동을 찾는 것이 그렇게 쉽지만은 않습니다. 예컨대 그림 2-11과 같이 말이죠.

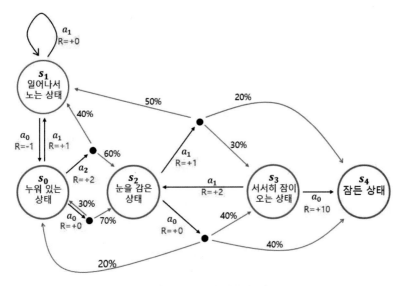

| 그림 2-11 | 한층 복잡해진 아이 재우기 MDP

전이 확률이 조금 달라졌고, 상태 s_0에서 선택할 수 있는 액션이 1개 늘어났을 뿐인데 이전 MDP에 비해 그림이 많이 복잡해졌습니다. 여기서도 누적 보상을 최대화하기 위해 상황별로 어떤 선택을 해야 할지 쉽게 감이 오나요? 만일 쉽게 감이 온다면 이 책을 덮어도 좋습니다. 하지만 그렇지 않다면 이 책을 조금 더 읽으셔야 할 것입니다.

사실 그림 2-11의 MDP가 나름대로 복잡해졌다고는 하나 실제 생활에서 맞닥뜨리게 되는 순차적 의사결정 문제를 모델링한 것에 비하면 무척이나 간단한 모형입니다. 위 MDP의 경우 상태의 개수가 5개, 액션의 개수가 많아야 3개 정도입니다. 반면 실제 세계에서 마주하는 MDP는 상태의 개수가 수백억 개가 넘을 정도로 무수히 많고, 액션의 개수도 훨씬 많습니다. 이처럼 복잡한 MDP에서 결국 우리가 찾고자 하는 것은 각 상태 s에 따라 어떤 액션 a를 선택해야 보상의 합을 최대로 할 수 있는가입니다. 이것을 위에서는 전략이라고 표현했습니다. 강화 학습의 언어를 빌려 더 정확하게 표현하자면 **정책**policy이라고 합니다. 자연스럽게 정책이란 무엇인지에 대한 소개로 넘어가겠습니다.

정책 함수와 2가지 가치 함수

■ 정책 함수

정책 혹은 **정책 함수**policy function는 각 상태에서 어떤 액션을 선택할지 정해주는 함수입니다. 예컨대 아이를 재우려는 어머니의 입장에서 아이의 상태에 따라 a_0를 선택할지, a_1을 선택할지 결정해야 합니다. 그것을 어머니의 정책이라 부를 수 있습니다. 어머니의 목적은 보상의 합을 최대화하는 정책을 찾는 것입니다. 그리고 이 정책을 함수로 표현하면 정책 함수가 됩니다. 정책 함수는 보통 그리스 문자 π를 사용해서 표기하는데요. 이는 원주율 3.141592… 와는 아무런 관련이 없습니다. 정책 함수를 확률을 이용하여 정의하면 다음과 같습니다.

$$\pi(a|s) = \mathbb{P}[A_t = a|S_t = s]$$

상태 s에서 액션 a를 선택할 확률

예를 들어 그림 2–11의 MDP 속 상태 s_0에서 선택할 수 있는 액션은 a_0, a_1, a_2 이렇게 3가지입니다. 그리고 이 각각에 대해 얼마큼의 확률을 부여할지를 정책 함수가 결정합니다. 예를 들어 다음과 같이 말이죠.

$$\pi(a_0|s_0) = 0.2$$

$$\pi(a_1|s_0) = 0.5$$

$$\pi(a_2|s_0) = 0.3$$

각 상태에서 할 수 있는 모든 액션의 확률 값을 더하면 1이 되어야 합니다. 꼭 위와 같이 확률이 3개의 액션에 퍼져 있을 필요는 없고, 하나의 액션에 100%의 확률이 모두 몰려있는 것도 가능한 정책입니다. 여하간 에이전트가 각 상태에 처했을 때 각각의 액션을 어떻게 선택할 것인지에 대한, 즉 액션 선택에 대한 운용 방침을 담고 있고 그래서 이를 정책이라고 부릅니다.

한 가지 헷갈리면 안 되는 것이 있습니다. 정책 함수는 에이전트 안에 존재하는 점입니다. 그림 2–11을 보면 정책에 대한 내용, 즉 상태별 액션을 얼마큼의 확률로 고를지에 대한 내용은 전혀 없습니다. 그림 2–11은 환경에 대한 그림이기 때문입니다. 환경은 변하지 않지만 에이전트는 자신의 정책을 언제든 수정할 수 있습니다. 더 큰 보상을 얻기 위해 계속해서 정책을 교정해 나가는 것이 곧 강화 학습입니다. 그림 2-11은 환경에 대한 것이고, 정책은 에이전트 안에 있는 것이라는 점을 기억해야 합니다.

■ 상태 가치 함수

MRP에서 배웠던 가치 함수를 떠올려 봅시다. 가치 함수의 정의는 어떤 상태를 평가하고 싶다는 의도에서 출발하였습니다. 주어진 상태로부터 미래에 얻을 리턴의 기댓값을 상태의 밸류로 정의했었습니다. MDP에서의 가치 함수도 비슷하지만 약간의 차이가 있습니다. 왜냐하면, 에이전트의 액션이 도입되었기 때문입니다. 이제는 에이전트가 어떤 행동을 취하는가에 따라, 더 정확히 표현하면 에이전트의 정책 함수에 따라서 얻는 리턴이 달라집니다. 예를 들어 아이 재우기 MDP에서 항상 a_0를 선택하는 에이전트와 항상 a_1을 선택하는 에이전트의 누적 보상은 분명 다를 것입니다. 따라서 가치 함수는 정책 함수에 의존적입니다. 가치 함수를 정의하기 위해서는 먼저 정책 함수 π가 정의되어야 합니다. π가 주어졌다고 가정했을 때 가치 함수의 정의는 다음과 같습니다.

$$v_\pi(s) = \mathbb{E}_\pi[r_{t+1} + \gamma r_{t+2} + \gamma^2 r_{t+3} + \cdots | S_t = s]$$
$$= \mathbb{E}_\pi[G_t | S_t = s]$$

s부터 끝까지 π를 따라서 움직일 때 얻는 리턴의 기댓값

식에 정책을 나타내는 π가 추가되었을 뿐 나머지는 원래 가치 함수의 정의와 똑같습니다. 이 식은 정책 함수를 π로 고정해놓고 생각하겠다는 것입니다. 지금부터 이후에 나올 모든 가치 함수는 MDP에서의 가치 함수만 다룰 것이기 때문에 MRP에서의 가치 함수의 정의는 잠시 잊어도 좋습니다. 이제부터 가치 함수는 π에 의존적이라는 것을 다시 한번 명심하는 것이 좋습니다.

■ 액션 가치 함수

앞에서 배운 가치 함수는 말하자면 **상태 가치 함수**state value function입니다. 어떤 상태가 주어졌을 때 그 상태를 평가해주는 함수입니다. 그러면 자연스레 다음과 같은 궁금증이 떠오릅니다.

"각 상태에서의 액션도 평가할 수는 없을까?"

상태를 평가할 수 있었다면 해당 상태의 액션도 평가할 수 있지 않을까요? 액션을 평가할 수 있다면 각 상태에서 선택할 수 있는 액션을 모두 평가해 본 다음에, 그중에 가장 가치 있는 액션을 선택하면 될 테니까요. 그런 이유에서 **액션 가치 함수**state-action value function가 등장합니다. 정식 명칭은 상태-액션 가치 함수이지만 축약하여 액션 가치 함수라고 부르도록 하겠습니다.

상태 가치 함수를 $v(s)$로 표현하였다면 액션 가치 함수는 $q(s,a)$로 표현합니다. 함수에 상태와 액션이 동시에 인풋으로 들어가야 합니다. 그래서 정식 명칭이 상태-액션 가치 함수입니다. 그렇다면 왜 액션만 따로 떼어내어 평가할 수는 없을까요? 그 이유는 상태에 따라 액션의 결과가 달라지기 때문입니다. 예를 들어 그림 2-11에서 s_0에서 a_0를 선택하는 것과 s_2에서 a_0를 선택하는 것은 전혀 다른 상황입니다. 이후에 도착하는 상태도 다르고, 이후에 얻는 보상도 다릅니다. 그래서 액션 a만을 따로 평가할 수는 없고 상태 s와 결합하여 평가해야 합니다. 요컨대 액션 가치 함수는 상태와 액션의 페어, 즉 (s,a)를 평가하는 함수입니다.

여기까지가 차이이고, 나머지는 상태 가치 함수 $v(s)$와 거의 똑같습니다. $v(s)$와 마찬가지로 미래에 얻을 리턴 G_t를 통해 밸류를 측정합니다. 또한 정책 π에 따라 이후의 상태가 달라지므로 π를 고정시켜 놓고 평가합니다. 이를 수학적으로 표현하면 다음과 같습니다.

$$\mathbf{q_\pi(s,a) = \mathbb{E}_\pi[G_t|S_t = s, A_t = a]}$$

s에서 a를 선택하고, 그 이후에는 π를 따라서 움직일 때 얻는 리턴의 기댓값

보다시피 함수에 인풋으로 상태 s와 선택한 액션 a가 함께 들어가며, 아웃풋으로 s에서 a를 선택하는 것의 밸류가 나옵니다. 일단 a를 선택하고 나면 이후의 상태를 진행하기 위해 계속해서 누군가가 액션을 선택해야 하는데, 그 역할은 정책 함수 π에게 맡기는 것입니다.

따라서 $v_\pi(s)$와 $q_\pi(s, a)$는 "s에서 어떤 액션을 선택하는가"하는 부분에만 차이가 있습니다. $v_\pi(s)$를 계산할 때는 s에서 π가 액션을 선택하는 반면, $q_\pi(s, a)$를 계산할 때는 s에서 강제로 a를 선택합니다. 일단 액션을 선택한 이후에는 2가지 가치 함수 모두 정책 함수 π를 따라서 에피소드가 끝날 때까지 진행합니다.

이렇게 하여 2가지 가치 함수 v와 q에 대해 배워 보았습니다. 이후에 이 책에서 아무 명시 없이 가치 함수라고만 쓴다면 상태 가치 함수 v를 가리키는 말이며, q를 지칭할 때는 액션 가치 함수라고 명시하겠습니다. 또한 이후의 내용에서는 표기의 단순화를 위해 중요하지 않은 경우 종종 아랫첨자 π가 생략 될 수 있습니다.

2.4 Prediction과 Control

큰 흐름에서 강화 학습이라는 것을 문제와 솔루션으로 나누어서 본다면 이번 챕터의 내용은 문제를 세팅하는 단계에 해당한다고 볼 수 있습니다. 문제의 세팅이라 함은 주어진 상황이 있을 때 이를 MDP의 형태로 만들어서, MDP를 풀고자 하는 것입니다. 그래서 지금까지 MDP와 그 안의 여러 요소에 대해 설명했습니다. 그런데 여기서 MDP를 푼다는 것은 어떤 뜻일까요? MDP가 주어졌을때, 즉 $(\mathbf{S}, \mathbf{A}, \mathbf{P}, \mathbf{R}, \mathbf{\gamma})$이 주어졌을 때 우리가 관심 있어 하는 태스크는 크게 2가지로 **Prediction**과 **Control**가 있습니다.

> 1. Prediction : π가 주어졌을 때 각 상태의 밸류를 평가하는 문제
> 2. Control : 최적 정책 π^*를 찾는 문제

MDP가 주어지면 우리의 목적은 크게 보아 위 2가지 중 하나입니다. 예컨대 알파고처럼 바둑이라는 상황을 MDP로 표현하여 해당 MDP에서 **최적 정책** optimal policy π^*를 찾거나(누구를 만나도 다 이기는 정책), 임의의 정책 π에 대해 각 상태의 밸류 $v_\pi(s)$를 구하고자 하는 것입니다. Prediction과 Control에 대해 조금 더 알기 쉽게 그리드 월드라는 예시를 통해 설명해 보겠습니다.

출발	s_1	s_2	s_3
s_4	s_5	s_6	s_7
s_8	s_9	s_{10}	s_{11}
s_{12}	s_{13}	s_{14}	종료

보상 : 스텝마다 -1

정책 : 4방향 uniform 랜덤

| 그림 2-12 | 격자 세상, 영어로는 그리드 월드(Grid World)

그림 2-12의 그리드 월드와 같은 상황을 생각해 봅시다. 출발에서 시작하여 종료까지 도착하면 한 에피소드가 끝나며 스텝마다 -1의 보상을 받는 상황입니다. 따라서 누적 보상을 최대화하고자 한다면 최단 경로를 지나 종료 상태에 도착해야 합니다. 이때 에이전트가 선택할 수 있는 액션은 총 4개로 동, 서, 남, 북 방향으로 한 칸 움직이는 것입니다(벽에 도달해서 벽 방향으로 움직이면 제자리에 머물게 됩니다). 그리드 월드는 매우 간단한 MDP의 한 예시로써 이 책의 뒷부분에도 자주 나올 예정이므로 지금 익숙해지면 좋습니다.

먼저 그리드 월드에서의 Prediction 문제에 대해 생각해 보겠습니다. Prediction 문제에서는 일단 정책 π가 하나 주어져야 합니다. π는 단순하게 4방향으로 랜덤하게 움직이는 정책이라고 해 봅시다. 수식을 통해 표현하면 다음과 같습니다.

$$for\ all\ s \in S$$

$$\pi(동|s) = 0.25, \qquad \pi(서|s) = 0.25, \qquad \pi(남|s) = 0.25, \qquad \pi(북|s) = 0.25$$

어느 상태에서나 동, 서, 남, 북으로 움직일 확률이 고르게 분포되어 있는 정책입니다. 이때 아무 상태나 하나 잡아 봅시다. 예컨대 s_{11}의 밸류 $v_\pi(s_{11})$의 값은 몇이 될까요? 이것이 바로 Prediction 문제입니다. 해당 상태의 밸류를 예측하는 것이 목적입니다.

여기서 "에이 쉽다, 그냥 아래로 한 칸 움직이면 -1의 보상을 받고 끝나니까 s_{11}의 가치는 -1 아니야?" 라고 생각한다면 오산입니다. 왜냐하면 s_{11}에서 출발하여 종료 상태까지 도달할 때까지 4방향으로 랜덤하게 움직이므로 정말 다양한 경로가 가능하기 때문입니다. $\gamma = 1$이라고 한다면 다음과 같은 다양한 경로에 대해 다양한 리턴을 받을 수 있습니다.

$$s_{11} \rightarrow 종료, \qquad 리턴 = -1$$

$$s_{11} \rightarrow s_{10} \rightarrow s_{14} \rightarrow 종료, \qquad 리턴 = -3$$

$$s_{11} \rightarrow s_7 \rightarrow s_6 \rightarrow s_{10} \rightarrow s_{11} \rightarrow 종료, \qquad 리턴 = -5$$

$$s_{11} \rightarrow s_7 \rightarrow s_3 \rightarrow s_2 \rightarrow s_3 \rightarrow s_2 \rightarrow s_6 \rightarrow s_{10} \rightarrow s_9 \rightarrow s_{13} \rightarrow s_{14} \rightarrow s_{10} \rightarrow s_{14} \rightarrow 종료, \qquad 리턴 = -13$$

이 각각의 여정을 **에피소드**Episode라고 부릅니다. 이 모든 에피소드가 실제로 발생할 수 있습니다. 왜냐하면 에이전트는 마치 술에 만취한 사람처럼 4방향 무작위로 움직이기 때문입니다. 결국 에피소드마다 미래에 얻을 보상이 다르며, 또 그 에피소드가 발생할 확률도 다릅니다. 확률과 리턴의 곱을 모두 더해줘야 상태 s_{11}에서의 리턴의 기댓값을 구할 수 있게 되는 것이죠. 물론 가능한 경로가 무한히 많기 때문에 실제 가치 함수의 값을 그런 식으로 구하지는 않습니다. 게다가 만일 π가 4방향 랜덤이 아니라 북쪽에 조금 더 치우친 확률 분포를 갖고 있는 정책이라면 $v_\pi(s_{11})$를 계산하는 것은 더 복잡해 집니다. 구체적으로 밸류 값을 구하는 방법은 챕터 3~4를 통해 차차 배워봅니다. 여기서 하고 싶은 얘기는 그만큼 밸류를 구하는 문제가 간단하지는 않은 문제라는 것입니다.

최적 정책

출발	s_1	s_2	s_3
s_4	s_5	s_6	s_7
s_8	s_9	s_{10}	s_{11}
s_{12}	s_{13}	s_{14}	종료

출발	↱	↱	↓
↱	↱	↱	↓
↱	↱	↱	↓
→	→	→	종료

| 그림 2-13 | 그리드 월드에서의 최적 정책

이번에는 Control 문제를 살펴 보겠습니다. Control의 목적은 최적의 정책 π^*를 찾는 것입니다. 최적의 정책이란 이 세상에 존재하는 모든 π중에서 가장 기대 리턴이 큰 π를 뜻합니다[4]. 그리드 월드의 경우 π^*는 비교적 간단합니다. 그림 2-13의 오른쪽처럼 돌아가지 않고 종료를 향해서 나아가면 됩니다. 하지만 일반적인 MDP에서 π^*를 찾는 것은 간단하지만은 않습니다. 이를 찾기 위해

---

4 사실 이 정의는 쉬운 정의이고, 부분 순서 집합(Partial Ordering)이라는 개념을 이용한 엄밀한 정의가 따로 있지만 여기서 다루지는 않겠습니다.

강화 학습을 사용하는 것입니다.

또 최적 정책 π^*를 따를 때의 가치 함수를 **최적 가치 함수**^{optimal value function}라고 하며 v^*라고 표기합니다. π^*와 v^*를 찾았다면 "이 MDP는 풀렸다"고 말할 수 있습니다. 결국 우리는 강화 학습을 이용해 실생활의 어떤 문제를 MDP 형태로 만들고, 그 MDP의 최적 정책과 최적 가치 함수를 찾아내어 MDP를 푸는 것이 목적입니다.

Prediction과 Control이라는 틀에서 강화 학습 문제를 바라보면 더 폭넓은 이해가 가능합니다. 본 책의 내용을 Prediction과 Control의 관점에서 분류하면 챕터 4, 5, 8은 Prediction에 관한 내용이고, 챕터 6, 9는 Control에 관한 내용입니다.

이제 MDP라는 문제의 세팅과 소개를 마쳤습니다. 챕터 3부터는 본격적으로 해결 방법에 대한 내용으로 넘어가 보겠습니다.

벨만 방정식

대부분의 강화 학습 알고리즘은 밸류를 구하는 것에서 출발합니다. 그리고 밸류를 구하는 데 뼈대가 되는 수식이 바로 벨만 방정식입니다. 이번 챕터에서는 벨만 기대 방정식과 벨만 최적 방정식이라는 두 가지 종류의 방정식을 배울 예정입니다.

CHAPTER **3**

벨만 방정식

챕터 2에서 주어진 정책 π의 상태별 밸류를 구하는 것이 생각보다 어려운 일임을 얘기했습니다. 또 구체적으로 밸류를 어떻게 구하는지에 대한 내용은 뒤에서 이어진다고도 했었죠. 이제 바로 그 시작점에 서 있습니다. 우리는 어떤 주어진 상태의 밸류를 계산하고 그 중심에는 벨만 방정식이 있습니다. 밸류를 계산하는 법을 한 줄로 "벨만 방정식을 이용해서 구한다!"라고 얘기해도 큰 무리가 없을 만큼 벨만 방정식은 밸류를 계산하는데 있어 중요한 수식입니다. 그래서 이번 챕터에서는 벨만 방정식에 대해 배우고, 챕터 4에서는 이를 적용하여 구체적으로 밸류를 구하는 방법론에 대해 배울 것입니다. 챕터 4의 내용을 미리 귀띔하자면 **다이내믹 프로그래밍**^{dynamic programming}을 이용하여 벨만 방정식을 **반복적**^{iterative}으로 사용하며 임의로 초기화되어 있던 값들이 조금씩 실제 밸류에 가까워지는 방식에 대해 배울 예정입니다. 벨만 방정식이 왜 핵심인지 더욱 감이 오실 것입니다.

벨만 방정식은 시점 t에서의 밸류와 시점 t+1에서의 밸류 사이의 관계를 다루고 있으며 또 가치 함수와 정책 함수 사이의 관계도 다루고 있습니다. 따라서 벨만 방정식을 가지고 놀다 보면 가치 함수와 정책 함수의 의미를 정확히 이해하는 데에도 도움이 될 것입니다. 이번 챕터는 수식이 나와서 다소 어렵게 느껴질 수도 있으나 차근차근 따라가다 보면 그렇게 어렵지 않을 것입니다.

■ 재귀 함수

| 그림 3-1 | 자기 자신을 호출하는 함수인 재귀 함수

벨만 방정식은 기본적으로 재귀적 관계에 대한 식입니다. 재귀적 관계라는 말이 아마 프로그래밍이나 알고리즘 공부를 해 본 사람들에게는 익숙한 개념이겠지만 그렇지 않은 분들을 위해 간단히 설명해 보겠습니다. 재귀라는 개념을 이해하기 위해 재귀 함수에 대해 살펴봅시다. 재귀 함수는 자기 자신을 호출하는 함수를 가리킵니다. 다음과 같은 수열을 생각해 봅시다.

$$0, \ 1, \ 1, \ 2, \ 3, \ 5, \ 8, \ 13, \ 21, \ 34, \ 55, \ 89, \ \cdots$$

이 수열의 이름은 피보나치 수열입니다. 이 수열은 앞의 두 항을 더해서 그 다음 항이 만들어 집니다. 0+1=1, 1+1=2, 2+3=5, 5+8=13, ⋯ 이런 식이죠. 일반적인 함수를 이용하여 피보나치 수열을 표현하면 다음과 같습니다.

$$\text{fib(n)} = \frac{1}{\sqrt{5}} \left(\left(\frac{1 + \sqrt{5}}{2} \right)^n - \left(\frac{1 - \sqrt{5}}{2} \right)^n \right)$$

하지만 주어진 수열만 보고 위의 표현형을 떠올리기란 매우 어렵습니다. 반면에 수열만 봐도 앞의 항과 뒤의 항 사이의 관계는 알 수 있습니다. 앞의 두 항을 더해서 뒤의 항이 나온다는 것을 말이죠. 이런 상황에서는 재귀 함수를 이용하면 위의 수열을 쉽게 표현할 수 있습니다.

$$\text{fib(n)} = \text{fib(n} - 1) + \text{fib(n} - 2)$$

이처럼 재귀 함수는 자기 자신과의 관계를 이용해 자기 자신을 표현합니다. n에서의 함수 값이 n-1과 n-2에서의 함수 값으로 표현된 것처럼 벨만 방정식은 현재 시점(t)과 다음 시점(t+1) 사이의 재귀적 관계를 이용해 정의됩니다. 벨만 방정식에는 벨만 기대 방정식과 벨만 최적 방정식이 있습니다. 이제 벨만 기대 방정식부터 소개하겠습니다.

3.1 벨만 기대 방정식

우선 이번에 배울 모든 수식들을 먼저 한눈에 볼 수 있게 표기해 보겠습니다. 벨만 기대 방정식은 편의상 세 단계로 나눌 수 있습니다. 단계라는 개념은 지칭하기 쉽도록 본 책에서 편의상 나눈 개념일 뿐, 실제로 벨만 방정식이 0단계, 1단계, 2단계 이렇게 명시적으로 나뉘지는 않습니다. 각 단계에 해당하는 방정식은 아래와 같습니다.

- 0단계

$$v_\pi(s_t) = \mathbb{E}_\pi[r_{t+1} + \gamma v_\pi(s_{t+1})]$$

$$q_\pi(s_t, a_t) = \mathbb{E}_\pi[r_{t+1} + \gamma q_\pi(s_{t+1}, a_{t+1})]$$

- 1단계

$$v_\pi(s) = \sum_{a \in A} \pi(a|s) \, q_\pi(s, a)$$

$$q_\pi(s, a) = r_s^a + \gamma \sum_{s' \in S} P_{ss'}^a \, v_\pi(s')$$

- 2단계

$$v_\pi(s) = \sum_{a \in A} \pi(a|s) \left(r_s^a + \gamma \sum_{s' \in S} P_{ss'}^a \, v_\pi(s') \right)$$

$$q_\pi(s, a) = r_s^a + \gamma \sum_{s' \in S} P_{ss'}^a \sum_{a' \in A} \pi(a'|s') \, q_\pi(s', a')$$

이 수식들이 대체 어디서 나왔는지 지금은 어렵고 낯설지만 단계별로 차근차근 배우다 보면 이 챕터가 끝날 때 즈음에는 이 수식들이 어렵지 않게 보일 것입니다.

■ 0단계

$$v_\pi(s_t) = \mathbb{E}_\pi[r_{t+1} + \gamma v_\pi(s_{t+1})]$$

이 식은 현재 상태의 밸류와 다음 상태의 밸류 사이 관계를 나타내고 있습니다. 그런데 왜 위와 같은 관계가 성립할까요? v_π의 정의부터 생각해 보겠습니다.

$$
\begin{aligned}
v_\pi(s_t) &= \mathbb{E}_\pi[G_t] \\
&= \mathbb{E}_\pi[r_{t+1} + \gamma r_{t+2} + \gamma^2 r_{t+3} + \cdots] \\
&= \mathbb{E}_\pi[r_{t+1} + \gamma(r_{t+2} + \gamma r_{t+3} + \cdots)] \\
&= \mathbb{E}_\pi[r_{t+1} + \gamma G_{t+1}] \\
&= \mathbb{E}_\pi[r_{t+1} + \gamma v_\pi(s_{t+1})]
\end{aligned}
$$

수식으로 보면 이와 같이 증명할 수 있습니다. 말로 풀어 설명하자면 현재 상태 s_t의 밸류는 리턴의 기댓값인데 이를 쪼개서 생각해 보자는 것입니다. 리턴이 먼저 한 스텝만큼 진행하여 보상을 받고, 그 다음 상태인 s_{t+1}부터 미래에 받을 보상을 더해줘도 똑같지 않겠느냐 하는 것입니다. 아직 아리송하다면 OX 퀴즈를 통해서 확인해보겠습니다. 다음 두 OX 퀴즈를 자신 있게 대답할 수 있다면 이해했다고 보아도 무방합니다.

○× 퀴즈

❶ $v_\pi(s_t) = r_{t+1} + \gamma v_\pi(s_{t+1})$가 성립한다.

❷ $v_\pi(s_t) = \mathbb{E}_\pi[r_{t+1} + \gamma r_{t+2} + \gamma^2 v_\pi(s_{t+2})]$가 성립한다.

정답은 아래[5]에 있습니다. 지금부터 정답과 함께 풀이 과정을 설명하겠습니다. 정답을 확인 전에 꼭 한번 곱씹어 보면서 생각해보길 바랍니다. 먼저 ❶번 문제를 보면 원래의 벨만 방정식에서 기댓값 연산자가 빠졌습니다. 과연 기댓값 연산자가 없어져도 원래의 식이 성립할까요? 정답은 당연히 성립하지 않습니다. 왜냐하면 다음 상태인 s_{t+1}이 어디가 되느냐에 따라 r_{t+1}과 $v_\pi(s_{t+1})$의 값도 달라지기 때문입니다. 현재로서는 s_{t+1}이 어디가 될지 알 수 없습니다. 그렇다면 s_{t+1}은 언제 알 수 있을까요?

---

5 ❶ : X , ❷ : O

s_t에서 시작하여 s_{t+1}이 정해지기까지는 두 번의 확률적인 과정을 거쳐야 합니다. 정책이 액션을 선택할 때 한 번, 액션이 선택되고 나면 전이 확률에 의해 다음 상태가 정해질 때 한 번입니다. 확률에 따라 샘플링 하는 것을 "동전 던지기"로 표현한다면, 동전을 두 번 던져야 비로소 s_{t+1}이 정해지는 셈입니다. 그림 3-2를 함께 보겠습니다.

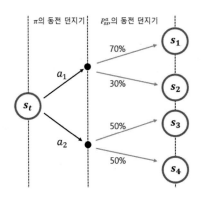

| 그림 3-2 | 다음 상태가 정해지기까지의 두 번의 동전 던지기

그림 3-2를 보면 첫 번째 동전 던지기는 정책이 액션을 선택할 때 일어납니다. 에이전트가 s_t에서 어떤 액션을 고를지 각 액션에 대해 확률을 갖고 있고 그것이 바로 정책 π였습니다. 예컨대 s_t에서 고를 수 있는 액션이 a_1과 a_2 이렇게 2가지라면 π가 각 액션을 선택할 확률이 다음과 같다고 해 봅시다.

$$\pi(a_1|s_t) = 0.6, \ \pi(a_2|s_t) = 0.4$$

이는 동전의 한 면이 나올 확률이 60%, 다른 면이 나올 확률이 40%인 동전 던지기를 해서 액션을 정한다고 생각할 수도 있습니다. 이를 그림 3-2에서는 π의 동전 던지기라고 표현했습니다. π가 동전을 던져서 액션을 하나 선택했다고 해 봅시다. 예컨대 a_1이 뽑히면 이제 **환경**Environment에 의한 두 번째 동전 던지기를 해야 합니다.

두 번째 동전 던지기는 환경이 실행합니다. 이 때의 확률 분포는 MDP의 전이 확률에 해당합니다. 상태 s_t에서 액션 a_t를 선택했을 때 다음 상태 s_{t+1}이 어디가 될지는 전이 확률 $P^{a_t}_{s_t s_{t+1}}$에 따라 동전 던지기를 하게 되는 것이죠. 그림 3-2

와 같이 s_t에서 액션 a_1을 선택했을 때 다음 상태가 s_1이 될 확률이 70%, s_2가 될 확률이 30%라고 해 봅시다. 그러면 이 확률에 대응하는 동전 던지기를 한 다음에야 비로소 다음 상태가 정해집니다. 요약하면 그림 3-2에서 s_t의 다음 상태로 4가지 상태가 가능하며 s_t에 있을 때는 이들 중 어느 상태에 도달하게 될지 알 수 없습니다. 실제로 두 번의 동전 던지기를 시도해 봐야 비로소 어느 상태에 도달할 지 알 수 있는 것입니다.

다시 원래 식으로 돌아오면 ❶ $v_\pi(s_t) = r_{t+1} + \gamma v_\pi(s_{t+1})$에서 우변은 매번 동전의 어느 쪽 면이 나오는지에 따라 값이 달라지는 확률 변수라고 생각할 수 있습니다. 그때그때 정책에서 어떤 액션이 선택되는지, 선택된 액션에 의해 다음 상태가 어디가 되는지에 따라 값이 바뀌기 때문입니다. 예컨대 그림 3-2에서 우변은 총 4가지 값이 가능하며 매번 그중 하나가 뽑히게 됩니다. 따라서 기댓값 연산자가 없다면 등식은 성립하지 않습니다. 그래서 ❶의 정답은 X입니다.

다음 문제인 ❷ $v_\pi(s_t) = \mathbb{E}_\pi[r_{t+1} + \gamma r_{t+2} + \gamma^2 v_\pi(s_{t+2})]$의 정답은 O입니다. 현재로부터 한 스텝만 가서 미래 가치를 계산하든, 두 스텝을 가서 미래 가치를 계산하든 그 기댓값은 변하지 않기 때문입니다. 그 사이에 여러 번의 확률적 동전 던지기의 과정이 포함되어 있겠지만 기댓값 연산자를 이용해 퉁쳐주는 셈입니다.

OX 퀴즈를 통해서 이해가 좀 됐나요? 여기까지 완전히 이해했다면 8부 능선은 넘은 셈입니다. 이후 벨만 기대 방정식의 1단계, 2단계 수식들은 보다 쉽게 이해가 될 것입니다.

■ 1단계

자, 이제 비교적 복잡해 보이는 벨만 기대 방정식 1단계의 식으로 넘어 왔습니다. 1단계는 액션 밸류 $q_\pi(s, a)$를 이용하여 상태 밸류 $v_\pi(s)$를 표현하는 첫 번째 식과 $v_\pi(s)$를 이용하여 $q_\pi(s, a)$를 표현하는 두 번째 식으로 이루어져 있습니다. 차례대로 살펴보겠습니다.

❶ q_π를 이용해 v_π 계산하기

$$v_\pi(s) = \sum_{a \in A} \pi(a|s)q_\pi(s,a)$$

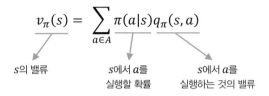

s의 밸류 s에서 a를 s에서 a를
실행할 확률   실행하는 것의 밸류

위의 식을 이해하기 위해 그림 3-3과 같이 상태 s에서 선택할 수 있는 액션이 a_1, a_2 2개가 있는 상황을 생각해 봅니다. 정책 π가 두 액션을 선택할 확률은 각각 60%와 40%입니다.

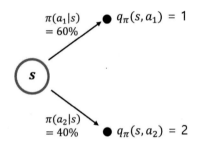

| 그림 3-3 | 액션 밸류로 상태 밸류 계산하기

이때 상태 s의 밸류를 계산하고 싶은 상황입니다(물론 정책은 π로 고정되어 있습니다). 당장 s의 밸류는 모르지만 s에서 a_1을 선택하는 것의 밸류와 a_2를 선택하는 것의 밸류는 알고 있다고 가정해 봅시다. 즉 액션 밸류 $q_\pi(s,a_1)$와 $q_\pi(s,a_2)$의 값이 각각 1과 2라는 것을 알고 있는 상황입니다. 그러면 이를 이용해 s의 밸류를 계산할 수 있을까요?

그렇습니다! 아주 쉽게 계산할 수 있습니다. 왜냐하면 정책이 a_1을 선택할 확률이 60%, a_2를 선택할 확률이 40%라면 s에서 a_1을 선택했을 때의 밸류인 $q(s,a_1)$의 값에 0.6을, a_2를 선택했을 때의 밸류인 $q(s,a_2)$의 값에 0.4을 곱해서 더해주면 됩니다. 이를 식으로 풀어 써보면 다음과 같습니다.

$$v_\pi(s) = \pi(a_1|s) * q_\pi(s,a_1) + \pi(a_2|s) * q_\pi(s,a_2)$$
$$= 0.6 * 1 + 0.4 * 2$$
$$= 1.4$$

정리해보면 어떤 상태에서 선택할 수 있는 모든 액션의 밸류를 모두 알고 있다면, 이를 이용해 해당 상태의 밸류를 계산할 수 있습니다. 액션의 밸류에 액션을 선택할 확률을 곱해서 시그마를 이용해 모두 더해주는 방식입니다. 실제로 예시의 수식을 조금 더 일반적으로 표현하면 원래의 벨만 기대 방정식 1단계 수식이 됩니다.

$$v_\pi(s) = \sum_{a \in A} \pi(a|s) \, q_\pi(s, a)$$

❷ v_π를 이용해 q_π 계산하기

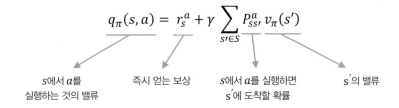

$$q_\pi(s, a) = r_s^a + \gamma \sum_{s' \in S} P_{ss'}^a \, v_\pi(s')$$

s에서 a를   즉시 얻는 보상 s에서 a를 실행하면 s'의 밸류
실행하는 것의 밸류 s'에 도착할 확률

이번에는 반대로 질문해보겠습니다. 과연 상태의 밸류를 이용해 액션의 밸류를 평가할 수 있을까요? 즉 v_π를 이용해 q_π를 표현하고자 하는 것입니다. 그림 3-4와 같이 상태 s에서 액션 a_1을 선택하는 것의 밸류를 알고 싶다고 해 봅시다.

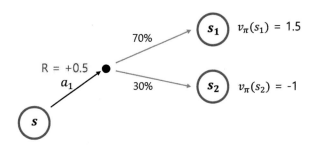

| 그림 3-4 | 상태 밸류로 액션 밸류 평가하기

이때 우리는 a_1을 선택하자마자 얻는 ① 보상의 값을 알고 있습니다. 그림처럼 그 값은 0.5이고, 액션 a_1을 선택하면 다음 상태가 어디가 될지 그 각각에 대한 ② 전이 확률 또한 아는 상황입니다. 그림과 같이 a_1을 선택하여 도달하게 되는 상태는 s_1 또는 s_2이며 각 상태로의 전이 확률은 70%와 30%입니다. 마지막으로

③ 각 상태의 밸류 $v(s_1)$과 $v(s_2)$를 알고 있습니다. 이 3가지 정보를 이용해 상태 s의 밸류를 표현하고 싶은 것입니다. 이중에 모르는 요소가 하나라도 있다면 본 식을 사용할 수 없습니다.

이 역시 앞의 경우와 마찬가지 방법으로 계산할 수 있습니다. 우선 먼저 받는 보상을 더해주고, 그 다음에 도달하게 되는 상태의 밸류와 그 확률을 곱해서 더해주면 됩니다. 식으로 표현해보면 다음과 같습니다.

$$
\begin{aligned}
q_\pi(s, a_1) &= r_s^{a_1} + P_{ss_1}^{a_1} * v_\pi(s_1) + P_{ss_2}^{a_1} * v_\pi(s_2) \\
&= 0.5 + 0.7 * 1.5 + 0.3 * (-1) \\
&= 1.25
\end{aligned}
$$

이 식을 시그마를 이용하여 좀 더 일반적으로 표현하면 원래의 식이 되는 것을 확인할 수 있습니다.

$$
q_\pi(s, a) = r_s^a + \gamma \sum_{s' \in S} P_{ss'}^a v_\pi(s')
$$

■ 2단계

지금까지 벨만 기대 방정식의 0단계, 1단계 식을 배웠습니다. 앞의 내용을 잘 이해했다면 가장 어려워 보이던 2단계의 수식이 오히려 가장 쉬울 수 있습니다. 앞서 배웠던 1단계의 수식들을 그냥 대입만 하면 끝입니다. 1단계의 q_π에 대한 식을 v_π에 대한 식에 대입하면 아래와 같은 결과를 얻습니다.

$$
v_\pi(s) = \sum_{a \in A} \pi(a|s)\, \underline{q_\pi(s, a)} = \sum_{a \in A} \pi(a|s) \left(r_s^a + \gamma \sum_{s' \in S} P_{ss'}^a v_\pi(s') \right)
$$

대입 ↑

$$
q_\pi(s, a) = r_s^a + \gamma \sum_{s' \in S} P_{ss'}^a v_\pi(s')
$$

반대로 v_π에 대한 식을 q_π에 대한 식에 대입하면 다음과 같은 결과를 얻습니다.

$$q_\pi(s,a) = r_s^a + \gamma \sum_{s' \in S} P_{ss'}^a \underline{v_\pi(s')} = r_s^a + \gamma \sum_{s' \in S} P_{ss'}^a \sum_{a' \in A} \pi(a'|s') \, q_\pi(s',a')$$

대입 ↑

$$v_\pi(s') = \sum_{a' \in A} \pi(a'|s') \, q_\pi(s',a')$$

이렇게 하여 얻은 최종 수식은 각각 다음과 같습니다. 바로 벨만 기대 방정식 2단계 수식입니다.

$$v_\pi(s) = \sum_{a \in A} \pi(a|s) \left(r_s^a + \gamma \sum_{s' \in S} P_{ss'}^a \, v_\pi(s') \right)$$

$$q_\pi(s,a) = r_s^a + \gamma \sum_{s' \in S} P_{ss'}^a \sum_{a' \in A} \pi(a'|s') \, q_\pi(s',a')$$

끝입니다. 복잡해 보이는 식의 유도 과정이 사실 별 것이 아니죠? 그런데 이 복잡한 식이 무엇을 위한 수식인지 궁금하실 것 같습니다. 최종적으로 얻어진 식 중에서 $v_\pi(s)$에 대한 식을 벨만 기대 방정식 0단계의 식과 나란히 써 보겠습니다.

$$\text{0단계:} \quad v_\pi(s) = \mathbb{E}_\pi[r' + \gamma v_\pi(s')]$$

$$\text{2단계:} \quad v_\pi(s) = \sum_{a \in A} \pi(a|s) \left(r_s^a + \gamma \sum_{s' \in S} P_{ss'}^a \, v_\pi(s') \right)$$

한눈에 비교하기 위해 s_t를 s로, s_{t+1}을 s'으로 표기법을 통일하였습니다. 보시다시피 0단계와 2단계 모두 $v_\pi(s)$에 대한 식입니다. 그런데 0단계 식은 현재 상태의 밸류와 다음 상태의 밸류를 기댓값 연산자를 통해 연결해 놓은 식이었습니다. 그래서 그 기댓값을 어떻게 계산하지?하고 물으면 그에 대한 대답이 바로 벨만 기대 방정식 2단계 수식이 되는 것입니다. 2단계 수식도 결국 현재 상태의 밸류와 다음 상태의 밸류 사이 연결고리를 나타내며, 0단계에 있는 기댓값 연산자를 모두 확률과 밸류의 곱 형태로 풀어서 쓴 형태입니다. 2단계 식을 계산하기 위해서 다음 2가지를 반드시 알아야 합니다.

- **보상 함수 r_s^a** : 각 상태에서 액션을 선택하면 얻는 보상
- **전이 확률 $P_{ss'}^a$** : 각 상태에서 액션을 선택하면 다음 상태가 어디가 될지에 관한 확률 분포

그런데 r_s^a과 $P_{ss'}^a$는 환경의 일부입니다. 이 2가지에 대한 정보를 알 때 "MDP를 안다"고 표현합니다. 실제 문제의 상황에서는 이에 대한 정보를 알 때도 있지만 모르는 상황이 더 많습니다. 여기서 r_s^a를 안다는 것은 상태 s에서 액션 a를 해 보기도 전에 얼마의 보상을 받을지 그 기댓값을 안다는 뜻입니다. 보상이 어떻게 정해지는지 그 근본에 있는 보상 함수를 알기 때문입니다. 마찬가지로 $P_{ss'}^a$를 안다는 것은 상태 s에서 액션 a를 했을 때 어떤 상태에 도달하게 될지 그 확률 분포를 미리 다 알고 있다는 것입니다. 확률 분포를 안다고 해서 구체적으로 어느 상태에 도달할지 아는 것은 아닙니다. 그것은 실제로 동전을 던져 봐야 즉, 해당 확률 분포에서 샘플링을 해봐야 알 수 있습니다.

앞으로 우리는 MDP에 대한 모든 정보를 아는 상황뿐만 아니라 모르는 상황에서도 강화 학습을 해야 합니다. 실제 세계에는 그런 상황이 더 많기 때문입니다. 그럴 때에는 미리 r_s^a를 알지 못하기 때문에 실제로 상태 s에서 액션 a를 해 보는 수밖에 없습니다. 그랬을 때 보상을 10을 받더라, 혹은 −10을 받더라 등의 **경험**experience을 통해 학습하게 됩니다. 이처럼 MDP에 대한 정보를 모를 때 학습하는 접근법을 **모델-프리**model-free 접근법이라고 합니다. 반대로 r_s^a와 $P_{ss'}^a$를 다 안다면 실제로 경험해보지 않고 머릿속에서 시뮬레이션 해보는 것만으로도 강화 학습을 할 수 있습니다. 이런 종류의 접근법을 **모델 기반**Model-based 혹은 **플래닝**planning이라고 합니다. 챕터 4, 5에서는 플래닝 기반 Prediction과 Control을 배우고, 이 책의 후반에서는 모델-프리 상황에서의 Prediction과 Control 방법에 대해 배울 것입니다.

그리고 모델-프리 방법론이든 플래닝이든 그 중심에는 벨만 방정식이 있습니다. MDP의 모든 정보를 알 때는 벨만 기대 방정식 중에서 2단계 식을 이용할 것이고, MDP의 정보를 모를 때에는 0단계 식을 이용합니다. 지금은 어떻게 하는 것일지 감이 안 오시겠지만 이는 차차 뒤의 챕터를 보면서 좀 더 명확하게 이해가 될 것입니다. 지금은 벨만 기대 방정식 그 자체만 이해하고 넘어가면 됩니다. 다음은 벨만 최적 방정식으로 넘어가겠습니다.

3.2 벨만 최적 방정식

이번에는 최적 밸류와 최적 정책에 대해 배우고, 이어서 그 사이 관계를 나타내는 벨만 최적 방정식에 대해 배우겠습니다.

최적 밸류와 최적 정책

벨만 기대 방정식이 $v_\pi(s)$와 $q_\pi(s,a)$에 대한 수식이라면 벨만 최적 방정식은 $v_*(s)$와 $q_*(s,a)$에 대한 수식입니다. $v_\pi(s)$와 $q_\pi(s,a)$는 모두 정책이 π로 고정되었을 때의 밸류에 관한 함수였습니다. 반면 $v_*(s)$와 $q_*(s,a)$는 **최적 밸류**optimal value(최적 가치)에 대한 함수입니다. 최적 밸류의 정의는 다음과 같습니다.

$$v_*(s) = \max_\pi v_\pi(s)$$

$$q_*(s,a) = \max_\pi q_\pi(s,a)$$

말로 풀어서 설명해보면, 어떤 MDP가 주어졌을 때 그 MDP 안에 존재하는 모든 π들 중에서 가장 좋은 π를 (즉 $v_\pi(s)$의 값을 가장 높게 하는) 선택하여 계산한 밸류가 곧 최적 밸류 $v_*(s)$라는 뜻입니다.

예를 들어 보겠습니다. 우선 아무 MDP라도 좋으니 MDP를 하나 정해 봅시다 (MDP를 정한다는 것은 MDP의 구성요소인 $\{S, A, R, P, \gamma\}$를 정한다는 뜻입니다). 친숙한 예시인 챕터 2의 아이 재우기 MDP를 생각해 보겠습니다. 지금 우리의 목적은 상태 s_0의 최적 밸류 $v_*(s_0)$가 어떤 의미를 가지는지 이해하는 것입니다. 아이 재우기 MDP에서 무수히 많은 정책 π를 생각해 볼 수 있습니다. 항상 a_0를 택한다든지, a_1을 택한다든지, 이 둘을 반반의 확률로 선택한다든지… 이처럼 가능한 정책의 집합을 $\{\pi_1, \pi_2, \pi_3, \dots, \pi_\infty\}$로 표현한다면 여기서 각각의 정책 π_n을 따랐을 때 s_0의 밸류 $v_{\pi_n}(s_0)$를 정의할 수 있습니다. 이 값들을 나열해보면 다음과 같습니다.

$$\{v_{\pi_1}(s_0), v_{\pi_2}(s_0), v_{\pi_3}(s_0), \dots, v_{\pi_\infty}(s_0)\}$$

이중에 제일 큰 값이 있을것입니다. 예컨대 238번째 정책 π_{238}의 밸류 $v_{\pi_{238}}(s_0)$의 값이 가장 크다고 해 봅시다. 그러면 우리는 드디어 $v_*(s_0)$를 찾은 것입니다.

$$v_*(s_0) = v_{\pi_{238}}(s_0)$$

이런 과정을 한 줄로 표현하면 $v_*(s) = \max_\pi v_\pi(s)$이 됩니다. 요약하면 가능한 π들 중에 최고의 π를 이용한 값이 곧 최적 밸류인 것이죠. $q_*(s, a)$도 마찬가지입니다.

여기서 상태별로 가장 높은 밸류를 주는 정책이 모두 다르면 어떡할까요? 예컨대 s_0의 밸류는 π_{238}를 따를 때 최고지만, s_1의 밸류는 π_{345}를 따를 때 최고인 상황인 것이죠. 놀랍게도 이런 걱정은 하지 않아도 괜찮습니다. 왜냐하면 그럴 때에는 s_0에서는 π_{238}를 따르고, s_1에서는 π_{345}를 따르는 새로운 정책 π_*를 생각해볼 수 있기 때문입니다. 이 정책이 우리의 최적 정책이 됩니다. 그래서 실제로 모든 상태에서 모든 상태에서 최적 밸류를 갖게 하는 정책 π_*가 최소한 1개 이상 존재하는 것이 증명되어 있습니다. 이 정책 π_*를 따르면 모든 상태에 대해 그 어떤 정책보다도 높은 밸류를 얻게 됩니다. 이러한 정책 π_*를 우리는 **최적 정책**optimal policy이라고 부릅니다.

최적 정책에 대해 조금 더 자세히 설명해 보겠습니다. 최적 정책은 모든 정책 π_1, π_2, π_3, …, π_∞들 중에 제일 좋은 정책을 뜻합니다. "제일 좋다"의 엄밀한 정의가 혹시 궁금한 분들이 계실까봐 쉬운 버전과 어려운 버전의 설명을 잠시 곁들이겠습니다(어려운 버전은 꼭 이해하지 않으셔도 뒤의 내용을 이해하는데 무리 없습니다).

● 쉬운 버전
다른 정책을 따를 때보다 최적의 정책 π_*를 따를 때 얻는 보상의 총 합이 가장 크다는 뜻입니다.

● 어려운 버전
"제일 좋다" 이전에 "더 좋다"를 정의하는 것에서 출발하겠습니다. 어떤 경우에 한 정책 π_1이 다른 정책 π_2보다 좋다고 말할 수 있을까요? 간단합니다. 만약 존재하는 모든 상태에 대해서 π_1의 밸류가 π_2의 밸류보다 크다면 π_1이 더 좋다고 할 수 있습니다. 정책 사이의 더 좋다는 기호를 '>'를 사용하여 표현하면 $\pi_1 > \pi_2$가 성립하는 것입니다. 조금 더 수학적으로 표현해보면 다음과 같습니다.

모든 상태 s에 대해, $v_{\pi_1}(s) > v_{\pi_2}(s)$ 이면 $\pi_1 > \pi_2$ 이다.

이렇게 정의하면 궁금증이 하나 생깁니다. 어떤 상태에서는 π_1이 더 좋고, 다른 상태에서는 π_2가 더 좋으면 어떡하죠? 예를 들어 s_1, s_2, s_3, $\cdots$, s_{10} 이렇게 총 10개의 상태가 있는데 이중에서 5개의 상태 $s_1 \sim s_5$에서는 π_1의 밸류가 더 높고, 나머지 상태 $s_6 \sim s_{10}$에서는 π_2의 밸류가 더 높습니다. 이런 상황에서는 두 정책 중에서 어떤 것이 더 좋다고 말하기 어렵습니다. 그래서 위의 "더 좋다"에 대한 정의를 **부분 순서**^{partial ordering}라고 합니다. 이 말의 의미는 전체 중에 일부만 대소관계를 비교하여 순서를 정할 수 있다는 뜻입니다. 이 세상에 존재하는 모든 정책들 사이 서열을 매길 수는 없지만, 그중에는 서열을 매길 수 있는 정책들이 부분적으로 존재한다는 뜻이죠. 이 부분 순서만 가지고도 최적의 정책을 정의할 수 있습니다. 왜냐하면 뛰어난 학자들이 다음과 같은 정리를 증명해 놓았기 때문입니다.

MDP 내의 모든 π에 대해 $\pi_* > \pi$를 만족하는 π_*가 반드시 존재한다.

이는 앞서 얘기했던 모든 상태에 대해 최적 밸류를 갖게 하는 최적 정책 π_*가 존재한다는 것의 다른 표현입니다. 왜 존재하지? 라는 것은 이 책의 범위를 벗어나므로 호기심은 잠깐 여기서 멈추고, 이 정리의 결론을 겸허히 받아들이도록 하겠습니다. 여하간 어느 MDP라도 최적의 정책이 존재하니 우리는 마음을 놓고 이 정책을 찾기 위해 노력만 하면 된다는 의미입니다.

최적의 정책만 정의되고 나면 최적 밸류, 최적의 액션 밸류는 다음과 같은 등식이 성립합니다.

- 최적의 정책 : π_*
- 최적의 밸류 : $v_*(s) = v_{\pi_*}(s)$ (π_*를 따랐을 때의 밸류)
- 최적의 액션 밸류 : $q_*(s, a) = q_{\pi_*}(s, a)$ (π_*를 따랐을 때의 액션 밸류)

이제 최적 밸류가 무엇인지, 최적 정책이 무엇인지에 대해 어느 정도 이해가 되었을 것입니다. 이제 이들 사이 재귀적 관계를 나타내는 벨만 최적 방정식으로 넘어가 보겠습니다.

벨만 최적 방정식

- 0단계

$$v_*(s_t) = \max_a \mathbb{E}[r_{t+1} + \gamma v_*(s_{t+1})]$$

$$q_*(s_t, a_t) = \mathbb{E}[r_{t+1} + \gamma \max_{a'} q_*(s_{t+1}, a')]$$

- 1단계

$$v_*(s) = \max_a q_*(s, a)$$

$$q_*(s, a) = r_s^a + \gamma \sum_{s' \in S} P_{ss'}^a \, v_*(s')$$

- 2단계

$$v_*(s) = \max_a \left[r_s^a + \gamma \sum_{s' \in S} P_{ss'}^a \, v_*(s') \right]$$

$$q_*(s, a) = r_s^a + \gamma \sum_{s' \in S} P_{ss'}^a \max_{a'} q_*(s', a')$$

벨만 기대 방정식은 그 이름에 걸맞게 기댓값 연산자가 참 많습니다. 현재 시점과 다음 시점 사이 밸류의 관계를 기댓값을 통해 묶어 놓은 식이 0단계였고 이를 풀어서 계산한 것이 2단계였습니다. 그러면 왜 이렇게 기댓값이 많았을까요? 그 이유는 확률적 요소가 2개나 있었기 때문입니다. 하나는 정책 π가 액션을 선택할 때의 확률적 요소, 다른 하나는 환경의 전이 확률에 의해 다음 상태를 선택할 때의 확률적 요소였습니다.

하지만 벨만 최적 방정식에서는 이 둘 중 π에 의한 확률적 요소가 사라집니다. 벨만 최적 방정식에서는 액션을 선택할 때 확률적으로 선택하는 것이 아니라 **최댓값**max 연산자를 통해 제일 좋은 액션을 선택하기 때문입니다. 그래서 벨만 최적 방정식은 기댓값 연산자 대신에 **최댓값**max 연산자가 많이 등장합니다. 현재 시점의 최적 밸류와 다음 시점의 최적 밸류를 최댓값 연산자를 통해 이어주는 것입니다. 단계별로 조금 더 자세히 살펴보겠습니다.

▪ 0단계

$$v_*(s) = \max_a \mathbb{E}[r + \gamma v_*(s') \mid s_t = s, a_t = a]$$

$$q_*(s,a) = \mathbb{E}[r + \gamma \max_a q_*(s',a') \mid s_t = s, a_t = a]$$

앞서 봤던 0단계 식과 같은 식인데 조금 더 엄밀하게 표현하였습니다. 이 식은 벨만 기대 방정식의 0단계 수식과 같은 취지의 식입니다. 상태 s에서의 최적 밸류는 일단 한 스텝만큼 진행하여 보상을 받고, 다음 상태인 s'의 최적 밸류를 더해줘도 똑같지 않겠느냐 하는 것입니다. 벨만 기대 방정식 0단계 수식과 비교하여 눈여겨볼 부분은 $\mathbb{E}_\pi$가 $\mathbb{E}$로 바뀌었다는 것입니다. 기댓값 연산자 아래의 첨자 π가 사라졌습니다. 원래는 주어진 π가 있어서 π가 액션을 선택했지만 이제는 할 수 있는 모든 액션들 중에 $\mathbb{E}[r + \gamma v_*(s')]$의 값을 가장 크게 하는 액션 a를 선택해야 하기 때문에 π의 역할은 없어서 첨자 π가 사라진 것입니다. 하지만 환경에 의한 확률적 요소가 남아 있습니다. 전이 확률에 의해 다양한 s'에 도달할 수 있고 그때마다 $r + \gamma v_*(s')$의 값이 달라지기 때문에 여전히 기댓값 연산자가 필요한 것입니다.

$q_*(s,a)$에 대한 식은 이후에 Q러닝에 대한 내용을 배울 때 다시 등장할 수식이므로 지금 눈에 익혀 놓는 것도 좋습니다.

▪ 1단계

벨만 기대 방정식과 마찬가지로 1단계는 최적 액션 밸류 $q_*(s,a)$를 이용하여 최적 상태 밸류 $v_*(s)$를 표현하는 첫 번째 식과 $v_*(s)$를 이용하여 $q_*(s,a)$를 표현하는 두 번째 식으로 이루어져 있습니다. 차례대로 살펴보겠습니다.

❶ q_*를 이용해 v_* 계산하기

$$v_*(s) = \max_a q_*(s,a)$$

이 식은 정말 간단합니다. 상태 s의 최적 밸류는 s에서 선택할 수 있는 액션들 중에 밸류가 가장 높은 액션의 밸류와 같다는 뜻입니다.

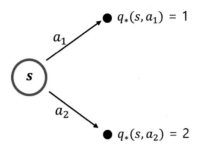

| 그림 3-5 | 두 개의 액션이 선택 가능한 상태 s

그림 3-5와 같이 상태 s에서 선택할 수 있는 액션이 a_1, a_2 2개 있다고 해 봅시다. 그런데 우리는 각 액션을 선택했을 때 얻을 수 있는 최적 밸류를 이미 알고 있는 상황입니다. a_1을 선택했을 때의 최적 밸류인 $q_*(s, a_1)$은 1이고, a_2를 선택했을 때의 최적 밸류인 $q_*(s, a_2)$는 2입니다. 그렇다면 상태 s의 최적 밸류는 어떻게 될까요? 둘 중에 가치가 더 높은 액션인 a_2를 선택하는 것이 상태 s에서 할 수 있는 최적의 액션일 것입니다. 그리고 그때 s의 최적 밸류인 $v_*(s)$는 마찬가지로 2가 됩니다. 이를 수식으로 표현하면 다음과 같습니다.

$$v_*(s) = \max_a q_*(s, a)$$
$$= \max(q_*(s, a_1), q_*(s, a_2))$$
$$= \max(1, 2) = 2$$

간단한 식이죠? 그러면 여기서 질문을 하나 해보겠습니다. 벨만 기대 방정식에서는 $q_*(s, a)$ 앞에 각 액션을 선택할 확률이 곱해졌었는데 왜 여기서는 그 항이 없어졌을까요? 간단합니다. 100%의 확률로 액션 a_2를 선택하는 것이 최적의 밸류를 얻게 해주기 때문입니다. 만일 액션을 선택할 때 a_1을 선택할 확률이 아주 조금이라도 존재한다면 상태 s의 밸류는 그만큼 줄어들 것입니다. 따라서 이는 최적 밸류라고 할 수 없습니다. 이보다 더 높은 밸류를 얻게하는 정책이 존재하기 때문입니다. 그 정책은 바로 상태 s에서 항상 a_2만을 선택하는 정책입니다.

❷ v_*를 이용해 q_* 계산하기

$$q_*(s,a) = r_s^a + \gamma \sum_{s' \in S} P_{ss'}^a \, v_*(s')$$

이 식 또한 벨만 기대 방정식의 1단계를 잘 이해하였다면 그와 완전히 같은 구조이기 때문에 익숙할 것입니다. 다만 원래의 **π** 자리에 별표(*)가 들어갔다는 점만 다릅니다. 이제는 **π** 대신 π_*를 따르고, 이외에는 모든 것이 똑같습니다.

■ 2단계

2단계 수식 또한 벨만 기대 방정식 때와 마찬가지로 1단계의 수식 2개를 조합하여 만들 수 있습니다. $v_*(s)$의 식에 $q_*(s,a)$의 식을 대입하면 끝입니다.

$$v_*(s) = \max_a \underline{q_*(s,a)} = \max_a \left[r_s^a + \gamma \sum_{s' \in S} P_{ss'}^a \, v_*(s') \right]$$

대입

$$q_*(s,a) = r_s^a + \gamma \sum_{s' \in S} P_{ss'}^a \, v_*(s')$$

마침내 현재 상태의 최적 밸류와 다음 상태의 최적 밸류 사이 관계 식을 얻게 되었습니다. 이 관계식을 이용해 MDP를 알 때에 최적 밸류를 구할 수 있게 됩니다. 이에 대한 내용은 챕터 4에서 자세히 다루도록 하겠습니다.

반대로 $v_*(s)$의 식을 $q_*(s,a)$의 식에 대입하면 벨만 최적 방정식 2단계의 두 번째 식을 얻게 됩니다.

$$q_*(s,a) = r_s^a + \gamma \sum_{s' \in S} P_{ss'}^a \, \underline{v_*(s')} = r_s^a + \gamma \sum_{s' \in S} P_{ss'}^a \max_{a'} q_*(s',a')$$

대입

$$v_*(s') = \max_{a'} q_*(s',a')$$

최종적으로 얻은 $v_*(s)$와 $q_*(s,a)$에 대한 식을 정리하면 다음과 같습니다.

$$v_*(s) = \max_a \left[r_s^a + \gamma \sum_{s' \in S} P_{ss'}^a \, v_*(s') \right]$$

$$q_*(s, a) = r_s^a + \gamma \sum_{s' \in S} P_{ss'}^a \max_{a'} q_*(s', a')$$

이렇게 하여 생각보다 간단하게 벨만 최적 방정식의 2단계 수식들을 얻었습니다.

이번 챕터에서는 벨만 기대 방정식과 벨만 최적 방정식에 대해 알아보았습니다. 지금은 이 많은 수식들이 어디서 쓰일지 감이 오지 않을 것입니다. 큰 틀에서 정리해보면 무언가 정책 π가 주어져 있고, π를 평가하고 싶을 때에는 벨만 기대 방정식을 사용합니다. 최적의 밸류를 찾는 일을 할 때에는 벨만 최적 방정식을 사용합니다. 지금 모든 수식들이 한 눈에 들어오지 않는다고 해서 너무 걱정할 필요 없습니다. 이후의 챕터에서 벨만 방정식을 이용하여 실제 밸류를 계산하고, 최적의 정책을 찾아 나가는 과정을 함께 하다 보면 조금씩 벨만 방정식에 대한 이해도 단단해질 것입니다.

MDP를 알 때의
플래닝

앞서 벨만 방정식을 배운 덕분에 이제는 실제로 간단한 MDP를 풀 수 있습니다. 이번 챕터에서 벨만 방정식을 반복적으로 적용하는 방법론을 통해 아주 간단한 MDP를 직접 풀어봅니다.

CHAPTER **4**

MDP를 알 때의
플래닝

이번 챕터부터 본격적으로 문제를 해결하는 방법에 대한 이야기가 시작됩니다.
MDP를 푸는 법에 대한 내용이 비로소 나옵니다. 다만 난이도를 차근차근 올
려가기 위해 처음에는 가장 쉬운 문제부터 시작하고자 합니다. 따라서 이번 챕
터에서 다룰 내용은 다음 두 조건을 만족하는 상황입니다.

1. 작은 문제
2. MDP를 알 때

여기서 작은 문제라 함은 MDP에서 상태 집합 S나 액션의 집합 A의 크기가 작
은 경우를 일컫습니다. 챕터 2에 등장했던 아이 재우기 MDP처럼 상태의 개수
가 많지 않고, 선택할 수 있는 액션의 수도 많지 않은 경우입니다. 또 MDP를
안다는 것은 결국 보상 함수와 전이 확률 행렬을 알고 있다는 뜻입니다. 더 쉽
게 이야기하면 어떤 상태 s에서 액션 a를 실행하면 다음 상태가 어떻게 정해지
는지, 보상이 어떻게 될지 미리 알고 있다는 뜻입니다. 이처럼 MDP에 대한 모
든 정보를 알 때 이를 이용하여 정책을 개선해 나가는 과정을 넓게 가리켜 **플
래닝**planning이라 합니다. 말하자면 미래가 어떤 과정을 거쳐 정해지는지 알고 있
으니 상상 속에서 시뮬레이션 해보면서 좋은 **계획**plan을 세우는 것이죠.

이렇게 가장 쉬운 설정에서 정책 π가 주어졌을 때 각 상태의 밸류를 평가하는
prediction 문제와 최적의 정책 함수를 찾는 control 문제를 푸는 방법에 대해

살펴봅니다. 내용은 주로 **테이블 기반 방법론**^{tabular method}에 기반합니다. 테이블 기반 방법론이란 모든 상태 s 혹은 상태와 액션의 페어 (s, a)에 대한 테이블을 만들어서 값을 기록해 놓고, 그 값을 조금씩 업데이트하는 방식을 의미합니다. 이번 챕터에서 다룰 문제가 작은 문제이기 때문에 상태나 액션의 개수가 많지 않아 그에 해당하는 테이블을 만들 수 있어서 가능한 방법론입니다.

이후에 챕터 5, 6에서는 경계를 확장하여 두 번째 조건을 완화한 상황, 즉 MDP에 대한 정보를 모를 때 MDP를 푸는 방법에 대해 배웁니다. 이 때도 마찬가지로 작은 문제이기 때문에 테이블을 만들어 놓고 테이블의 값을 수정하는 방향으로 진행합니다. 다만 MDP의 정보를 모르기 때문에 보상 함수나 전이 확률의 값을 사용하지 않고 진행하게 됩니다. 그리고 챕터 7부터는 첫 번째 조건도 완화하여 MDP도 모르고, MDP의 크기도 실제 세계에서 접할 법한 커다란 문제를 해결하는 방법에 대해 다룹니다. 이때부터는 더 이상 테이블을 만들어 기록할 수 없기 때문에 인공 신경망 등의 함수들이 도입됩니다.

지금부터 겁먹을 필요는 없습니다. 우선은 가장 간단한 상황인 MDP를 알 때 작은 문제를 푸는 방법에 대한 이야기를 시작하겠습니다.

4.1 밸류 평가하기 - 반복적 정책 평가

출발	s_1	s_2	s_3
s_4	s_5	s_6	s_7
s_8	s_9	s_{10}	s_{11}
s_{12}	s_{13}	s_{14}	종료

보상 : 스텝마다 -1

정책 : 4방향 uniform random

| 그림 4-1 | 다시 돌아온 그리드 월드

그리드 월드가 다시 돌아왔습니다. 챕터 2에서 prediction 문제를 설명하면서 위의 그리드 월드 예시를 설명했습니다. 그때 4방향 랜덤하게 움직이는 에이전트가 있고 스텝마다 −1의 보상을 받을 때 각 상태의 밸류를 평가하는 일은 생

각처럼 간단한 문제가 아님을 설명했습니다. 종료까지의 누적 보상은 곧 에이전트가 걷게 되는 총 걸음 수와 같은데 에이전트가 마치 술에 만취한 사람처럼 완전히 임의로 움직이기 때문에 평균적으로 몇 걸음이 걸릴지 예상하기 어렵습니다. 이번에는 그에 대한 내용입니다.

이 문제는 강화 학습의 용어를 빌려 표현하자면 4방향 랜덤이라는 정책 함수 π가 주어졌고 이때 각 상태 s에 대한 가치 함수 $v(s)$를 구하는 전형적인 prediction 문제입니다. 이제 **반복적 정책 평가**^{Iterative policy evaluation}라는 방법론을 통해 문제를 해결할 수 있습니다. 반복적 정책 평가는 테이블의 값들을 초기화한 후, 벨만 기대 방정식을 반복적으로 사용하여 테이블에 적어 놓은 값을 조금씩 업데이트해 나가는 방법론입니다.

또한 이 방법론은 MDP에 대한 모든 정보를 알 때 사용할 수 있습니다. 그림 4-1의 그리드 월드에서 우리는 보상 함수 r_s^a와 전이 확률 $P_{ss'}^a$을 알고 있습니다. 보상은 어느 액션을 하든 −1이므로 r_s^a=−1로 모든 액션에 대해 고정입니다. 또한 환경에 확률적인 요소가 없기 때문에 가장자리의 칸들을 제외하면 선택하는 액션의 방향으로 바로 다음 상태가 정해집니다. 예컨대 $a_\text{동}$ 액션을 선택하면 동쪽 칸으로, $a_\text{서}$ 액션을 하면 무조건 서쪽 칸으로 100%의 전이 확률을 통해 움직입니다. 그래서 전이 확률 $P_{ss'}^a$도 다 알고 있고, 이 값들을 이용하여 벨만 기대 방정식을 사용할 예정입니다. 본 문제에서 편의상 γ=1로 계산하여 반복적 정책 평가 방법론을 단계별로 나누어 자세히 설명하겠습니다.

■1 테이블 초기화

s_0	s_1	s_2	s_3
s_4	s_5	s_6	s_7
s_8	s_9	s_{10}	s_{11}
s_{12}	s_{13}	s_{14}	종료

0.0	0.0	0.0	0.0
0.0	0.0	0.0	0.0
0.0	0.0	0.0	0.0
0.0	0.0	0.0	0.0

| 그림 4-2 | 테이블 초기화

먼저 테이블을 초기화하는 것으로부터 시작합니다. 테이블에 상태별 밸류 $v(s)$
를 기록하기 때문에 테이블의 빈칸은 MDP 안의 상태 s의 개수만큼 필요합니
다. 본 MDP는 상태가 16개이기 때문에 그림 4-2와 같이 16개의 빈칸으로 이
루어진 테이블을 만들었습니다. 그리고 이 값들을 일단 0으로 초기화합니다.
어떤 값으로 초기화해도 상관없지만, 정답과 멀수록 업데이트 횟수가 더 많이
필요합니다. 하지만 정답을 모르기 때문에 적당한 값인 0으로 초기화합니다.
지금은 아무 의미가 없는 값이지만 반복적 과정을 거치면서 점차 실제 각 상태
의 가치에 해당하는 값으로 수렴해 갈 것입니다. 이제 이 값들을 업데이트하는
방법으로 넘어가겠습니다.

■2 한 상태의 값을 업데이트

| 그림 4-3 | 벨만 기대 방정식을 이용해 파란색 상태의 값을 업데이트

일단 16개의 값들 중 1개의 값에 대해 어떻게 업데이트하는지 설명하겠습니다.
그림 4-3의 파란색으로 칠해진 상태 s_5를 생각해 봅시다. 이 상태의 값을 조금
더 정확하게 바꿔주고 싶습니다. 우리는 MDP를 알기 때문에, 이 상태의 다음
상태가 어디가 될지 그 후보를 알고 있습니다. 후보는 동서남북으로 인접해 있
는 노란색 상태들입니다. 다음 상태가 어디가 될지 알고 있으니, 다음 상태의
값들을 이용해 현재 상태의 값을 조금 더 정확하게 바꿔줄 수 있습니다. 현재
상태와 다음 상태의 밸류 사이 관계식이 바로 벨만 기대 방정식이었습니다. 그
중에서 우리는 r_s^a와 $P_{ss'}^a$를 알기 때문에 2단계 수식을 바로 사용할 수 있습니다.

$$v_\pi(s) = \sum_{a \in A} \pi(a|s) \left(r_s^a + \gamma \sum_{s' \in S} P_{ss'}^a \, v_\pi(s') \right)$$

이 수식은 현재 상태 s의 가치를 다음에 도달하게 되는 상태 s'의 가치로 표현한 식입니다. 이를 이용해 노란색 상태들의 값을 통해 파란색 상태의 값을 업데이트 해 보겠습니다. 여기서 정책 함수는 4방향으로 균등하게 랜덤하므로 $\pi(a|s)$는 모든 액션에 대해 각각 0.25입니다. 또 보상은 어느 액션을 하든 -1이므로 r_s^a의 값 또한 항상 -1입니다. γ는 1로 계산하겠습니다. s'의 후보로 가능한 칸은 동서남북 네 개의 칸이며 그 때의 전이 확률 $P_{ss'}^a$은 모두 1입니다. 1은 곱해도 변화가 없기 때문에 위의 식에서 지우고 생각하면 원래 식은 실제 값을 대입하여 다음과 같이 간단하게 계산할 수 있습니다.

$$v_\pi(s_5) = 0.25 * (-1 + 0.0) + 0.25 * (-1 + 0.0) +$$
$$0.25 * (-1 + 0.0) + 0.25 * (-1 + 0.0) = -1.0$$

따라서 테이블의 s_5자리 값을 -1.0으로 업데이트합니다. 그런데 바로 이 시점에 누군가 다음과 같은 궁금증이 들 수 있습니다. "이게 왜 더 정확한 값이지?"하는 질문이 떠오른 것입니다. 다음 상태의 값들 또한 임의로 정해진 0이라는 값이었는데요, 이 값들을 이용해 현재 상태의 값을 업데이트하는 게 왜 더 정확한 값이 되는 것일까요? 만일 위의 내용을 읽으면서 이 질문이 스스로 떠오르셨다면 좋은 직관을 갖고 계신 것입니다. 그 이유는 다음과 같습니다.

$$v_\pi(s) = \sum_{a \in A} \pi(a|s) \left(r_s^a + \gamma \sum_{s' \in S} P_{ss'}^a \, v_\pi(s') \right)$$

테이블에 담겨있는　　　　　환경이 주는　　　테이블에 담겨있는
임의의 값　　　　　　　　　실제 값　　　　　임의의 값

현재 테이블에 담겨 있는 값은 우리가 마음대로 정한 무의미한 값일 수 있습니다. 이를 다음 상태의 값만 가지고 업데이트 한다면 의미 없는 값을 이용해 의미 없는 값을 수정하는 것이니 제자리걸음입니다. 하지만 우리는 다음 상태의 값과 더불어 보상이라는 실제 환경이 주는 정확한 시그널을 섞어서 업데이트합니다. 무의미한 값에 조금씩 정확한 값이 섞입니다. 그러니 처음에는 무의미하더라도 점차 실제 값에 가까워지게 됩니다. 흙탕물에 깨끗한 물을 조금씩 계속해서 부어주면 점점 깨끗한 물이 되는 것과 비슷한 접근법입니다. 실제로 보상이 항상 -1이기 때문에 한 번 업데이트하고 나니 파란색 칸의 가치가 1만큼

작아진 것을 확인할 수 있습니다. 곧 알게 되겠지만 저 파란색 상태의 실제 가치는 -54.6입니다. 1만큼 실제 가치에 가까워진 것입니다.

게다가 다음 상태의 값이 항상 엉터리인 것은 아닙니다. 오른쪽 맨 아래 상태인 "종료 상태"의 경우 가치가 0으로 초기화 되어있습니다. 이는 가치 $v(s)$의 정의가 미래에 받게 될 누적 보상의 기댓값으로 맨 마지막 상태의 입장에서는 그 뒤의 미래라는 것이 존재하지 않기 때문에 정확한 값입니다. 따라서 마지막 상태의 가치는 항상 0이고 현재 정확한 값이 적혀 있습니다. 덕분에 마지막 상태에 인접한 상태들의 경우, 다음 상태의 가치 $v(s')$이 더 정확한 값을 가리키며, 따라서 더 유의미한 시그널을 통해 업데이트가 이루어집니다. 이게 반복되어 마지막 상태의 인접한 상태의 가치가 정확해지고 나면, 또 이를 이용해 그로부터 인접한 상태의 밸류도 덩달아 더 정확한 업데이트가 가능해집니다. 마치 마지막 상태로부터 시작하여 정확한 값의 시그널이 점차 전파되어 나가는 셈입니다. 이러한 이유들 때문에 벨만 기대 방정식을 사용하여 업데이트하면 조금씩 더 정확한 값에 다가갈 수 있습니다.

3 모든 상태에 대해 2의 과정을 적용

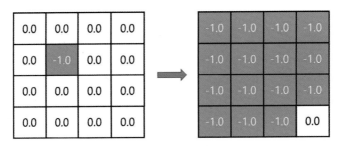

| 그림 4-4 | 모든 상태의 값을 업데이트 하고 난 모습

앞에서 상태 s_5의 값을 업데이트하고, 같은 방법으로 마지막 상태를 제외한 15개의 상태를 업데이트합니다. 참고로 가장자리에서 바깥을 향하는 액션을 취하면 같은 자리에 그대로 남게 됩니다. 예를 들어 맨 윗줄의 s_0에서 위 방향 액션을 선택하면 무효한 액션으로 처리되어 제자리에 남게 됩니다. 이를 이용하여 앞의 2와 같은 모든 상태의 값을 업데이트하고 나면 비로소 한 바퀴 돈 겁니다.

그 결과는 그림 4-4의 오른쪽에 나타나 있습니다. 종료 상태를 제외한 모든 상태의 값이 −1로 업데이트되었습니다.

4 앞의 2∼3 과정을 계속해서 반복

이렇게 한 번 테이블의 모든 값을 업데이트하는 과정을 여러 번 반복합니다. 몇 번 반복했는지를 k로 표기합니다. 그 결과는 그림 4-5에서 확인할 수 있습니다.

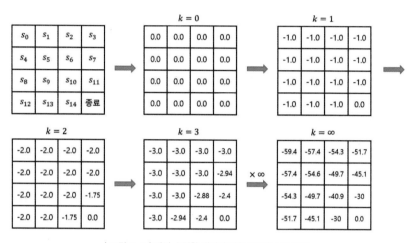

| 그림 4-5 | 값이 수렴할 때까지 같은 프로세스를 반복

이 과정을 계속하다 보면 각 상태의 값이 어떤 값에 수렴하게 됩니다. 그리고 그 값이 바로 해당 상태의 실제 밸류입니다. 조금씩 실제 시그널이 반영되어 올바른 밸류 값을 향해 업데이트한 결과 실제 밸류에 도달하는 것이죠. 구체적으로 왜 항상 수렴하는가, 수렴하는 값이 왜 실제 밸류인가에 대한 증명은 이 책의 범위를 벗어나므로 그냥 그러하다고 받아들여주시면 좋겠습니다. 이것이 반복적 정책평가 방법론입니다.

약간 마술 같지 않나요? 벨만 기대 방정식을 이용해 업데이트를 계속 하다보니 각 상태의 실제 가치를 알게 되었습니다. 예를 들어 시작 상태인 s_0의 가치는 −59.4입니다. 이 말은 4방향으로 무작위로 움직이다 보면 평균적으로 대략 60번은 움직여야 종료 상태에 도달하게 된다는 뜻입니다. 또 종료 상태 바로 위에 있는 상태 s_{11}의 경우 의외로 30번이나 움직여야 종료 상태에 도달하게 됩니다. 바로 아래가 종료 상태인데도 무작위로 움직이다 보니 빙 돌아서 종료 상태에 도달하게 되나 봅니다.

지금까지 우리는 정책 π가 주어졌을 때 각 상태의 밸류를 계산하는 법을 배웠습니다. MDP에 대한 정보를 알고 그 크기가 충분히 작다면, 그 어떤 정책 함수에 대해서도 해당 정책 함수를 따랐을 때 각 상태의 밸류를 구할 수 있게 됩니다. 이제는 정책이 고정된 상황이 아닌, 정책을 수정해 가며 더 좋은 정책 함수를 찾는 법에 대해 소개하겠습니다.

4.2 최고의 정책 찾기 - 정책 이터레이션

본 챕터에서는 MDP를 알 때 최적 정책을 찾는 2가지 방법을 배워봅니다. 정책 이터레이션과 밸류 이터레이션 중 이번에는 정책 이터레이션에 대해 배워보겠습니다. 정책 이터레이션은 기본적으로 정책 평가와 정책 개선을 번갈아 수행하여 정책이 수렴할 때까지 반복하는 방법론입니다. 하지만 자세한 내용에 들어가기에 전에 앞에서 배운 반복적 정책 평가의 결과를 잠시 생각해 봅니다.

| 그림 4-6 | 가치 함수를 통한 파란색 상태의 그리디 정책 계산

우리는 벨만 기대 방정식을 통해 그림 4-6과 같이 4방향 랜덤 정책을 따를 때 각 상태에 대한 밸류를 구했습니다. 여기서 우리가 파란색 상태인 s_5에 있다고 생각해 봅시다. s_5의 가치는 −54.6이면 s_5에서 어느 방향으로 움직이는 것이 최선일까요? 밸류가 더 큰 상태로 이동하는 것이 좋은 액션일 것입니다. s_5에서 서쪽이나 북쪽으로 가면 가치가 −54.6에서 −57.4로 더 작아집니다. 반면 동쪽

이나 남쪽으로 가면 가치가 −54.6에서 −49.7로 더 커집니다. 그러니 상태 s_5에서는 $a_{동}$나 $a_{남}$을 선택하는 것이 최선입니다. 따라서 다음과 같은 정책 π'을 생각해볼 수 있습니다.

$$\pi'(a_{동}|s_5) = 1.0 \ or \ \pi'(a_{남}|s_5) = 1.0$$

이렇게 만들어진 π'은 원래의 정책 π보다는 나은 정책입니다. 이러한 정책을 **그리디 정책**greedy policy이라고 합니다. 여기서 **그리디**greedy는 탐욕스럽다는 뜻으로 먼 미래까지 보지 않고 그저 눈 앞의 이익을 최대화하는 선택을 취하는 방식을 뜻합니다. 오른쪽과 아래쪽으로 가는 것이 그리디 정책인 이유는 당장 다음 칸의 가치가 높은 칸을 선택하기 때문입니다. s_5에서의 그리디 정책을 그림 4-6의 오른편에 표기해 보았습니다.

그러면 재미있는 결과를 얻게 됩니다. 바로 s_5에서의 그리디 정책이 s_5에서의 최적 정책과 일치하는 것이죠(그리드 월드 MDP는 너무나 간단해서 우리가 이미 최적 정책을 알고 있기 때문에, 그리디 정책이 최적 정책과 일치한다는 것을 쉽게 알 수 있습니다). 주어진 랜덤 정책 π에 대해 밸류를 평가하고, 그에 대해 그리디한 정책을 표시해 봤더니 그 정책이 곧 최적 정책과 일치하게 된 상황입니다. 요약하면 이상한 정책(랜덤 정책)의 가치를 평가했을 뿐인데 s_5에서의 더 나은 정책을 알게 된 것입니다. 그렇다면 마찬가지 방법으로 모든 상태에서 더 나은 정책을 알 수 있지 않을까요? s_5뿐만 아니라 모든 상태에 대해 그리디 정책을 표시한 결과는 그림 4-7과 같습니다.

| 그림 4-7 | 각 상태의 가치와 그에 따른 그리디 정책

놀랍게도 모든 상태에서 그리디 액션을 택했을 뿐인데 더 나은 정책 π'을 얻었습니다. 우연하게도 본 예시에서는 π'이 최적 정책과 일치하는데 이런 경우는 많지 않습니다. 본 예시가 너무나 간단한 MDP여서 발생한 일이고 대개는 이전 정책에 비해 소폭 향상되는 정도입니다. 여기서 중요한 부분은 π'이 π에 비해 개선되었다는 점입니다. 이것이 바로 이번에 배울 **정책 이터레이션**policy iteration의 핵심입니다.

평가와 개선의 반복

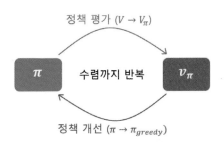

정책 평가 $(V \rightarrow V_\pi)$

π 수렴까지 반복 v_π

정책 개선 $(\pi \rightarrow \pi_{greedy})$

| 그림 4-8 | 정책 이터레이션의 도식

정책 이터레이션은 그림 4-8과 같이 총 2단계로 이루어져 있습니다. 첫 번째 단계는 **정책 평가**policy evaluation이고, 두 번째 단계는 **정책 개선**policy improvement입니다. 처음에는 정책 π를 임의의 정책으로 초기화해놓고 시작합니다. 먼저 정책 평가 단계에서는 고정된 π에 대해 각 상태의 밸류를 구합니다. π를 따랐을 때 각 상태의 가치를 평가하는 일이기 때문에 이 과정을 "정책 평가"라고 부릅니다. 정책 평가 단계에서는 앞서 배웠던 "반복적 정책 평가" 방법론을 사용하면 됩니다. 그렇게 하여 테이블에 각 상태의 밸류를 채워 넣고 나면 이제 정책 개선 단계로 넘어갑니다. 정책 개선 단계에서는 새로운 정책 π'를 생성합니다. 새로운 정책을 생성하는 방법으로는 앞서 정책 평가 단계에서 구한 $v(s)$를 이용해 $v(s)$에 대한 그리디 정책을 생성하면 됩니다. 그렇게 π'을 생성하면 π'이 π보다 좋은 정책이기 때문에, 즉 $\pi' > \pi$가 성립하기 때문에 정책의 개선이 발생하는 것입니다. 정리하면 정책 평가와 정책 개선에 사용된 방법은 다음과 같습니다.

1. **정책 평가** : 반복적 정책 평가
2. **정책 개선** : 그리디 정책 생성

이렇게 π'이 생성되면 π'에 대해 다시 정책 평가를 진행합니다. 즉, 정책의 평가와 개선을 반복하는 것입니다. 그러다보면 어느 순간 정책도 변하지 않고, 그에 따른 가치도 변하지 않는 단계에 도달하게 됩니다. 이렇게 수렴하는 곳이 바로 **최적 정책**optimal policy과 **최적 가치**optimal value가 됩니다.

과연 정책은 개선되는가?

당연하듯이 설명했지만 의문이 생길 부분을 짚고 넘어가겠습니다. 왜 그리디 정책 π'이 기존 정책 π에 비해 나은 더 나은 정책으로 이어질까?하는 의문에 답하자면, 만일 그리디 정책이 더 나은 정책으로 이어지지 않는다면 이 모든 과정이 말짱 도루묵일 것입니다. 결국 직접적으로 정책을 수정하는 부분은 "정책 개선" 단계밖에 없는데 이 단계에서 개선이 이루어지지 못하니까요. 그래서 밸류에 대한 그리디 정책이 기존 정책보다 좋다는 것이 반드시 보장되어야 합니다. 다행히 이는 보장됩니다. 그에 대한 직관적 이유는 다음과 같습니다.

s_5라는 하나의 상태의 관점에서 생각해 봅시다. 이 상태에서 원래 정책인 랜덤 정책 π를 따라 한 칸 움직였을 때 도달하는 다음 칸은 크게 보면 다음 2가지 경우 중 하나입니다.

❶ s_5보다 밸류가 낮은 칸인 s_1과 s_4
❷ s_5보다 밸류가 높은 칸인 s_6과 s_9

만일 ❶의 경우에 도달했다고 한다면 그때부터 종료까지 π로 움직이면 평균적으로 −57.4의 보상을 얻게 될 것입니다. 대신 ❷의 경우부터 종료까지 π로 움직이면 −49.7의 보상을 얻게 됩니다. 이번에는 반대로 s_5에서 그리디 정책을 이용하여 딱 한 칸만 움직이고 그 이후로는 원래 정책을 이용하여 움직인다고 해 봅시다. s_5에서 그리디 정책을 이용하기 때문에 다음 상태는 무조건 ❷의 경우에 속합니다. 그리고 ❷에서부터 종료까지 π를 통해 움직이면 평균 −49.7의 보상을 얻게 됩니다. 그러므로 우리는 다음과 같은 2가지 정책을 비교해볼 수 있습니다.

- π_{greedy} : 딱 한 칸만 그리디 정책으로 움직이고 나머지 모든 칸은 원래 정책으로 움직이는 정책
- π : 원래 정책

2가지 정책 중 π_{greedy}가 π보다 좋은 정책입니다. π_{greedy}를 따르면 무조건 평균 -49.7의 리턴을 얻는 반면 π를 따르면 -49.7의 리턴을 얻거나 -57.4의 리턴을 얻습니다. 따라서 π_{greedy}의 평균 리턴이 π보다 큽니다. π_{greedy}가 π보다 좋다는 의미는 정리해보면 s_5부터 한 스텝을 그리디하게 움직이고 π를 따르는게 처음부터 π를 따르는 것보다 좋다는 의미입니다.

이 논리를 귀납적으로 적용하면 이번 칸인 s_5뿐만 아니라 다음 칸에서도 그리디하게 움직이는게 낫고, 그 다음 칸에서도 그리디한 정책이 더 좋습니다. 결국 모든 상태에서 그리디한 정책 π'이 원래 정책 π보다 좋으므로 정책이 개선되었다는 것을 보장할 수 있습니다. 이 이야기가 쉽게 이해가 되지 않아도 낙담할 필요 없습니다. 이는 증명에 관한 논의이므로 그냥 받아들이고, 다음 내용으로 넘어가도 됩니다.

정책 평가 부분을 간소화하기

잘 생각해보면 정책 이터레이션은 **루프**^{loop} 안에 루프가 있기 때문에 많은 연산을 필요로 하는 작업입니다. 바깥쪽의 루프는 평가와 개선의 반복 루프입니다. 그리드 월드의 경우 문제가 워낙 간단해서 평가와 개선을 딱 한 바퀴 도는 순간 최적 정책을 얻을 수 있었지만 늘 그렇지는 않습니다. 보통은 평가와 개선을 여러 번 반복해야 비로소 최적 정책에 도달할 수 있습니다. 게다가 안쪽의 루프는 정책 평가 단계에서의 루프입니다. 정책 평가 단계에서 사용된 반복적 방법론은 앞서 배웠던 것처럼 그 안에 이미 많은 단계의 반복적 연산을 필요로 합니다. 이 모든 과정을 풀어서 도식화를 하면 그림 4-9와 같습니다.

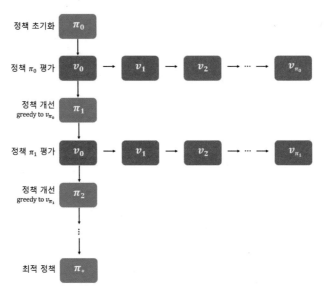

정책 초기화 π_0

정책 π_0 평가 $v_0 \rightarrow v_1 \rightarrow v_2 \rightarrow \cdots \rightarrow v_{\pi_0}$

정책 개선
greedy to v_{π_0} π_1

정책 π_1 평가 $v_0 \rightarrow v_1 \rightarrow v_2 \rightarrow \cdots \rightarrow v_{\pi_1}$

정책 개선
greedy to v_{π_1} π_2

최적 정책 π_*

| 그림 4-9 | 정책 이터레이션을 풀어서 나타낸 그림

이처럼 세로로 이어지는 루프 안에 가로로 이어지는 루프가 포함되어 있습니다. 그래서 우리는 이 복잡한 과정에서 필요 없는 부분을 줄이고자 합니다. 위 루프에서 연산을 가장 많이 필요로 하는 단계는 사실 "정책 개선" 단계 보다는 "정책 평가" 단계입니다. 평가 단계에서 앞의 챕터에서 배웠던 "반복적 정책 평가" 방법을 사용하기 때문에 평가하는 데에도 여러 스텝이 필요하여 그림이 가로로 길어졌습니다. 그런데 한 번 생각해 봅시다. 과연 평가를 끝까지 해야 할까요? 풀어 설명하자면, 테이블의 밸류가 수렴할 때까지 평가 스텝을 밟아야 할까요? 그림 4-10을 함께 보겠습니다.

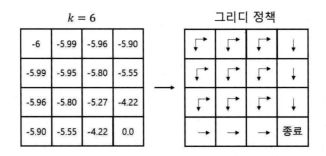

$k = 6$ 그리디 정책

-6	-5.99	-5.96	-5.90
-5.99	-5.95	-5.80	-5.55
-5.96	-5.80	-5.27	-4.22
-5.90	-5.55	-4.22	0.0

| 그림 4-10 | 반복적 정책평가에서 업데이트 횟수와 그에 따른 그리디 정책

다시 반복적 정책 평가 그림을 가져왔습니다. 그림 4-10처럼 k = ∞이 될 때까지 반복하면 각 테이블의 값이 실제 밸류에 수렴합니다. 하지만 어떤 과정을 무한 반복은 현실적으로 불가능합니다. 충분히 진행했다 싶으면 적당한 선에서 멈춰야 합니다. 그래서 이 과정을 조금 **일찍 멈춰**early stopping 보겠습니다. 예컨대 딱 6단계만 진행하고 그 때의 그리디 정책을 적어 봅니다. 놀랍게도 k=6까지만 진행하여도 그에 따른 그리디 정책이 이미 최적 정책에 도달한 것을 확인할 수 있습니다. 잊어서는 안 될 것이 우리는 지금 최고의 정책을 찾는 것이 목적이지 정확한 가치를 평가하는 것이 목적인 상황이 아닙니다. 정책 이터레이션에서는 가치 함수가 오로지 그리디 정책을 찾는 데에만 쓰일 뿐 테이블에 적혀 있는 구체적 값이 사용되지는 않습니다. 결국 하고자하는 얘기는 가치 함수를 끝까지 학습하지 않아도 된다는 것입니다. 위의 예시에서는 무한 번이 아니라 6번만 업데이트해도 되며, 심지어 극단적으로는 단 한 번만 업데이트해도 됩니다. 오로지 해당 단계에서 테이블의 값을 이용해 만든 그리디 정책이 현재의 정책과 아주 조금이라도 다르기만 하면 됩니다. 다르기만 하면 일단은 "개선" 할 수 있고, "개선"하여 새로운 정책을 얻은 순간 이전에 구했던 가치 테이블은 버려지게 됩니다. 왜냐하면 해당 테이블에 적혀 있는 숫자들은 개선 이전의 정책에 의한 밸류였기 때문입니다. 정책이 바뀐 이상 그 값들은 더 이상 쓸모 없어집니다. 그래서 극단적으로 정책 평가 단계에서 반복적 정책 평가를 딱 k=1까지만 진행하도록 하겠습니다. 그러면 정책 이터레이션이 한결 홀쭉해졌습니다. 이렇게 간단해진 정책 이터레이션을 그림 4-11에 표현해 보았습니다.

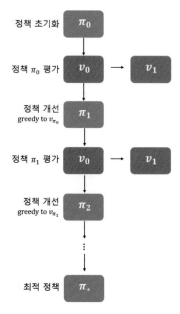

정책 초기화 π_0

정책 π_0 평가 $v_0 \rightarrow v_1$

정책 개선
greedy to v_{π_0} π_1

정책 π_1 평가 $v_0 \rightarrow v_1$

정책 개선
greedy to v_{π_1} π_2

최적 정책 π_*

| 그림 4-11 | 간결해진 정책 이터레이션

어떤가요, 한결 간단해졌나요? 요점은 정책 평가 단계에서를 가치가 수렴할때까지 과정을 반복하지 않아도 된다는 것입니다. 이처럼 간결해진 정책 이터레이션을 통해 우리는 더욱 빠르게 평가와 개선을 진행할 수 있고, 그만큼 빠르게 최적 정책을 찾을 수 있습니다.

이 모든 과정이 당연하게 여겨지지 않는다면 좋겠습니다. 사실 생각해보면 꽤 신기한 일입니다. 4방향 랜덤 정책으로 시작하여 그에 대한 그리디 정책을 만들었을 뿐인데 최적의 정책에 도달했다는 것이 말입니다. 이 과정을 반복하면 어딘가에 수렴한다는 보장이 있을까요? 만일 매번 다른 데 수렴하면 어떨까요? 또 백 번 양보해서 수렴한다는 것이 보장된다면, 그 수렴하는 지점이 하필이면 최적의 정책이라는 보장은 있을까요? 다행히도 이런 방법론을 계속해서 적용하면 최적의 정책에 수렴한다는 보장이 있고, 이와 관련된 많은 정리와 증명이 있지만 그 내용은 입문서인 이 책의 범위를 벗어나는 것 같아 따로 다루지는 않겠습니다. 해당 내용을 공부해보고 싶은 분들은 일단 본 책을 끝까지 읽어서 완전히 자신의 것으로 만든 이후에 도전하는 것을 추천드립니다.

정리하면, 우리는 작은 MDP에서 MDP에 대한 모든 정보를 알 때에 최적의 정책을 구하는 첫 번째 방법을 배웠습니다. 이제 두 번째 방법으로 넘어가겠습니다.

4.3 최고의 정책 찾기 - 밸류 이터레이션

생각해보면 정책 이터레이션은 단계마다 서로 다른 정책의 가치를 평가했습니다. 개선 단계를 지날때마다 새로운 정책이 튀어나오고, 평가 단계에선 방금 만들어진 새로운 정책의 밸류를 평가했었으니까요. 하지만 이번에 배울 방법론인 **밸류 이터레이션**^{value iteration}은 오로지 최적 정책이 만들어내는 최적 밸류 하나만 바라보고 달려갑니다. 챕터 3에서 최적 정책이란 이 세상에 존재하는 모든 정책들 중에 가장 보상을 많이 받을 수 있는, 가장 좋은 정책이고, 또 바로 그 최적 정책을 따랐을 때 얻는 밸류를 **최적 밸류**^{optimal value}라고 했습니다. 그리고 현재 상태 s와 다음 상태 s'의 최적 가치가 갖는 관계식이 바로 벨만 최적 방정식이었죠. 이번엔 벨만 최적 방정식을 이용해 단번에 최적의 정책을 찾아보고자 합니다.

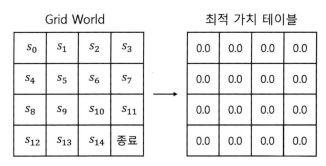

| 그림 4-12 | 최적 가치 테이블을 0으로 초기화

밸류 이터레이션 또한 테이블 기반 방법론을 사용합니다. 따라서 그림 4-12와 같이 테이블을 초기화하는 것으로부터 출발합니다. 앞서 정책 이터레이션에서 봤던 그림과 유사하지만 테이블에 담겨 있는 값들은 이번에는 다른 의미를 갖고 있습니다. 정책 이터레이션에서는 테이블의 값들이 해당 평가 단계에서 사용하는 정책 $π$의 밸류였습니다. 하지만 이번에는 최적 정책 $π^*$의 밸류인 $v_*(s)$

를 뜻합니다. 임의로 초기화된 값들이지만 업데이트를 진행함에 따라 점차 실제 최적 밸류의 값으로 수렴해 갑니다. 물론 처음에는 최적 밸류를 알 수 없으니 일단 0으로 초기화해 두었습니다.

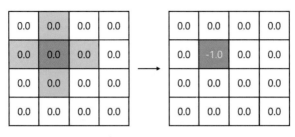

| 그림 4-13 | s_5의 값을 업데이트한 결과

그림 4-13와 같이 이번에도 먼저 한 칸 s_5의 값을 업데이트해 봅니다. 헷갈리면 안 될 것이 이번에 주어진 정책이 따로 없습니다. 반복적 정책 평가에서는 π가 주어져 있었기 때문에 벨만 기대 방정식을 사용했습니다. 하지만 이제는 테이블에서 각 칸은 최적 밸류를 나타내고 우리는 최적 밸류 사이의 관계를 알고 싶은 것이므로 벨만 최적 방정식을 이용할 것입니다. 또 MDP의 모든 정보, 즉 보상 함수 r_s^a와 상태 전이 함수 $P_{ss'}^a$의 값을 모두 알고 있다는 가정 하에 진행되기 때문에 벨만 최적 방정식 2단계 식을 그대로 사용할 수 있습니다. 벨만 최적 방정식 2단계는 다음과 같습니다.

$$v_*(s) = \max_a \left[r_s^a + \gamma \sum_{s' \in S} P_{ss'}^a \, v_*(s') \right]$$

보상 함수 r_s^a는 모든 액션에 대해서 −1이었고, γ의 값은 1이었고, 전이 확률 $P_{ss'}^a$은 항상 1이었습니다(그리드 월드는 환경에 확률적인 성질이 없어서 $a_{동쪽}$을 하면 동쪽 칸으로, $a_{서쪽}$을 하면 서쪽 칸으로 항상 100% 확률로 이동하게 되죠). 이 값들을 대입해 s_5에서의 최적 가치 $v_*(s_5)$를 계산해보면

$$v_*(s_5) = \max(-1 + 1.0 * 0,$$
$$-1 + 1.0 * 0,$$
$$-1 + 1.0 * 0,$$
$$-1 + 1.0 * 0)$$
$$= -1.0$$

마침 4방향의 다음 상태 s'에 대해 $v_*(s')$ 값이 모두 −1로 같아서 계산이 간단해졌습니다. 4개의 −1 중에 제일 큰 값은 −1이 됩니다. 그래서 테이블의 s_5에 해당하는 값을 −1.0으로 업데이트하였습니다. 같은 방식을 모든 칸에 대해 적용하면 그림 4-14와 같은 결과를 얻게 됩니다.

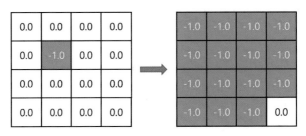

| 그림 4-14 | 모든 상태에 대해 벨만 최적 방정식을 적용

오른쪽 하단의 종료 상태는 더 이상 받을 보상이 없기 때문에 가치가 0으로 고정입니다. 이렇게 한 바퀴를 돌았습니다. 같은 방식을 계속해서 반복하면 그림 4-15와 같습니다.

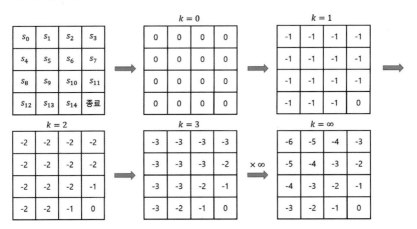

| 그림 4-15 | 수렴할 때까지 반복하고 난 후의 결과

결국 테이블의 값들이 수렴하였고, 이 값은 각 상태의 최적 밸류를 의미합니다. 우리의 직관과 일치하는지 확인해 봅시다. 왼쪽 상단의 상태 s_0에서 출발하여 최적 정책을 따라가면 종료 상태까지 몇 걸음이 필요한가요? 아시다시피 6걸음이 필요합니다. 한 칸 걸을 때마다 −1의 보상을 얻게 되니 s_0의 가치는 −6인 것이고, 위 테이블 또한 실제로 그 값이 −6에 수렴합니다. 말하자면 우리는 모든

상태에 대하여 최적 가치를 계산한 것입니다. 이는 벨만 최적 방정식을 여러 번 적용하여 얻어진 결과입니다.

하지만 사실 우리의 목적은 최적 밸류가 아닌 최적 정책을 찾는 것이었습니다. 그런데 왜 최적 밸류를 구했을까요? MDP를 모두 아는 상황에서는 일단 최적 밸류를 알면 최적 정책을 곧바로 얻을 수 있기 때문입니다. 에이전트 입장에서 현재 상태에서 갈 수 있는 다음 상태가 무엇인지 모두 알고 있습니다. 따라서 이들 중에 최적 밸류가 가장 높은 칸으로 움직이면 끝입니다. 그게 바로 최적 정책입니다. 말하자면 최적 밸류에 대한 그리디 정책인 것입니다. 이 정책은 사실 더 이상 그렇게 탐욕적인 정책이 아닙니다. 최적 밸류를 높이는 방향으로 움직이는 것 보다 좋은 것이 있을 수는 없습니다. 그게 바로 최적 밸류의 정의이기 때문입니다. 그래서 최적 밸류에 대한 그리디 정책은 먼 미래까지 함께 보는 그야말로 최적 정책인 것입니다.

이번 챕터에서 우리는 문제의 크기가 작고 MDP에 대한 모든 정보를 알 때, 주어진 정책 π의 상태별 밸류 $v_\pi(s)$를 구하는 방법과 최적의 정책 π_*를 찾는 2가지 방법에 대해 배웠습니다. 이후 챕터의 진행을 분류하여 정리하면 그림 4-16과 같습니다.

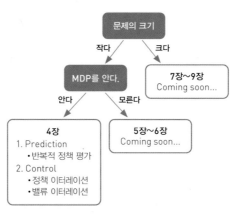

| 그림 4-16 | 문제와 MDP의 조건에 따른 개념도

이제 여전히 작은 문제이지만 MDP를 모르는 경우로 넘어가 마찬가지로 가치 평가 방법과 최적 정책을 찾는 방법에 대해 다뤄 보겠습니다.

MDP를 모를 때 밸류 평가하기

이번 챕터부터는 MDP의 전이 확률과 보상 함수를 모를 때에 대한 이야기가 시작됩니다. 주어진 수식을 이용해 정확한 값을 계산하는 대신, 수많은 샘플을 통해 근사하는 "샘플 기반 방법론"이 도입될 차례입니다.

CHAPTER **5**

MDP를 모를 때
밸류 평가하기

이제 우리는 MDP를 모릅니다. 정확히는 보상 함수 r_s^a와 전이 확률 $P_{ss'}^a$를 모릅니다. 따라서 실제로 액션을 해 보기 전까지는 보상을 얼마를 받을지도 모르고, 어떤 상태로 이동하게 될 지 확률 분포도 전혀 모르는 상황입니다. 이런 상황을 **모델 프리**model-free라고 부릅니다.

잠시 몇 가지 용어를 설명하고 넘어가겠습니다. **모델**model은 강화 학습에서 **환경의 모델**model of environment의 줄임말로, 에이전트의 액션에 대해 환경이 어떻게 응답할지 예측하기 위해 사용하는 모든 것을 가리킵니다. 에이전트의 액션에 대하여 환경이 어떻게 반응할지 알 수 있다면 에이전트의 입장에서는 여러 가지 **계획**planning(플래닝)을 세워볼 수 있습니다. 그렇기에 에이전트 입장에서는 모델을 아는 것이 큰 도움이 될 수 있습니다. 앞서 배운 챕터 4에서는 완벽한 모델을 알고 있는 상황이었습니다. MDP의 모든 정보를 알고 있었기 때문입니다. 하지만 이번 챕터부터는 모델을 모르는, 즉 모델 프리 상황에서의 강화 학습을 다룹니다. 이후의 내용에서는 "모델을 모른다", "MDP를 모른다", "모델 프리다"라는 표현은 모두 같은 의미로 이해하면 됩니다.

벌써부터 걱정하는 분이 있을 겁니다. 앞의 챕터에서 MDP의 정보를 이용할 때에도 복잡하고 어려웠는데 모델 프리 상황에서는 아무것도 모르는 상태에서 가치를 평가하고 최적 정책을 구하라는 거지? 하고 말이죠. MDP의 정보를 모르기 때문에 문제만 놓고 보면 난이도가 올라간 것이 사실이지만 어쩌면 놀랍게도 방법론 자체는 더 쉬울 것입니다. 미리 환경에 대해 많이 알고 있으면 그것을 잘 이용해야 하기 때문에 어렵고 복잡한 것이고, 반면 아는 것이 없을 때에는 오히려 간단한 방법으로 접근하게 되는 것이죠.

이번 챕터에서는 모델 프리 상황에서의 prediction, 즉 π가 주어졌을 때 가치를 평가하는 2가지 방법에 대해 배울 것입니다. 몬테카를로와 Temporal difference 학습입니다. 여전히 작은 MDP를 다루기 때문에 **테이블 룩업**^{table look-up} 방법론, 즉 테이블을 만들어서 테이블에 값을 기록해놓고 그 값을 조금씩 업데이트하는 방식으로 진행될 것입니다. 그러면 몬테카를로 방법론에 대한 내용부터 바로 시작하겠습니다.

5.1 몬테카를로 학습

| 그림 5-1 | 앞면이 나올 확률을 모르는 동전

그림 5-1처럼 100원짜리 동전을 생각해 봅시다. 그런데 이 동전은 무게 중심이 한 쪽에 치우쳐 있어서 앞면이 나올 확률이 50%가 아닙니다. 그 확률이 몇 인지 우리는 모릅니다. 이 동전을 던져서 앞면이 나오면 여러분이 가질 수 있고, 뒷면이 나오면 가질 수 없다고 할 때에 여러분은 이 동전을 던지는 행위의 기댓값을 알 수 있나요?

눈치 빠른 분은 이미 알 수도 있겠지만 이 상황은 MDP에 대한 정보를 모를 때 각 상태의 가치를 평가하는 문제와 매우 유사합니다. 그리고 우리는 확률을 모름에도 불구하고 기댓값을 알 수 있습니다. 어떻게 하면 될까요? 그냥 동전을 여러 번 던져 봅니다. 정확한 확률은 모르지만 예컨대 10번 던져서 앞면이 3번 나왔다면 우리는 그 확률을 대충 30%라고 가늠해 볼 수 있습니다. 그러면 기댓값은

$$0.3 * 100 + 0.7 * 0 = 30$$

즉 30원이 됩니다. 사실 뭐 기댓값까지 계산할 것도 없이 얻은 금액에 대해 평균을 내면 됩니다. 3번 앞면이 나왔으니 분자는 3*100 = 300원을 얻었고, 10회 던졌으니 평균 얻는 보상은 다음과 같습니다.

$$\frac{3 * 100}{10} = 30$$

이렇게 평균을 내면 바로 기댓값을 구할 수 있습니다. 왜냐하면 앞면이 나오는 사건 자체가 이미 확률에 비례해서 일어나기 때문에 그냥 모든 사건에서 얻은 값의 평균을 계산하면 그것이 곧 기댓값이 되기 때문입니다. 만일 10번 던지는 것이 부족하다고 생각되면 100번 던져보면 됩니다. 그 경우 앞면이 35번 나왔다면 앞면의 확률이 35%라고 가늠해 볼 수 있습니다. 여러 번 던질수록 그 값은 점점 정확해질 것입니다. 이것이 바로 **몬테카를로 방법론**Monte Carlo Method의 중심 철학입니다.

몬테카를로라는 개념이 꼭 강화 학습에서만 등장하는 것은 아닙니다. 무언가 직접 측정하기 어려운 통계량이 있을 때 여러 번 샘플링하여 그 값을 가늠하는 기법의 이름에는 대부분 "몬테카를로"가 들어갑니다. 예컨대 **MCTS**Monte Carlo Tree Search, **MCMC**Markov Chain Monte Carlo 처럼 말이죠. 몬테카를로 방법론은 우리가 생각할 수 있는 가장 간단한 방법론입니다. 우리는 MDP에서도 똑같은 방법으로 각 상태의 가치를 평가할 것입니다. 그러면 어떤 값으로 가치를 평가할까요? 가치 함수의 정의를 떠올려 봅니다.

$$v_\pi(s_t) = \mathbb{E}_\pi[G_t]$$

가치 함수의 정의는 리턴의 기댓값이었습니다. 따라서 위에서 동전을 여러 번 던졌던 것처럼 리턴을 여러 번 계산하여 그 평균을 내면 그 값은 해당 상태의 실제 가치에 수렴할 것입니다. 그러니 일단 환경에다가 에이전트를 가져다 놓고 경험을 하도록 시키는 것입니다. 그러면 언젠가 에피소드가 끝나겠죠? 에피소드가 끝날 때까지 얻었던 리턴들을 기록해 놓았다가 평균을 구합니다. 이렇게 에피소드마다 각 상태의 리턴을 기록해 놓았다가 그 값들의 평균을 내면 끝입니다. 간단하죠? 이런 방법을 사용한다면 샘플이 많을수록, 즉 경험을 더 많이 쌓아서 더 많은 에피소드를 진행할수록 **대수의 법칙**Law of large numbers에 의해 각 상태의 밸류 예측치는 점점 정확해집니다.

| 그림 5-2 | 바둑판의 상황

좀 더 쉬운 예로는 바둑판을 생각해 봅니다. 흑과 백이 경기를 하고 있는데 정확히 그림 5-2와 같은 상황을 맞닥뜨렸다고 해 봅시다. 그 순간을 캡쳐해서 여러분이 보고 있습니다. 이때 흑의 입장에서 이 상황이 얼마나 좋은지 몬테카를로 방법을 통해 평가한다면 그냥 경기를 끝까지 지켜보면 됩니다. 그 결과 흑이 졌다면 이 상황은 안 좋은 상황이었다는 뜻이겠죠. 물론 단 한 경기만 가지고 판단하기는 어렵습니다. 그건 마치 동전을 단 한 번만 던져보고 앞면이 나왔다고 해서 이 동전은 100% 앞면이 나오는 동전이라고 생각하는 것과 같습니다. 더 정확히 하려면 저 상태에서 시작하여 1만 개의 경기를 해봅니다. 그 중에 흑이 60%를 이겼다면 그 상태의 가치는 0.6이라고 보는 것입니다.(보상은 이기면 1, 지면 0이라고 가정). 충분히 예시를 살펴보았으니 이제 구체적인 알고리즘으로 넘어가겠습니다.

몬테카를로 학습 알고리즘

출발	s_1	s_2	s_3
s_4	s_5	s_6	s_7
s_8	s_9	s_{10}	s_{11}
s_{12}	s_{13}	s_{14}	종료

보상 : ?

정책 : 4방향 uniform random

| 그림 5-3 | 이제는 그만 보고 싶은 그리드 월드

그리드 월드가 또 다시 찾아왔습니다. 에이전트는 여전히 술에 만취한 것처럼 4방향 랜덤으로 움직입니다. 하지만 조금 바뀐 부분이 있으니, 이제는 보상 함수 r_s^a와 전이 확률 $P_{ss'}^a$을 모릅니다. 여기서 헷갈리면 안 되는 부분이, 우리가 그 값을 모르는 것일 뿐 실제 MDP에는 고정된 r_s^a와 $P_{ss'}^a$가 있습니다. 그리드 월드 환경 자체는 이전에 봤던 그리드 월드와 마찬가지로 보상은 스텝마다 −1로 동일하고, 전이 확률도 그대로입니다. 하지만 이전 챕터에서는 해당 정보를 미리 알고 있었고, 이를 이용하여 밸류를 구했습니다.

예컨대 s_2에서 a_{right}액션을 선택한다고 합시다. 그러면 실제로 해보지 않아도 우리는 다음 상태가 s_3가 될 것임을 알고 있었습니다. 이는

$$P_{s_2 s_3}^{a_{right}} = 1$$

임을 알고 있던 덕분입니다. 그래서 챕터 4에서는 실제로 액션을 해보는 것이 아니라 각 상태에서 에이전트가 할 수 있는 모든 액션에 대해 각 액션을 선택할 확률 $\pi(a|s)$에다가, 액션 선택으로 인해 도달하게 되는 상태 s'의 가치 $v(s')$을 곱하는 식으로 기존 상태의 가치를 계산했습니다. 잘 생각해보면 실제로 에이전트가 액션을 취하거나 했던 적이 없습니다. 행동에 따른 결과들을 예측할 수 있기 때문에 모든 학습 과정이 머릿속에서 일어난 셈입니다. 그래서 챕터 4의 방법론을 **플래닝**planning이라고 부릅니다. 계획만 세운 것이죠. 미래의 모든 정보를 알기에 계획을 세워 보는 것만으로도 실제 가치를 모두 평가할 수가 있었습니다. 하지만 이제는 s_2에서 a_{right}액션을 선택했을 때 어디에 도달하게 되는지

사전에는 알 수가 없습니다. 물론 같은 환경이니 같은 곳에 도달하겠지만 에이전트 입장에서 사전에는 s_2에서 a_{right} 액션을 선택했는데 아래로 바람이 불어 s_7에 도달하게 될지, 왼쪽으로 바람이 불어 그대로 s_2에 남게 될지, 그런 정보를 전혀 모르는 상황입니다.

그래서 경험을 기반으로 배워야 합니다. 당장 실제 에이전트를 환경에다 가져다 놓고 경험을 쌓게 합니다. 그러면 에이전트가 4방향 랜덤 정책을 통해 이곳 저곳 돌아다니며 보상과 상태 전이에 대한 경험을 쌓을 것입니다. 해당 경험을 관측하고 나서야 비로소 우리는 '아, 이렇게 하면 보상을 −1을 받는구나', '아, 여기서 이렇게 움직이면 이런 상태에 도착하는구나' 짐작할 수 있게 됩니다. 여기까지가 개괄적인 이야기였고, 이제 몬테카를로 방법론의 구체적인 이야기로 넘어가겠습니다.

1 테이블 초기화

| 그림 5-4 | 초기화된 테이블

그림 5-4처럼 테이블에 각 상태별로 $N(s)$와 $V(s)$ 2개의 값이 필요합니다. $N(s)$는 s를 총 몇 번 방문했는지 세기 위해서 필요한 값으로, 상태 s를 한 번 방문할 때마다 1을 더해 줍니다. $V(s)$는 해당 상태에서 경험했던 리턴의 총합을 기록하기 위해 필요한 변수입니다. 두 값 모두 일단 0으로 초기화했습니다.

2 경험 쌓기

이제 정책 π를 이용해 움직이는 에이전트를 환경인 그리드 월드의 출발점 s_0에다가 가져다 놓겠습니다. 정책은 우리가 평가하고 싶은 그 어떤 정책이 주어져도 괜찮습니다. 그러면 에이전트는 s_0부터 시작하여 액션 a_0를 정하고, 그에 따른 보상 r_0를 받고 s_1에 도착합니다. 이를 반복하여 우리의 랜덤 에이전트가 s_T에 도달하기까지의 에피소드는 일반적으로 다음과 같이 표기할 수 있습니다.

$$s_0, a_0, r_0, s_1, a_1, r_1, s_2, a_2, r_2, \dots, s_{T-1}, a_{T-1}, r_{T-1}, s_T$$

그러면 각 상태에 대해 리턴을 계산할 수 있습니다.

$$G_0 = r_0 + \gamma r_1 + \gamma^2 r_2 + \gamma^3 r_3 + \cdots + \gamma^{T-1} r_{T-1}$$
$$G_1 = r_1 + \gamma r_2 + +\gamma^2 r_3 \dots + \gamma^{T-2} r_{T-1}$$

$$\dots$$

$$G_{T-1} = r_1$$
$$G_T = 0$$

여기서 γ와 보상 r_0, $\cdots$, r_{T-1}는 모두 관측된 숫자 값으로 변수가 아닙니다. 따라서 리턴 또한 모두 그냥 숫자 값입니다.

❸ 테이블 업데이트

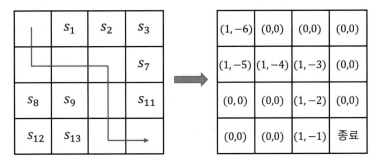

| 그림 5–5 | 업데이트된 테이블

예컨대 앞의 경험 쌓기 단계에서 지나온 경로가 구체적으로 $s_0 \to s_4 \to s_5 \to s_6$ $\to s_{10} \to s_{14} \to$ 종료였다고 해 봅시다. 이미 각 상태에 따른 리턴도 계산이 되어 있습니다. 그러면 그림 5–5처럼 해당 에피소드에서 방문했던 모든 상태에 대해 해당 칸의 $N(s)$와 $V(s)$ 값을 다음과 같이 업데이트합니다.

$$N(s_t) \leftarrow N(s_t) + 1$$

$$V(s_t) \leftarrow V(s_t) + G_t$$

위 과정을 진행하고 나면 테이블의 값이 그림 5-5의 오른편과 같이 변경됩니다. 모든 상태의 보상은 −1이고 감마는 1로 계산하였습니다.

■4 밸류 계산

경험 쌓기와 테이블 업데이트의 과정을 충분히 반복합니다. 예를 들어 10만 번 반복한다면 테이블에는 10만 개의 에피소드를 통해 얻었던 상태별 리턴값들이 누적되어 있을 것입니다. 이렇게 충분히 경험을 쌓았다고 판단되면 최종적으로 밸류를 구하기 위해서는 모든 상태 s에 대해 리턴의 합 $V(s)$를 방문 횟수 $N(s)$로 나누면 됩니다. 즉, 리턴의 평균을 구하는 것입니다.

$$v_\pi(s_t) \cong \frac{V(s_t)}{N(s_t)}$$

끝입니다. 이 값은 각 상태의 밸류에 대한 근사치입니다. 이것이 바로 몬테카를로 방법론입니다.

조금씩 업데이트하는 버전

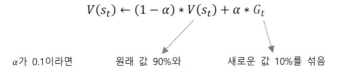

$$V(s_t) \leftarrow (1 - \alpha) * V(s_t) + \alpha * G_t$$

α가 0.1이라면   원래 값 90%와   새로운 값 10%를 섞음

앞서 설명한 방법론과 본질적으로는 같지만 계산하는 방식이 조금 다른 버전을 소개해보겠습니다. 앞의 버전은 100개면 100개, 1000개면 1000개의 에피소드가 다 끝난 후에 평균을 냈습니다. 이번에는 에피소드가 1개 끝날 때마다 테이블의 값을 조금씩 업데이트하는 버전이 있습니다. 바로 위의 식을 이용합니다. 여기서 α가 얼마큼 업데이트할지 그 크기를 결정해주는 파라미터입니다. α의 값이 클수록 한 번에 더 크게 업데이트하는 것이고, α의 값이 작을수록 더 조금씩, 보수적으로 업데이트가 이루어집니다. 이런 방식으로 계산하면 카운터를 위한 $N(s_t)$의 값을 따로 저장해 둘 필요 없이 에피소드가 하나 끝날 때마다 테

이블의 값을 업데이트해 줄 수 있습니다. 앞의 식에서 우변을 약간 변형하면 다음과 같이 표현할 수도 있습니다.

$$V(s_t) \leftarrow V(s_t) + \alpha(G_t - V(s_t))$$

G_t가 $V(s_t)$보다 크면 α에 곱해진 값이 양수가 되어서 기존의 $V(s_t)$ 값을 더 크게 만들라는 뜻이고, 반대의 경우에는 $V(s_t)$를 더 작게 만들라는 수식으로 이해하시면 됩니다. 지금부터는 이 수식을 사용하도록 하겠습니다.

몬테카를로 학습 구현

지금까지 이론을 충분히 살펴본 것 같으니 이제 실제로 몬테카를로 prediction을 구현[6]해보고자 합니다. 목표는 그리드 월드에서 4방향 랜덤 정책의 상태별 가치를 구하는 것입니다. 그러기 위해 다음 4가지 요소가 구현되어야 합니다.

- **환경** : 에이전트의 액션을 받아 상태변이를 일으키고, 보상을 줌
- **에이전트** : 4방향 랜덤 정책을 이용해 움직임
- **경험 쌓는 부분** : 에이전트가 환경과 상호작용하며 데이터를 축적
- **학습하는 부분** : 쌓인 경험을 통해 테이블을 업데이트

환경에 특별한 확률적 요소는 없도록 설정하겠습니다. 또 스텝마다 보상은 −1로 고정합니다.

■ 라이브러리 import

```
import random
```

먼저 필요한 라이브러리들을 import합니다. 여기서는 랜덤 에이전트를 구현하기 위해 필요한 random 라이브러리만 import하면 끝입니다.

---

6 이 책에 나오는 모든 소스 코드는 github.com/seungeunrho/RLfrombasics에 업로드 되어 있습니다

■ Grid World 클래스

```python
class GridWorld():
    def __init__(self):
        self.x=0
        self.y=0

    def step(self, a):
        if a==0:
            self.move_right()
        elif a==1:
            self.move_left()
        elif a==2:
            self.move_up()
        elif a==3:
            self.move_down()

        reward = -1
        done = self.is_done()
        return (self.x, self.y), reward, done

    def move_right(self):
        self.y += 1
        if self.y > 3:
            self.y = 3

    def move_left(self):
        self.y -= 1
        if self.y < 0:
            self.y = 0

    def move_up(self):
        self.x -= 1
        if self.x < 0:
            self.x = 0

    def move_down(self):
        self.x += 1
        if self.x > 3:
            self.x = 3

    def is_done(self):
        if self.x == 3 and self.y == 3:
            return True
```

```
        else :
            return False

    def get_state(self):
        return (self.x, self.y)

    def reset(self):
        self.x = 0
        self.y = 0
        return (self.x, self.y)
```

환경에 해당하는 GridWorld 클래스를 정의하였습니다. Step 함수는 제일 중요
한 함수이자 에이전트로부터 액션을 받아서 상태 변이를 일으키고, 보상을 정
해주는 함수입니다. is_done 함수는 에피소드가 끝났는지 판별해주는 함수이
자 에이전트가 종료 상태인 (3,3)에 도달했으면 True를, 그렇지 않으면 False를
리턴합니다. 마지막으로 에이전트가 종료 상태에 도달했으면 다시 처음 상태로
돌려놓기 위해 reset 함수가 필요합니다.

■ Agent 클래스

```
class Agent ():
    def __init__(self):
        pass

    def select_action(self):
        coin = random.random()
        if coin < 0.25:
            action = 0
        elif coin < 0.5:
            action = 1
        elif coin < 0.75:
            action = 2
        else:
            action = 3
        return action
```

이번에는 에이전트에 해당하는 클래스입니다. 에이전트가 하는 일은 4방향 uniform 랜덤 액션을 선택하는 일이 전부이므로 구현이 간단합니다. 함수가 select_action 1개뿐이고, 각각 4분의 1 확률로 4가지 액션 중 하나를 선택하는 함수입니다. 이렇게 하면 기본적인 몬테카를로 학습을 진행하기 위해 필요한 클래스 정의는 끝났습니다.

■ 메인 함수

```python
def main():
    env = GridWorld()
    agent = Agent()
    data = [[0, 0, 0, 0],[0, 0, 0, 0],[0, 0, 0, 0],[0, 0, 0, 0]] # 테이블 초기화
    gamma = 1.0
    alpha = 0.0001

    for k in range(50000): # 총 5만 번의 에피소드 진행
        done = False
        history = []
        while not done:
            action = agent.select_action()
            (x,y), reward, done = env.step(action)
            history.append((x,y,reward))
        env.reset()

        # 매 에피소드가 끝나고 바로 해당 데이터를 이용해 테이블을 업데이트
        cum_reward = 0
        for transition in history[::-1]:
            # 방문했던 상태들을 뒤에서부터 보며 차례차례 리턴을 계산
            x, y, reward = transition
            data[x][y] = data[x][y] + alpha*(cum_reward-data[x][y])
            cum_reward = reward + gamma*cum_reward

    #학습이 끝나고 난 후 데이터를 출력해보기 위한 코드
    for row in data:
        print(row)
```

본격적으로 학습을 하는 메인 함수입니다. 먼저 GridWorld 클래스의 인스턴스인 env라는 변수를 선언하고, data라는 가장 중요한 변수를 선언합니다. MC라는 방법론이 결국 테이블에다가 각 상태의 가치를 임의의 값으로 초기화 해

놓은 것으로부터 시작해 업데이트하는 방식임을 명심하시기 바랍니다. 이 data 라는 변수가 바로 그 테이블에 해당합니다. 그리고 감쇠 인자인 gamma는 1로, 업데이트할 때 사용되었던 파라미터인 alpha는 0.001로 정하였습니다.

위의 while loop은 랜덤 에이전트가 경험을 쌓는 과정이고, 뒤의 for loop은 쌓은 경험을 이용해 테이블을 업데이트 하는 코드입니다. for loop 안의 cum_ reward라는 변수는 리턴을 가리킵니다. 그런데 이게 왜 리턴을 의미하는지 한 번에 이해하기 어려우실 수도 있을 텐데요. 아래 리턴의 정의를 다시 한 번 생 각해 보겠습니다.

$$G_t = R_{t+1} + \gamma R_{t+2} + \gamma^2 R_{t+3} + \gamma^3 R_{t+4} + \cdots$$
$$= R_{t+1} + \gamma(R_{t+2} + \gamma R_{t+3} + \gamma^2 R_{t+4} + \cdots)$$
$$= R_{t+1} + \gamma G_{t+1}$$

이처럼 리턴 G_{t+1}과 G_t사이에는 재귀적인 관계가 있습니다. G_{t+1}에 γ를 곱하고 R_{t+1}을 더해주면 G_t가 됩니다. cum_reward라는 변수에 G_{t+1}가 담겨 있다가 거 기에 γ가 곱해지고 R_{t+1}이 더해지며 이제는 G_t가 됩니다. 이처럼 리턴을 계산할 때는 방문했던 상태들을 뒤에서부터 보면서 계산하면 편합니다.

■ 학습 결과 출력

```
[[-57.09 -55.47 -53.65 -52.21]
 [-55.2  -52.98 -48.91 -44.84]
 [-51.92 -47.76 -40.2  -30.06]
 [-48.98 -42.62 -29.37   0.  ]]
```

| 그림 5-6 | MC 학습 결과

이처럼 값이 잘 학습된 것을 확인할 수 있습니다. 챕터 4에서 MDP에 대한 정 보를 알 때에 구했던 값과 비슷한지 확인해 보는 것도 하나의 재미가 될 수 있 습니다. 또 5만 에피소드가 아니라 10만, 100만 번의 에피소드를 경험하면 그 만큼 더 실제 값에 가까워지는지 확인해볼 수도 있습니다.

5.2 Temporal Difference 학습

몬테카를로 학습 방법론을 이제 MC라고 줄여서 부르겠습니다. MC가 진행되는 방식을 살펴보았다면 느끼셨을 수도 있는데요, MC에는 한 가지 단점이 있습니다. 바로 업데이트를 하려면 에피소드가 끝날 때까지 기다려야 한다는 점입니다. 업데이트를 위해서는 리턴이 필요한데 리턴은 에피소드가 끝나기 전까지는 알 수 없기 때문에 MC는 적용할 수 있는 환경이 제한적입니다. 반드시 **종료하는 MDP**[terminating MDP]에서만 사용할 수 있는데, 실제 세계에는 종료 조건이 따로 없는 MDP도 많습니다. 그리드 월드에서는 오른쪽 맨 아래 귀퉁이에 도달하면 에피소드가 끝이 났지만 현실 세계의 많은 문제들은 그렇게 명확한 종료 조건이 따로 있지 않습니다. 그래서 여기서부터 동기가 시작됩니다.

"에피소드가 끝나기 전에 업데이트할 수는 없을까?"

우리는 에피소드가 끝나기 전에 밸류 값을 업데이트하고 싶다면 **종료하지 않는 MDP**[non-terminating MDP]에서도 학습을 할 수 있습니다. 그런데 종료하지 않는 MDP에서는 리턴이 존재하지 않는데 어떤 값을 이용해 업데이트해야 할까요? 밸류라는 것이 결국 리턴의 기댓값이고, 리턴을 보지 않은 상태에서 업데이트하려니 막막한 상황입니다. 여기서 **Temporal Difference 학습** 방법론(이하 TD)은 아주 재미있는 접근 방법을 도입합니다.

"추측을 추측으로 업데이트하자"

바로 추측을 추측으로 업데이트하는 것입니다. 이게 무슨 궤변인가 싶지만, 예를 들어 설명해 보겠습니다.

| 그림 5-7 | 일요일에 비가 올 지 추측하는 상황

그림 5-7과 같이 이번 주 일요일에 비가 올지 금요일과 토요일에 추측하는 상황을 생각해 봅시다. 그림과 같이 금요일에는 비가 올 확률을 50%로, 토요일에는 80%로 추측하였습니다. 이때 금요일에 한 추측이 정확할까요, 토요일에 한 추측이 정확할까요? 일반적으로 토요일이 일요일에 더 가까우니까 토요일에 한 추측이 정확하다고 할 수 있을 것입니다. 왜냐하면 금요일에서 토요일로 넘어가면서 하루만큼의 정보가 더 생겼으니까요. 예를 들어 금요일에는 맑았던 하늘이 토요일에는 먹구름이 가득해졌다던지, 금요일에는 멀리 있던 장마 전선이 토요일에는 내륙으로 올라와 내일 비가 내릴 것이 더 확실시 된다지하는 식으로 말입니다. 어떤 방식이든 토요일은 일요일의 정보를 추측하는데 조금이나마 더 정확한 출처가 될 것입니다.

비 내리는 것을 추측하는 이야기를 MC와 TD의 상황으로 대입시켜보면 실제로 일요일까지 기다렸다가 '아, 비가 왔구나' 하고 금요일의 예측 값을 비가 오는 것으로 수정해주는 방식이 MC입니다. 반면에 TD는 일요일까지 기다리지 않습니다. 딱 하루가 지나서 토요일이 되자 마자 토요일에 추측한 비가 올 확률이 80%였으니 금요일의 예측 값을 조금 더 높여 주는 방식으로 업데이트합니다. 이게 바로 추측으로 추측을 업데이트 한다는 말의 의미입니다. 좀 더 정확히는 미래의 추측으로 과거의 추측을 업데이트 하는 것이죠. 바로 그런 이유에서 이름이 **Temporal Difference** 즉, 시간적인 차이인 것입니다. 한 스텝이 지나고, 즉 조금이라도 시간이 흐르면 좀 더 정확한 추측을 할 수 있게 되는 것이고 바로 이를 업데이트에 활용하는 방식입니다. 말하자면 시간적인 차이를 이용하여 업데이트 하는 셈입니다.

이론적 배경

'다음 날의 추측이 더 정확하란 법이 있을까?' 하고 생각하는 분이 있을 것 같습니다. 예를 들어 토요일에는 비가 80% 확률로 온다고 했는데 거짓말처럼 일요일에는 날이 갤 수도 있죠. 그래서 조금은 딱딱하지만 더 엄밀한 이론적 배경에 대해 이야기를 해보겠습니다. 앞서 MC는 리턴 여러 개를 모아서 평균을 냈습니다. 그에 대한 이론적 근거는

$$v_\pi(s_t) = \mathbb{E}_\pi[G_t]$$

라는 식 덕분입니다. 가치 함수의 정의가 리턴 G_t의 기댓값이기 때문에 G_t를 많이 모으면 모을수록 그 평균은 $v_\pi(s_t)$에 수렴하게 됩니다. 이를 통계학 용어를 빌려서 표현하면

"G_t는 $v_\pi(s_t)$의 **불편 추정량**unbiased estimate"

이라고 합니다. 불편, 즉 편향되지 않은, 이상한데로 기울지 않은 아주 올곧은 추정량이라는 뜻입니다. 그렇기 때문에 대수의 법칙에 의해 G_t를 여러 번 샘플링 할수록 G_t의 평균은 $v_\pi(s_t)$로 수렴하는 것이 보장됩니다. 그러니 MC는 이론적으로 아주 탄탄한 배경이 있는 셈입니다. 그렇다면 TD는 어떨까요? 벨만 기대 방정식 0단계 수식을 떠올려 봅니다.

$$v_\pi(s_t) = \mathbb{E}_\pi[r_{t+1} + \gamma v_\pi(s_{t+1})]$$

느낌이 오시나요? $r_{t+1} + \gamma v_\pi(s_{t+1})$을 여러 번 뽑아서 평균을 내면 그 평균은 마찬가지로 $v_\pi(s_t)$에 수렴합니다. $r_{t+1} + \gamma v_\pi(s_{t+1})$의 기댓값이 곧 $v_\pi(s_t)$이기 때문입니다. 그래서 $r_{t+1} + \gamma v_\pi(s_{t+1})$는 말하자면 우리의 정답지, 즉 목표치가 되는 값이기 때문에 이 값을 **TD 타깃**TD target이라고 부릅니다. MC에서 리턴을 여러 개 모았던 것처럼 이제는 그냥 $r_{t+1} + \gamma v_\pi(s_{t+1})$의 값을 여러 개 모으면 됩니다. 그리고 값을 한 개씩 얻을 때마다 테이블에 원래 쓰여 있던 값을 $r_{t+1} + \gamma v_\pi(s_{t+1})$ 방향으로 조금씩 업데이트 할 수 있습니다. 결국 벨만 기대 방정식이 TD 학습의 근간이 되는 식입니다. 물론 앞의 수식은 실제 가치 함수인 $v_\pi(s)$를 알 때 사용할 수 있는 것이고 우리는 실제 가치 함수를 모르기 때문에 발생하는 편차가 있습니다. 이에 대해서는 이번 챕터의 마지막 부분에서 MC와 TD를 비교하면서 다시 설명하고, 이제 이론적 배경을 살펴 보았으니 구체적인 학습 방식을 살펴보겠습니다.

Temporal Difference 학습 알고리즘

앞서 그리드 월드에서 임의의 정책 π에 대한 가치 함수 $v_\pi(s)$를 MC를 이용하여 학습하는 내용에 대해 배웠습니다. 이번에는 같은 문제를 TD를 이용하여

학습해 보겠습니다. TD도 MC에서와 마찬가지로 테이블의 값을 초기화하는 것부터 시작합니다. 각 상태에 대해 그 값을 0으로 초기화하면 됩니다. 그 다음 에이전트를 s_0에 놔두고 경험을 쌓게 합니다. 여기까지는 똑같습니다. TD 학습 알고리즘이 MC와 다른 부분은 딱 2가지입니다. 업데이트 수식과 업데이트 시점입니다. 이에 대해 설명하기 위해 예컨대 우리의 에이전트가 다음과 같은 경로를 밟아 종료 상태에 도달했다고 해 봅시다.

$$s_0 \rightarrow s_1 \rightarrow s_2 \rightarrow s_3 \rightarrow s_7 \rightarrow s_6 \rightarrow s_{10} \rightarrow s_{11} \rightarrow 종료$$

물론 모든 단계마다 −1의 보상을 받습니다. 총 8번의 상태 전이가 있었으므로 종료 상태를 제외한 8개의 상태에 대해 값을 업데이트 해줄 수 있습니다. 여기까지는 MC와의 같지만 차이점은 종료 상태에 도달하기 이전에, 즉 각각의 상태 전이가 일어나자마자 바로 테이블의 값을 업데이트해줄 수 있다는 것입니다. 업데이트 수식을 MC와 비교해 봅니다.

$$\text{MC} : V(s_t) \leftarrow V(s_t) + \alpha(G_t \text{-} V(s_t))$$

$$\text{TD} : V(s_t) \leftarrow V(s_t) + \alpha(r_{t+1} + \gamma V(s_{t+1}) \text{-} V(s_t))$$

위의 수식과 같이 원래 MC에서의 정답이었던 G_t의 자리를 대신하여 $r_{t+1} + \gamma V(s_{t+1})$가 들어갔습니다. 이 업데이트 식을 이용하여 다음과 같이 8번 업데이트합니다. 모든 단계에서의 보상은 −1이고, $\alpha=0.01$, $\gamma=1.0$을 사용했습니다.

$$V(s_0) \leftarrow V(s_0) + 0.01 * (-1 + V(s_1) \text{-} V(s_0))$$

$$V(s_1) \leftarrow V(s_1) + 0.01 * (-1 + V(s_2) \text{-} V(s_1))$$

$$...$$

$$V(s_{11}) \leftarrow V(s_{11}) + 0.01 * (-1 + V(s_{15}) \text{-} V(s_{11}))$$

이렇게 테이블의 8칸의 값을 업데이트하고 나면 하나의 에피소드에 대한 업데이트를 마친 것입니다. 또 다음 에피소드를 경험하고, 그 데이터를 이용해 테이블의 값을 업데이트하고, 이를 반복하여 테이블의 값이 수렴할 때까지 진행합니다.

Temporal Difference 학습 구현

이번에는 TD 방법론을 이용해 그리드 월드에서 랜덤 정책의 상태별 가치를 구하는 코드를 실제로 구현해보겠습니다.

■ 라이브러리 import 부터 Agent 클래스까지

여기까지는 앞의 MC와 같습니다. MC를 사용하든 TD를 사용하든 환경과 에이전트 자체는 똑같으므로 앞의 코드를 그대로 재사용하도록 합니다.

■ 메인 함수

```python
def main():
    env = GridWorld()
    agent = Agent()
    data = [[0,0,0,0],[ 0,0,0,0],[ 0,0,0,0],[ 0,0,0,0]]
    gamma = 1.0
    alpha = 0.01 # MC에 비해 큰 값을 사용

    for k in range(50000): # 총 5만번의 에피소드 진행
        done = False
        while not done:
            x, y = env.get_state()
            action = agent.select_action()
            (x_prime, y_prime), reward, done = env.step(action)
            x_prime, y_prime = env.get_state()

            # 한 번의 step이 진행되자 마자 바로 테이블의 데이터를 업데이트 해줌
            data[x][y] = data[x][y] + alpha*(reward+gamma*data[x_prime][y_
            prime]-data[x][y])
        env.reset()

    #학습이 끝나고 난 후 데이터를 출력해보기 위한 코드
    for row in data:
        print (row)
```

MC에 비해 학습 코드가 간결해졌습니다. 보시다시피 이제는 한 에피소드가 끝나고 업데이트하는 것이 아니라, 한 번의 액션마다 데이터 테이블이 업데이트됩니다. 업데이트되는 식은 앞서 배웠던 TD 식과 동일하고, 또 MC보다 업데이트 폭을 의미하는 alpha의 값이 매우 커졌습니다. 이는 TD가 MC에 비해 학

습의 변동성이 작은 덕분에 그만큼 큰 폭의 업데이트가 가능해서 설정된 값입니다. 이에 대해 자세한 내용은 이어지는 소챕터 몬테카를로 vs TD에서 더 자세히 다루겠습니다.

■ **학습 결과 출력**

```
[[-60.03 -57.84 -54.75 -52.89]
 [-57.8  -54.73 -49.53 -46.32]
 [-54.13 -48.91 -41.03 -31.34]
 [-52.26 -45.47 -31.38   0.  ]]
```

| 그림 5-8 | TD 학습 결과

마찬가지로 학습이 잘 되었음을 확인할 수 있습니다. 앞서 확인했던 MC의 결과와 비교해도 서로 값이 비슷합니다.

5.3 몬테카를로 vs TD

지금까지 MDP를 모르는 상황에서 임의의 정책 함수가 주어졌을 때 그 가치 함수를 학습하는 2가지 방법을 배웠습니다. 이 두 방법론은 굉장히 강력한 방법론입니다. MC와 TD는 그리드 월드에만 적용할 수 있는 것도 아니고, 랜덤한 에이전트에만 적용할 수 있는 것도 아닙니다. 예를 들어 에이전트가 동서남북 고르게 25%가 아니라 동쪽과 남쪽으로만 반반의 확률로 움직이는 에이전트라 하더라도 우리는 그에 맞는 상태의 밸류를 구할 수 있습니다. 이 에이전트를 그리드 월드에 가져다 놓은 다음에 에피소드의 샘플들만 얻으면 됩니다. 그런데 여기까지 따라오신 분들은 다음과 같은 궁금증이 들 수 있습니다. 똑같은 일을 하는 2가지 방법론이 있다면 자연스레 들법한 생각이죠.

"그래서 뭐가 더 좋은데?"

그래서 뭐가 더 좋을까요? 여러분은 혹시 MC와 TD 내용을 읽으면서 '아, 이런 부분은 MC가 좋겠다', '이런 부분은 TD가 좋겠다'하고 감이 온 부분이 있나요? 있으신 분도, 없으신 분도 계실 것 같습니다. 사실 "이게 더 좋다!"하고 딱 말하기는 어렵습니다. 모든 상황에서 한 방법론이 다른 방법론보다 우위에 있어야 그렇게 얘기할 수 있을 텐데, 실은 문제와 상황에 따라 각자의 장점이 다르기 때문입니다. 그래서 이번 소챕터에서는 MC와 TD를 여러 측면에서 비교해보려고 합니다. 이를 통해 MC와 TD에 대해 더 깊은 이해가 가능해질 것입니다.

학습 시점

아시다시피 MC와 TD는 학습 시점에 차이가 있습니다. MC는 에피소드가 끝나고 리턴이 정해져야 비로소 되돌아보면서 학습을 진행할 수 있습니다. 반면에 TD는 한 스텝이 끝날 때마다 바로바로 테이블의 값들을 업데이트할 수 있습니다. 이러한 차이는 우리에게 꽤 큰 자유를 줍니다. 왜냐하면 MDP는 크게 2가지 종류의 MDP가 있기 때문입니다.

• Episodic MDP
MDP의 상태들 중에 **종료 상태**^{terminating state}라는 것이 있어서 에이전트의 경험이 에피소드 단위로 나뉘어질 수 있는 것.

• Non-Episodic MDP
종료 상태 없이 하나의 에피소드가 무한히 이어지는 MDP

예컨대 바둑, 스타크래프트 등 종료 조건이 명확한 경우에는 episodic MDP 형태로 만들 수 있습니다. 하지만 주식 시장에서의 포트폴리오 분배처럼 명확한 종료 조건이 없거나, 하나의 에피소드가 너무 길어지는 경우가 있습니다. MC는 episodic MDP에만 적용할 수 있습니다. 반면 TD는 어떤 MDP에서든 적용할 수 있죠. 그러니 이런 측면에서는 TD가 장점을 가진다고 할 수 있습니다. 그렇기 때문에 이 항목에서는 TD의 손을 들어 주고 싶습니다. TD 우세!

편향성(Bias)

먼저 MC와 TD의 근간이 되는 식을 살펴봅시다.

- MC : $v_\pi(s_t) = \mathbb{E}[G_t]$ (from 가치 함수의 정의)
- TD : $v_\pi(s_t) = \mathbb{E}[r_{t+1} + \gamma v_\pi(s_{t+1})]$ (from 벨만 기대 방정식)

MC는 리턴의 평균을 향해 업데이트되었습니다. 그 이유는 가치 함수의 정의가 애초에 리턴의 기댓값이기 때문입니다. 그러니 리턴들을 여러 개 모아서 평균을 내는 방법론은 죽었다 깨어나도 틀릴 수가 없는 방법론입니다. 샘플마다 리턴이 제각각일지 몰라도 점점 여러 개의 샘플이 모일수록 그 평균은 실제 가치에 수렴하게 됩니다. 말하자면 **편향되어 있지 않은**unbiased, 안전한 방법론인 것입니다.

하지만 TD의 경우는 어떨까요? TD는 현재의 추측치를 다음 스텝의 추측치로 업데이트해주는 방법론이었습니다. 그래서 한 스텝이 지난 다음에 $r_{t+1} + \gamma V(s_{t+1})$ 값을 계산하여 이를 TD 타깃이라고 부르고, TD 타깃과 현재 추측치 사이 차이를 줄여주는 방향으로 업데이트했었습니다. 그런데 여기서 이상한 점이 있습니다. 벨만 방정식의 기댓값 연산자 안의 수식은 $r_{t+1} + \gamma v_{\pi}(s_{t+1})$인데 우리가 업데이트에 사용하는 수식은 $r_{t+1} + \gamma V(s_{t+1})$입니다. 하나는 v_{π}, 다른 하나는 V를 사용합니다. 이는 어떤 차이일까요?

v_{π}는 정책 π의 실제 가치이며 이 값은 아무도 모릅니다. 반면에 V는 현재 우리가 업데이트하고 있는 테이블 안에 쓰여있는 값이며 v_{π}와 같아지기를 바라는 값입니다. 우리의 업데이트 방향이 "안전"하려면 신이 $v_{\pi}(s_{t+1})$의 값을 알려줘서 이를 이용해 업데이트해야 합니다. 하지만 $v_{\pi}(s_{t+1})$의 실제 값은 아무도 모릅니다. 왜냐하면 그 값을 찾으려고 우리가 이 모든 일을 하는 것이니까요. 우리는 이 실제 값을 알지 못하기 때문에 테이블에서 다음 상태의 자리에 담겨있던 값인 $V(s_{t+1})$을 대신 사용하여 업데이트를 하는 것이 최선입니다. 하지만 $V(s_{t+1})$은 우리가 업데이트해 나가고 있는 테이블에 담겨있던 값일 뿐 실제 밸류 값과는 차이가 있습니다.

$$V(s_{t+1}) \neq v_{\pi}(s_{t+1})$$

대문자 V와 소문자 v_{π}를 구분해서 사용하던 것도 이러한 이유 때문입니다. 따라서 실제 TD 타깃인 $r_{t+1} + \gamma v_{\pi}(s_{t+1})$는 **불편 추정량**unbiased estimate이지만, 우리가 사용하는 TD 타깃인 $r_{t+1} + \gamma V(s_{t+1})$은 **편향**biased되었습니다.

이 말인즉슨 우리가 사용하는 TD 타깃은 샘플을 무한히 모아서 지속적으로 업데이트해도 실제 가치에 다가가리라는 보장이 없다는 뜻입니다. 어떤 분은 이쯤에서 그렇다면 TD 방법론은 가져다 버려야 하는 방법론이 아닌가 하고 생각하실 수도 있지만 그렇지 않습니다. 위의 경우처럼 테이블 룩업과 더불어 하나의 조건(TD-zero 사용. Td-zero가 무엇인지는 지금은 몰라도 괜찮습니다)이 추가로 붙으면 TD 타깃이 불편 추정량이라는 정리도 있고, 후에 문제가 커질 때에 뉴럴넷 등의 함수를 도입하게 되면 불편추정량이라는 보장은 없지만 그럼에도 불구하고 실제로 매우 잘 동작한다는 것이 알려져 있습니다. 그럼에도 MC와 TD를 비교해보자면 MC는 불편추정량이고 TD는 편향되어있으니 여기서는 MC에 한 표를 주고 싶습니다. MC 우세!

분산(Variance)

MC는 리턴을 통해 업데이트가 이루어집니다. 리턴이라는 하나의 값을 관찰하기까지 수많은 확률적 과정을 거쳐야 합니다. 그 이유는 리턴을 얻으려면 에피소드 하나가 끝나야 하는데, 에피소드는 수많은 상태 전이와 정책 π의 동전 던지기로 이루어져 있기 때문입니다. 예컨대 그리드 월드에서도 똑같이 s_0에서 시작해도 6걸음 만에 에피소드가 끝날 수도 있고, 운이 좋지 않으면 2만 걸음쯤 걸어가야 할 수도 있습니다. 즉, 리턴이 −6이 될 수도 −2000이 될 수도 있는 것이죠. 우리는 1만 번의 에피소드를 통해 학습해 보았고, 그 결과 s_0에서의 평균 리턴은 대충 −60 정도인 것을 알지만 평균으로부터 각각의 값들이 멀리 퍼져있을 수 있다는 뜻입니다. 이는 곧 **분산**variance 혹은 **변동성**이 크다는 것을 가리킵니다.

반면 TD는 한 샘플만 보면 바로 업데이트가 가능하기 때문에 분산이 작습니다. MC가 수십 개에서 수백 개의 **확률적**stochastic 결과로 이루어진다면 TD는 딱 한 걸음을 떼는 것이 전부이기 때문에 그사이에 확률적 요소랄 게 별로 없습니다. 그래서 TD는 값들이 평균 근처에 몰려있고, 다른 말로는 분산이 작습니다.

좀 더 와 닿는 예시로는 서울 시청에서 출발하여 강릉까지 가는 과정과 시청 앞 편의점까지 가는 과정을 비교해 보겠습니다. 시청에서 강릉까지의 여정 속에는 수많은 확률적 요소가 포함되어 있습니다. 작은 스케일에서는 서울 시내를 빠져나가는 동안 빨간 불에 몇 번 걸릴지, 옆의 차가 끼어들기를 몇 번 할지부터 시작하여 큰 스케일에서는 선택한 고속도로가 얼마나 막힐지에 이르기까지 다양한 운의 요소가 포함되어 있습니다. 그 결과 평균적으로는 강릉까지 2시간 30분이 걸린다고 하지만 각각 확률적 요소들의 뽑기 운이 어떠한가에 따라 2시간이 걸릴 수도 있고 5시간 30분이 걸릴 수도 있습니다. 말하자면 변동성이 큰 것입니다. 하지만 시청에서 편의점까지 가는 과정에는 확률적 요소랄 게 별로 없습니다. 시청 3층에서 출발한다면 엘리베이트를 기다리는 정도로 기껏해야 1~2분의 차이를 만들겠죠. 그러니 변동성이 작습니다. 몬테카를로 방법론이 강릉까지 걸린 시간을 이용해 업데이트하는 것이라면 TD는 그 여정을 잘게 쪼개서 예컨대 편의점까지 가는 시간을 이용해 업데이트하는 것이라고 생각할 수 있습니다. 잘게 쪼갠 만큼 각각의 데이터는 변동성이 적고, 분산이 작습니다.

분산은 학습에서 생각보다 매우 중요한 요소입니다. 이를 이해하려면 각각의 샘플이 "틀린" 답이라는 것을 이해해야 합니다. 샘플의 평균이 정답이지, 샘플 자체는 정답과 다른 값이라는 의미입니다. 예컨대 정답이 0인데 데이터가 −1만에서 1만 사이에서 균등하게 샘플링되는 경우를 생각해 봅시다. 초기값은 10으로 초기화 되어 있습니다. 샘플이 항상 0이 뽑히면 좋겠지만 각각의 샘플은 전혀 다른 값이 뽑힐 것입니다. 예컨대 첫 번째 샘플은 8530이고, 두 번째 샘플은 −3953이고, 세 번째 샘플은 1559입니다. 그러면 각각의 샘플은 매우 크게 틀린 샘플들이고, 10으로 초기화되어있는 값을 각각 8520만큼 증가시키라고, 3963만큼 감소시키라고, 1549만큼 증가시키라고 유도할 것입니다. 처음에는 정답과 초깃값은 10밖에 차이가 나지 않았는데, 업데이트가 진행될수록 오히려 정답으로부터 더 멀어지게 되는 것이죠. 이게 모두 분산 때문입니다. 각각의 데이터가 전혀 다른 방향과 크기로 업데이트를 하는 것이므로 궁극적으로 0에 도달하려면 그만큼 많은 데이터가 필요합니다.

하지만 만일 데이터가 −1에서 1 사이에서 균등하게 샘플링 된다고 생각해보면 틀려봐야 1정도 틀린 데이터가 주어지니까 10으로 초기화된 값을 9만큼 감소하라고 하거나 11만큼 감소하라고 하겠죠. 어느 쪽이든 정답과 가까워지게 됩니다. 그만큼 적은 데이터로도 학습이 가능합니다. 예시에서 들은 첫 번째 분포 [-10000, 10000]와 두 번째 분포 [-1, 1] 모두 평균은 0이지만 분산이 다른 분포이며, 분산이 클수록 학습을 힘들게 합니다. TD는 MC에 비해 분산을 굉장히 많이 줄여줄 수 있기 때문에 분산의 측면에서는 TD의 손을 들어주겠습니다. TD 우세!

종합

종합적으로 보면 MC가 bias라는 한 항목에서 이겼고, 나머지 두 항목에서는 TD가 이겼습니다. 이것만 가지고 어느 것이 더 좋다! 라고 말하기는 어렵겠지만 여러분이 TD를 조금 더 매력적으로 느낀다면 좋겠습니다. 물론 바둑처럼 항상 정해진 스텝 안에 에피소드가 끝나는 경우에는 MC도 매력적인 선택지가 될 수 있겠지만 많은 경우는 그렇지 않기도 하거니와 요즘 나오는 많은 강화 학습 알고리즘들은 대부분 TD의 손을 들어 주고 있습니다.

5.4 몬테카를로와 TD의 중간?

지금까지 MC와 TD가 무엇인지 설명했고, 또 이 둘을 여러 관점에서 비교해 보았습니다. 편향성과 변동성의 측면에서 볼 때 MC는 편향성이 없다는 장점이 있었고, TD는 변동성이 적다는 장점이 있었습니다. 여기서 다음과 같은 자연스러운 질문을 던져볼 수 있습니다.

"MC와 TD의 중간은 없을까?"

MC와 TD의 중간은 없을까요? 정답은… 있습니다! 있으니까 당연히 이런 질문을 했겠죠? 사실 MC는 TD의 한 극단이라는 형태로 생각할 수 있습니다. 이번 소챕터에서는 이러한 관점과 가장 실용적인 선택지에 대해 설명을 하겠습니다.

n 스텝 TD

TD 학습에서 정답지 역할을 했던 TD 타깃을 생각해 보겠습니다.

$$r_{t+1} + \gamma V(s_{t+1})$$

일단 한 스텝만큼 진행하여 실제 보상을 관찰하고, 도착한 상태 s_{t+1}의 가치를 가치함수 V를 이용한 추측을 통해 정의하였습니다. 그런데 여기서 생각해 볼 것이 꼭 한 스텝만 가서 평가해야 할 특별한 이유가 없다는 점입니다. 예를 들어 두 스텝만큼 진행한 후 도달한 상태 s_{t+2}의 가치를 평가할 수도 있습니다. 이러한 경우의 TD 타깃을 수식으로 표현하면 다음과 같습니다.

$$r_{t+1} + \gamma r_{t+2} + \gamma^2 V(s_{t+2})$$

물론 이 타깃값 또한 가치를 학습하는 데에 있어서 좋은 지표가 되는 값입니다. 이와 같은 방법으로 3-스텝, 4-스텝, …, n-스텝을 진행하고 난 뒤의 추측치를 이용할 수도 있습니다.

$$N = 1 : r_{t+1} + \gamma V(s_{t+1})$$
$$N = 2 : r_{t+1} + \gamma r_{t+2} + \gamma^2 V(s_{t+2})$$
$$N = 3 : r_{t+1} + \gamma r_{t+2} + \gamma^2 r_{t+3} + \gamma^3 V(s_{t+3})$$
$$\cdots$$
$$N = n : r_{t+1} + \gamma r_{t+2} + \gamma^2 r_{t+3} + \cdots + \gamma^n V(s_{t+n})$$

위의 모든 값은 올바른 TD 타깃이 될 수 있습니다. 여기서 각각의 타깃 값을 n 스텝 리턴이라고 부릅니다. 여기서 만일 n이 무한으로 간다면 어떻게 될지에 대한 이야기를 해 보겠습니다. 그때 TD 타깃을 수식으로 표현해보면 다음과 같습니다.

$$N = \infty : r_{t+1} + \gamma r_{t+2} + \gamma^2 r_{t+3} + \cdots + \gamma^{T-1} R_T$$

항상 종료하는 MDP라고 가정하고 종료 시점의 스텝을 T라고 하여 T까지만 수식을 써보면 익숙한 수식을 만나게 됩니다. 바로 리턴입니다. 결국 n-step 리턴에서 n이 무한으로 가면 이 값은 그냥 리턴이 됩니다. 리턴을 이용하여 업데이트하는 방식이 바로 MC 방식이었죠. 그러니까 MC는 TD의 한 사례인 셈입니다. MC와 TD가 태생부터 다른 방법론인줄 알았지만, 사실은 이 둘이 하나의 스펙트럼 안에서 연결되는 순간입니다. 한 극단에는 MC가, 다른 한 극단에는 **TD-zero**가 있는 것입니다(N=1인 경우의 TD 타깃을 이용하여 업데이트하는 방법론을 TD(0)라고 표기하며 TD-zero라고 읽습니다).

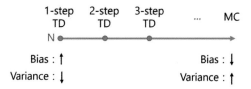

| 그림 5-9 | TD와 MC의 스펙트럼

이처럼 n이 커질수록 점점 TD-zero에서 MC에 가까워지며 그와 동시에 **편향성**bias과 **분산**variance에 관한 성질도 조금씩 바뀌게 됩니다. MC에 가까워질수록 한 번 업데이트할 때 쓰이는 값의 비중에서 추측이 차지하는 비중이 줄어들고, 실제 보상값이 차지하는 비중이 늘어나게 됩니다. 따라서 그림 5-9처럼 MC에 가까워질수록 bias는 줄어들고 variance는 점점 커지게 됩니다. 그러니 실제 문제에서 강화 학습을 이용하여 가치 함수를 찾고자 할 때는 TD(0)도 아니고, MC도 아닌 그사이 어딘가 달콤한 구간을 찾는 것이 좋습니다. 물론 그사이 좋은 구간을 찾는 것은 어려운 문제입니다. 결국, 'n을 몇으로 할 것인가?'에는 어디서나 통용되는 정답은 없습니다. 대신 이런 개념들이 좋은 n의 값을 찾기 위한 실마리가 되지 않을까 싶습니다.

너무 이론적인 이야기만 하다 보니 개념은 이해되는데 실제 사례에서 구체적으로 어떻게 적용될지 궁금한 분들 위해 잠깐 설명하고자 합니다. 여기서 실제 사례란 강화 학습을 적용한 유명한 애플리케이션이 될 수도 있고, 논문이 될 수도 있습니다. 강화 학습에 관심이 있다면 반드시 만나게 되는 알고리즘 중 하나인 A3C라는 알고리즘을 소개한 논문[7]이 있습니다. 논문에서 바로 n-step 리턴을 사용했습니다. 해당 논문의 pseudo code를 살펴봅니다.

---

7 "Asynchronous Methods for Deep Reinforcement Learning (Mnih et al., 2016)"

```
repeat
    Perform $a_t$ according to policy $\pi(a_t|s_t;\theta')$
    Receive reward $r_t$ and new state $s_{t+1}$
    $t \leftarrow t+1$
    $T \leftarrow T+1$
until terminal $s_t$ or $t - t_{start} == t_{max}$
$R = \begin{cases} 0 & \text{for terminal } s_t \\ V(s_t,\theta'_v) & \text{for non-terminal } s_t \text{// Bootstrap from last state} \end{cases}$
for $i \in \{t-1,\ldots,t_{start}\}$ do
    $R \leftarrow r_i + \gamma R$
    Accumulate gradients wrt $\theta'$: $d\theta \leftarrow d\theta + \nabla_{\theta'} \log \pi(a_i|s_i;\theta')(R - V(s_i;\theta'_v))$
    Accumulate gradients wrt $\theta'_v$: $d\theta_v \leftarrow d\theta_v + \partial(R - V(s_i;\theta'_v))^2/\partial\theta'_v$
end for
```

| 그림 5-10 | A3C pseudo code

바로 이 빨간색 부분입니다. For loop을 돌면서 특정 구간의 맨 마지막 스텝에
서는 가치 함수의 평가 값인 V(s)를 넣고, 그 이후에는 gamma를 곱해가면서
실제 보상 값을 더해주는 방식으로 n-스텝 리턴을 계산합니다. 그리고 이 값이
실제 밸류 함수의 학습에 사용됩니다. 이 논문에서는 Atari라는 비디오 게임을
플레이하는 에이전트를 학습시키고, 여기서 n은 5를 사용하였다고 합니다. 물
론 pseudo code를 완전히 이해할 필요는 없습니다. 지금 이런 사례를 보여주
는 것은 우리가 배우고 있는 내용이 우주만큼 먼 추상적인 내용이 아니라 당장
알고리즘을 짤 때 고민해야 하는 부분들임을 상기시키고 싶어서입니다.

CHAPTER

06

MDP를 모를 때
최고의 정책 찾기

이전 챕터에서 Prediction 문제를 풀었다면 이번 챕터에서는 Control 문제를 해결할 차례입니다. 밸류를 계산할 수 있기 때문에 이를 이용해 정책을 찾는 것은 한결 쉽습니다. 그 유명한 Q러닝도 이번 챕터에서 등장합니다.

## CHAPTER 6

MDP를 모를 때 최고의 정책 찾기

자, 우리는 이제 주어진 정책을 평가하는 강력한 방법론인 MC와 TD로 무장하였습니다. 이 방법론들을 이용하여 우리는 어떠한 정책이 주어져도, 심지어 MDP에 대한 정보를 몰라도 각 상태의 가치를 평가할 수 있게 되었습니다. 해당 정책을 따라서 에이전트가 움직이게 한 다음에, 에이전트가 쌓은 경험으로부터 각 상태의 가치를 학습하는 방식이었습니다. 그런데 이는 주어진 정책을 평가하는 방법론일 뿐 최고의 정책을 찾는 방법은 아직 모릅니다. 이번 챕터에서 드디어 최고의 정책을 찾는 방법에 대해 살펴보겠습니다.

잊지 말아야 할 것은 여전히 테이블에 모든 상태의 가치를 담을 수 있을 정도로 상태의 개수나 액션의 개수가 적은 작은 MDP 세팅이라는 점입니다. 또한 MDP에 대한 정보(상태 전이 확률과 보상 함수)를 전혀 모르고 있는 상황입니다. 이런 상황에서 control 방법 중 가장 대표적인 3가지 방법론(몬테카를로 컨트롤, SARSA, Q 러닝)의 이론부터 구현까지 함께 배워봅니다. 그러면 시작하겠습니다.

6.1 몬테카를로 컨트롤

본격적으로 시작하기에 앞서 배웠던 control 방법을 떠올려 봅시다. 챕터 4에서 MDP를 알 때에 최적의 정책 함수를 구하는 방법론을 몇 가지 배웠습니다. 그

중에 정책 이터레이션은 임의의 정책에서 시작하여 정책을 평가하여 밸류를 계산하고, 계산한 밸류에 대해 그리디 정책을 만드는 과정을 계속해서 반복하는 방법이었습니다. 모델-프리 상황에서 그 방법론을 그대로 적용할 수 없을지에 대한 것부터 설명합니다. 챕터 4로부터 달라진 것이라고는 모델-프리로 바뀌었다는 부분뿐입니다. 모델-프리에서는 정책 이터레이션을 그대로 사용할 수 없을까요? 우선 정책 이터레이션의 그림을 다시 살펴보겠습니다.

정책 이터레이션을 그대로 사용할 수 없는 이유

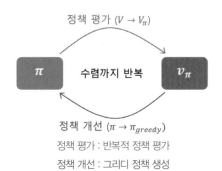

| 그림 6-1 | MDP를 알 때의 정책 이터레이션

그림 6-1과 같이 평가 단계에서는 반복적 정책 평가를, 개선 단계에서는 그리디 정책 생성을 이용했습니다. 이 방법을 모델 프리 상황에서 그대로 사용하기엔 문제가 있습니다. 첫 번째 문제는 평가 단계에서 반복적 정책 평가를 사용할 수 없다는 점입니다. 그 이유를 설명하기 위해 반복적 정책 평가의 핵심이 되었던 벨만 기대 방정식 2단계를 살펴보겠습니다.

$$v_\pi(s) = \sum_{a \in A} \pi(a|s) \left(r_s^a + \gamma \sum_{s' \in S} P_{ss'}^a v_\pi(s') \right)$$

보시다시피 벨만 기대 방정식 2단계에는 MDP에 대한 정보를 알아야만 채워 넣을 수 있는 값들이 있습니다. 위 식에서 r_s^a와 $P_{ss'}^a$이 그것입니다. 즉 어떤 액션을 했을 때 보상이 어떻게 될지, 다음 상태의 확률 분포가 어떻게 될지를 미리 알고 있어야 벨만 기대 방정식을 통해 현재 상태의 가치를 업데이트할 수 있습니다. 하지만 이런 정보를 모델 프리 상황에서는 알 수가 없습니다. 보상을 알려면 직접 액션을 해서 값을 받아야하며 다음 상태가 어디가 될지도 실제로 액션을 해서 어디 도착하는지 봐야만 알 수 있습니다. 그마저도 도착했다는 정보만 알 수 있을 뿐 얼마의 확률로 이 상태에 도착했는지, 다른 상태에 도착할 확률은 얼마인지 등에 대한 정보는 알 수 없습니다. 그러니 벨만 기대방정식 2단계 수식을 적용할 수 없습니다. 따라서 정책 평가 단계에서 반복적 정책 평가를 사용할 수 없는 것이죠. 이것이 모델 프리 상황에서 정책 이터레이션을 사용할 수 없는 첫 번째 이유입니다.

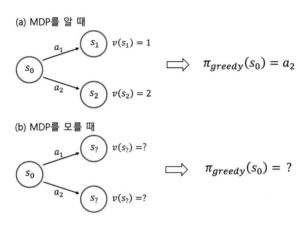

| 그림 6-2 | MDP를 모를 때, $v_\pi(s)$로는 그리디 정책을 생성할 수 없다

두 번째 이유는 정책 개선 단계에서 그리디 정책을 만들 수 없다는 점입니다. 그림 6-2를 통해 설명해보면, 백 번 양보해서 어떻게든 정책 평가를 마친 상황이라고 가정해 봅시다. 즉, 각 상태의 밸류를 알고 있는 상황입니다. 예를 들어 s_1의 밸류는 1이고, s_2의 밸류는 2입니다. MDP의 모든 정보를 안다면 현재 상태 s_0에서 a_1을 선택하면 s_1에 도착하며, a_2를 선택하면 s_2에 도착한다는 것을 알 수 있습니다. 그러므로 밸류에 대한 그리디 정책을 쉽게 만들 수 있습니다. s_0에서의 그리디 정책은 가치가 더 높은 a_2를 선택하는 것입니다.

$$\pi_{greedy}(s_0) = a_2$$

하지만 MDP의 상태 전이에 대한 정보를 모른다면 어떻게 될까요? 현재 상태에서 각 액션을 선택했을 때 다음 상태가 어디가 될지 알 수 없습니다. s_0에서

a_1이나 a_2를 선택했을 때 어떤 상태에 도착하게 될지 전혀 알 수 없다는 뜻입니다. 이런 상황에서는 더 나은 액션을 선택할 수 없습니다. 액션을 선택하면 도달하게 되는 상태의 밸류를 통해 액션의 우열을 판단했는데, 이제는 어떤 상태에 도달할지 알 수 없기 때문에 도착하는 상태의 밸류 또한 비교할 수 없습니다. 그러므로 액션의 우열 또한 비교할 수 없습니다. 이처럼 모델 프리 상황에서 정책 이터레이션을 그대로 적용하려면 여러 문제를 맞닥뜨리게 됩니다. 정책 이터레이션을 적용하기 위해서는 몇 가지 변형이 필요합니다. 그 방법을 차례로 설명하겠습니다.

해결 방법

■ 평가 자리에 MC

첫 번째 문제는 **정책 평가** 단계에서 각 상태의 밸류를 계산하기 위해 반복적 정책 평가를 사용해야 하는데 그것이 불가능하다는 점이었습니다. 하지만 걱정할 필요 없이 챕터 5에서 MDP를 모를 때 밸류를 계산하는 2가지 방법론을 배웠습니다. 그중 하나를 골라 정책 평가 단계에 끼워 넣으면 됩니다. 가장 처음 배웠던 몬테카를로 방법론을 평가 단계에서 사용하면 벨만 기대 방정식 2단계 수식들을 사용하지 않아도 각 상태의 밸류를 평가할 수 있게 됩니다.

■ V 대신 Q

두 번째 문제는 상태 가치 함수인 $v(s)$만 가지고는 **정책 개선** 단계에서 그리디 정책을 생성할 수 없다는 점이었습니다. 그래서 이번에는 $v(s)$ 대신에 상태−액션 가치 함수인 $q(s, a)$를 이용하겠습니다.

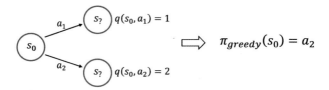

| 그림 6-3 | $q(s, a)$의 값을 알면 그리디 액션을 선택할 수 있다

$q(s, a)$를 알게 되면 신기한 일이 벌어집니다. 바로 MDP에 대한 정보를 몰라도 그리디 액션을 선택할 수 있다는 것입니다. 그림 6-3과 같이 상태 s에서 각 액

선을 선택하면 어느 상태로 도달하는지는 모르겠지만, 여튼 각 액션을 선택하는 것의 밸류는 알겠으니, 밸류가 제일 높은 액션을 선택합니다.

지금까지 이야기한 해결책을 종합해보면 몬테카를로 방법을 이용하여 $q(s, a)$를 구하는 것이 핵심입니다. 그 외에는 정책 이터레이션의 방법론을 그대로 따르는 것이죠. MC를 이용하여 $q(s, a)$ 함수를 계산하고, 평가된 $q(s, a)$를 이용해 새로운 그리디 정책을 만들고, 이 정책에 대해 또 다시 MC를 이용하여 $q(s, a)$를 계산하고… 이 과정을 반복하는 것입니다. 이렇게만 해도 어느 정도 최적 정책을 찾는 것이 가능합니다. 하지만 마지막 한 가지 더 추가할 것이 남아 있습니다. 마치 음식에서 마지막 단계에 향신료를 뿌려서 맛을 돋우는 것처럼 한 가지 중요한 요소가 빠져 있습니다. 그것은 바로 **탐색**exploration입니다.

강화 학습에서 에이전트가 최적의 해를 찾으려면 에이전트는 주어진 MDP 안의 여러 상태를 충분히 탐색해야 합니다. 여러 상태를 보고 각 상태에서 이러저러한 액션들을 모두 해봐야 가장 좋은 액션의 시퀀스를 찾아낼 수 있습니다. 만일 어떤 상태를 학습 내내 한 번도 방문해보지 못한다면 그 상태의 가치는 평가할 수 있는 방법이 전무합니다. 하필 못 가본 상태가 정말 좋은 상태라면 우리의 에이전트는 최적 해를 찾지 못하게 됩니다. 이처럼 에이전트가 다양한 공간을 탐색할 수 있도록 보장해주는 장치가 필요합니다. 그렇다면 지금 이대로는 탐색이 보장되지 않을까요?

말씀드린 정책 이터레이션 과정에서 테이블의 모든 $q(s, a)$ 값을 0으로 초기화 해놓고 학습을 시작하였다고 해 봅시다. MC를 이용해 딱 한 번 업데이트한 순간 $q(s, a_1)$의 값이 0.1로 증가하였습니다. MC는 실제로 실행한 액션의 q 밸류만 업데이트 해주기 때문에, 상태 s에서의 다른 액션들의 밸류인 $q(s, a_2), q(s, a_3), \ldots$는 여전히 0의 값을 갖고 있습니다. 여기서 $q(s, a_1)$의 값이 한 번 치고 나가는 순간 큰일이 납니다. 우리는 개선 단계에서 그리디 정책을 사용하기 때문에 앞으로 평생 상태 s에서는 a_1만 선택될 것입니다. 다른 액션들이 선택될 기회가 영구히 사라지는 것입니다. 다른 액션들이 사실은 더 좋을 수도 있는데 말이죠! 그래서 액션을 항상 그리디하게 선택하면 안 되며 에이전트의 탐색을 보장해 주도록 때때로는 가치가 높지 않은 다른 액션들을 다양하게 선택해 주어야 합니다.

그러면 어떻게 선택을 해야 할까요? 그렇다고 무작정 탐색만을 위해 완전히 랜덤하게 액션을 선택하면 그 에이전트는 너무나 바보같은 에이전트가 되겠죠. 따라서 "탐색의 정도"를 알맞게 맞춰야 합니다. 알맞은 탐색의 정도를 찾기 위한 내용만 책 한 권이 될 수 있을 정도로 방대한 지식이 있지만 여기서 그 이야기를 모두 다룰 수는 없습니다. 따라서 가장 단순하면서도 충분히 강력한 방법론인 **ε – greedy(입실론 그리디)** 소개합니다.

❸ greedy 대신 ε – greedy

입실론 그리디는 무척 간단한 아이디어입니다. ε이라는 작은 확률만큼 랜덤하게 액션을 선택하고, 1−ε이라는 나머지 확률은 원래처럼 그리디 액션을 선택합니다. 수식으로 표현하면 다음과 같습니다.

$$\pi(a|s) = \begin{cases} 1 - \varepsilon \text{ if } a^* = \underset{a}{\operatorname{argmax}} \, q(s,a) \\ \varepsilon \qquad\qquad\qquad \text{otherwise} \end{cases}$$

어렵게 보이지만 사실 별 수식이 아닙니다. ε을 0.1이라고 한다면, 우리의 정책은 90%의 확률로 $q(s,a)$ 값이 가장 높은 액션 a를 선택할 것이고, 나머지 10%의 확률로 여러 액션 중 랜덤하게 하나의 액션을 선택합니다. 즉, 10%의 확률로 다양한 액션을 해보면서도 90%의 확률로 가장 좋은 액션을 선택합니다. 그리디하면서도 어느 정도 탐색을 보장해주는 알고리즘인 것입니다. 여기서 조금 더 좋은 방법론은 ε의 값을 처음에는 높게 하다가 점점 줄여주는 것입니다. 처음에는 아무래도 환경에 대해 아는 것이 없기 때문에 다양한 액션들을 선택하면서 환경에 대한 정보를 충분히 얻어야 하고, 학습이 어느 정도 진행되고 나면 이미 얻은 정보를 바탕으로 조금 더 최선의 선택을 내리는 데에 집중합니다. 이런 방법론을 줄여 나간다는 단어인 decay라는 단어를 이용하여 **decaying ε-greedy**라고 부릅니다. 우리는 몬테카를로 컨트롤을 구현할 때 바로 decaying ε−greedy를 이용할 예정입니다.

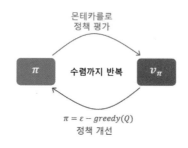

$$\pi = \varepsilon - greedy(Q)$$
정책 개선

| 그림 6-4 | 몬테카를로 컨트롤

몬테카를로 컨트롤을 그림으로 정리해보면 그림 6-4와 같습니다. **정책 평가** 단계에서는 MC를 이용하여 $q(s, a)$를 구하고, **정책 개선** 단계에서는 $q(s, a)$에 대한 ε-greedy 정책을 만듭니다. 더 이상 정책이 바뀌지 않을 때까지 이를 반복하면 결국 최적의 정책을 얻게 됩니다. 디테일만 달라졌을 뿐 챕터 4에서 배운 정책 이터레이션을 그대로 사용하는 방법론입니다.

몬테카를로 컨트롤 구현

개념을 이해하기 위해 이제 직접 만들어 봅니다. 이번에 풀어 볼 문제의 이름은 "업그레이드된 그리드 월드"입니다.

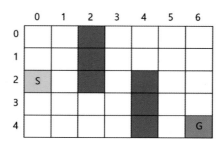

| 그림 6-5 | 업그레이드된 그리드 월드

1 S에서 출발해서 G에 도착하면 끝

2 회색 영역은 지나갈 수 없는 벽이 놓여 있는 곳

3 보상은 스텝마다 -1 (즉 최단 거리로 G에 도달하는 것이 목적)

챕터 4의 말미에서 배웠던 "간략화된 정책 이터레이션"을 사용해 봅니다. 간략화된 정책 이터레이션이라 함은 평가와 개선 단계를 끝까지 진행하지 않고 아

주 얕게 진행하는 것입니다. 기존의 정책 이터레이션이 평가 단계를 수렴할 때까지 진행했던 것과 다르게 평가 단계에서 업데이트를 굳이 수렴할 때까지 하지 않는 것입니다. 일단 가치 테이블에 저장해둔 값들이 조금이라도 바뀌면 그에 대해서 개선 단계를 진행할 수 있기 때문입니다. 즉 얕은 정책 평가 1번과 정책 개선 1번을 번갈아 진행합니다. 보다 구체적으로는 다음과 같습니다.

수렴할 때까지 n번 반복

- 한 에피소드의 경험을 쌓고
- 경험한 데이터로 $q(s,a)$ 테이블의 값을 업데이트하고 (정책 평가)
- 업데이트된 $q(s,a)$ 테이블을 이용하여 ε-greedy 정책을 만들고 (정책 개선)

이 과정을 반복합니다. 그러면 바로 실제 구현으로 넘어가보겠습니다. 모든 소스 코드는 깃허브 저장소[8]에 업로드되어 있습니다.

■ 라이브러리 import

```
import random
import numpy as np
```

라이브러리 import부터 시작합니다. 이번에는 $q(s,a)$를 담아두기 위해 numpy 라이브러리를 import합니다. $q(s,a)$를 numpy array 형태로 관리합니다.

■ GridWorld 클래스

```
class GridWorld():
    def __init__(self):
        self.x=0
        self.y=0

    def step(self, a):
        # 0번 액션: 왼쪽, 1번 액션: 위, 2번 액션: 오른쪽, 3번 액션: 아래쪽
        if a==0:
            self.move_left()
        elif a==1:
```

```
                self.move_up()
        elif a==2:
            self.move_right()
        elif a==3:
            self.move_down()

        reward = -1   # 보상은 항상 -1로 고정
        done = self.is_done()
        return (self.x, self.y), reward, done

    def move_left(self):
        if self.y==0:
            pass
        elif self.y==3 and self.x in [0, 1, 2]:
            pass
        elif self.y==5 and self.x in [2, 3, 4]:
            pass
        else:
            self.y -= 1

    def move_right(self):
        if self.y==1 and self.x in [0, 1, 2]:
            pass
        elif self.y==3 and self.x in [2, 3, 4]:
            pass
        elif self.y==6:
            pass
        else:
            self.y +=1

    def move_up(self):
        if self.x==0:
            pass
        elif self.x==3 and self.y==2:
            pass
        else:
            self.x -= 1

    def move_down(self):
        if self.x==4:
            pass
        elif self.x==1 and self.y==4:
            pass
        else:
```

```
            self.x+=1

    def is_done(self):
        if self.x==4 and self.y==6: # 목표 지점인 (4,6)에 도달하면 끝난다
            return True
        else:
            return False

    def reset(self):
        self.x = 0
        self.y = 0
        return (self.x, self.y)
```

가장 먼저 환경에 해당하는 클래스를 정의합니다. 클래스의 이름은 Grid-World로 합니다. GridWorld 클래스의 가장 중요한 함수(메서드)는 step 함수로 에이전트로부터 액션을 받아서 다음 상태와 보상, 에피소드가 끝났는지 여부를 리턴해주는 함수입니다. 나머지 기타 함수들은 이 step 함수를 잘 동작하기 위해 존재한다고 보셔도 좋습니다. 벽에 막혀 있을 때 벽의 방향으로 진행하는 액션은 모두 무효 처리하기 위해 move 함수가 약간 복잡해졌을 뿐 챕터 5에서 본 코드와 거의 유사합니다.

▪ QAgent 클래스

```
class QAgent():
    def __init__(self):
        self.q_table = np.zeros((5, 7, 4)) # q밸류를 저장하는 변수. 모두 0으로 초기화
        self.eps = 0.9
        self.alpha = 0.01

    def select_action(self, s):
        # eps-greedy로 액션을 선택해준다
        x, y = s
        coin = random.random()
        if coin < self.eps:
            action = random.randint(0,3)
        else:
            action_val = self.q_table[x,y,:]
            action = np.argmax(action_val)
        return action
```

```
    def update_table(self, history):
        # 한 에피소드에 해당하는 history를 입력으로 받아 q 테이블의 값을 업데이
        트 한다
        cum_reward = 0
        for transition in history[::-1]:
            s, a, r, s_prime = transition
            x,y = s
            # 몬테카를로 방식을 이용하여 업데이트
            self.q_table[x,y,a] = self.q_table[x,y,a] + self.alpha * (cum_reward
            - self.q_table[x,y,a])
            cum_reward = gamma*cum_reward + r

    def anneal_eps(self):
        self.eps -= 0.03
        self.eps = max (self.eps, 0.1)

    def show_table(self):
        # 학습이 각 위치에서 어느 액션의 q 값이 가장 높았는지 보여주는 함수
        q_lst = self.q_table.tolist()
        data = np.zeros((5, 7))
        for row_idx in range(len(q_lst)):
            row = q_lst[row_idx]
            for col_idx in range(len (row)):
                col = row[col_idx]
                action = np.argmax(col)
                data[row_idx, col_idx] = action
        print(data)
```

환경에 해당하는 객체를 정의하였으니 이번에는 에이전트에 해당하는 객체를
정의합니다. 에이전트 객체는 내부에 $q(s, a)$의 값을 저장하기 위한 테이블을 갖
고 있고, 이 테이블은 실제로 에이전트가 액션을 선택할 때 사용됩니다. select_
action 함수를 통해 상태 s를 인풋으로 받아 s에서 알맞은 액션을 입실론 그리
디 방식을 통해 선택합니다. 이를 위해 내부에 epsilon이라는 값도 들고 있습니
다. Epsilon의 값은 0.9에서 시작하여 0.1까지 선형적으로 줄어듭니다. update_
table 함수는 실제로 테이블의 값을 업데이트 해주는 함수입니다. 하나의 에피
소드에 해당하는 데이터를 받아서 MC 방법으로 테이블의 값을 업데이트합니
다. anneal_eps 함수는 epsilon의 값을 점차 조금씩 줄여주기 위해 필요한 함
수이고, show_table 함수는 학습이 끝난 후에 상태별로 $q(s, a)$의 값이 가장 큰

액션을 뽑아서 보여주는 함수입니다. 이렇게 에이전트와 환경에 해당하는 코드 구현이 끝났습니다. 이 객체들을 이용하여 실제로 학습해 봅니다.

■ 메인 함수

```python
def main():
    env = GridWorld()
    agent = QAgent()

    for n_epi in range(1000): # 총 1,000 에피소드 동안 학습
        done = False
        history = []

        s = env.reset()
        while not done: # 한 에피소드가 끝날 때 까지
            a = agent.select_action(s)
            s_prime, r, done = env.step(a)
            history.append((s, a, r, s_prime))
            s = s_prime
        agent.update_table(history) # 히스토리를 이용하여 에이전트를 업데이트
        agent.anneal_eps()

    agent.show_table() # 학습이 끝난 결과를 출력
```

에이전트와 환경을 만들고, 하나의 에피소드가 끝날 때까지 history라는 변수에 상태 전이 과정을 모두 저장해 두었다가, 에피소드가 끝난 순간 해당 변수를 이용해 에이전트 내부의 q 테이블을 업데이트합니다. 그리고 epsilon의 값을 조금씩 줄여줍니다. 그렇게 총 1천 번의 에피소드 동안 학습을 하고 나면 최종 결과를 출력합니다. 코드를 돌리면 그림 6-6과 같은 결과가 나옵니다.

```
[[3. 3. 0. 3. 2. 2. 3.]
 [3. 3. 0. 2. 2. 2. 3.]
 [2. 3. 0. 1. 0. 3. 3.]
 [3. 2. 2. 1. 0. 3. 3.]
 [2. 1. 1. 1. 0. 2. 0.]]
```

| 그림 6-6 | MC 컨트롤 학습 결과

위 표는 각 상태에서 $q(s, a)$ 값이 가장 높은 액션을 표시한 결과입니다. 이를 좀 더 직관적으로 표현해보면 다음 그림과 같습니다.

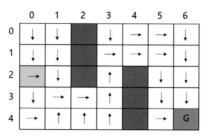

| 그림 6-7 | MC 컨트롤 학습 결과

어떤가요? 노란색 칸에서 출발하여 화살표만 따라가면 최적의 경로로 초록색 칸에 도달하나요? 그렇다면 학습이 아주 잘 된 것을 확인할 수 있습니다. 사실을 말하자면 위 학습 결과는 매번 학습을 실행할 때마다 달라집니다. 왜냐하면 액션을 선택하는 과정에서 **ε-greedy**라는 확률적 요소가 들어가 있기 때문에 에피소드마다 방문하는 상태가 달라집니다. 그에 따라 테이블의 업데이트 양상도 달라지고, 따라서 전체적인 학습 과정이 달라집니다. 위 결과는 3번 돌려서 가장 결과가 가장 잘 나온 경우를 그린 것입니다. 심지어 운이 안 좋으면 액션이 루프를 만들어 무한 루프를 돌게 되기도 합니다. 그러니 여러분도 혹시 1번 돌렸을 때에 학습이 잘 안 되었다고 해서 좌절 말고, 몇 번 더 돌려봅니다. 본 코드에서 사용된 하이퍼 파라미터(학습이 돌기 전에 정해줘야 하는 파라미터들. 예컨대 입실론의 초깃값, alpha 값 등)들은 특별히 튜닝된 값이 아닙니다. 아마 이 값들을 더 최적화한다면 더 안정적으로 학습이 되도록 만들 수 있을 것입니다. 그런 것을 직접 해보면 감을 익히기에 큰 도움이 될 것입니다.

6.2 TD 컨트롤 1 - SARSA

이렇게 MC 컨트롤이 무엇인지 그 개념과 실제 구현까지 함께 살펴보았습니다. 핵심은 평가 단계에서 MC를 사용하는 것입니다. 그러면 우리는 다음과 같은 자연스러운 궁금증을 가지게 됩니다.

"MC 대신 TD를 사용하면 안 될까?"

분명 챕터 5에서 TD가 MC에 비해 여러 장점이 있다고 배웠습니다. 대표적으로 분산이 훨씬 작다거나, 에피소드가 끝나지 않아도 온라인으로 학습할 수 있다는 장점이 있었습니다. MC든 TD든 결국 하늘만이 알고 있는 실제 밸류에 가까워지도록 테이블의 값을 수정해 나가는 과정인데, TD는 경험으로부터 얻은 샘플을 통해 실제 값을 추측하여 추측치에 가까워지도록 업데이트 하는 방법이었습니다. 그러면 위의 정책 이터레이션의 평가 단계에 MC 대신 TD를 해도 가능할까요? 정답은 당연히 가능합니다.

MC 대신 TD

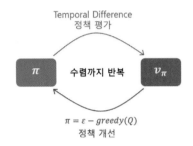

| 그림 6-8 | 정책 평가 단계에 TD가 들어간 정책 이터레이션

그림 6-8과 같이 정책 평가 단계에서 MC 대신 TD를 이용해보겠습니다. 즉, TD를 이용해 $q(s, a)$를 구해 봅니다. 그런데 TD를 이용해 Q를 계산하는 접근법을 가리키는 특별한 이름이 따로 있습니다. 바로 **SARSA**입니다. 이름의 유래는 그림 6-9에서 확인할 수 있습니다.

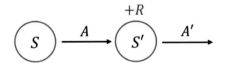

| 그림 6-9 | SARSA 의 기원

그림과 같이 상태 s에서 액션 a를 선택하면 보상 r을 받고 상태 s'에 도착하고, 상태 s'에서는 다음 액션 a'을 선택합니다. 이 5개의 알파벳을 이어서 적으면 SARSA가 됩니다. 그래서 알고리즘의 이름이 SARSA인 것입니다. 구체적인 업데이트 식은 아래와 같습니다. 기존에 배웠던 TD를 이용한 V 학습에 사용되는 식과 이번에 사용하게 될 Q 학습에 사용되는 식을 나란히 적어 보았습니다.

$$\text{TD로 V 학습} : V(S) \leftarrow V(S) + \alpha(R + \gamma V(S') \text{-} V(S))$$
$$\text{TD로 Q 학습(SARSA)} : Q(S, A) \leftarrow Q(S, A) + \alpha(R + \gamma Q(S', A') \text{-} Q(S, A))$$

차이가 보이시나요? 사실 V가 Q로 바뀐 것 빼고는 다를 것이 별로 없다는 것을 확인하실 수 있습니다. 이 식은 앞서 챕터 3에서 배웠던 벨만 기대 방정식 0단계를 복습해 봅시다.

$$\text{TD로 V 학습} : v_\pi(s_t) = \mathbb{E}_\pi[r_{t+1} + \gamma v_\pi(s_{t+1})]$$
$$\text{TD로 Q 학습(SARSA)} : q_\pi(s_t, a_t) = \mathbb{E}_\pi[r_{t+1} + \gamma q_\pi(s_{t+1}, a_{t+1})]$$

보시다시피 업데이트 식에서 **TD 타깃**에 해당하는 식이 모두 벨만 기대 방정식으로부터 나온 것임을 확인할 수 있습니다. 기댓값 안의 샘플을 무수히 모으면 결국 실제 가치와 가까워질 것이기 때문에 에이전트를 환경에 던져 놓고, 에이전트가 자신의 정책 함수 π를 이용해 자유롭게 거닐게 하다가 한 스텝의 데이터가 생성될 때마다 이 데이터를 통해 TD 타깃을 계산하여 기존의 테이블에 있던 값들을 조금씩 업데이트해 나가는 방식입니다. 바로 구현을 살펴보겠습니다.

SARSA 구현

환경에 해당하는 GridWorld 클래스는 앞서 MC에서 짰던 코드를 그대로 재사용할 예정입니다. 왜냐하면 환경이 바뀐 것이 아니라 에이전트의 업데이트 방식이 바뀐 것이기 때문입니다. 따라서 여기에 다시 소개하지는 않겠습니다. 대신 에이전트에 해당하는 QAgent 클래스의 코드가 조금 바뀌었습니다.

```python
class QAgent():
    def __init__(self):
        self.q_table = np.zeros((5, 7, 4)) # 마찬가지로 Q 테이블을 0으로 초기화
        self.eps = 0.9

    def select_action(self, s):
        x, y = s
        coin = random.random()
        if coin < self.eps:
            action = random.randint(0, 3)
```

```
        else:
            action_val = self.q_table[x,y,:]
            action = np.argmax(action_val)
        return action

    def update_table(self, transition):
        s, a, r, s_prime = transition
        x,y = s
        next_x, next_y = s_prime
        a_prime = self.select_action(s_prime) # s'에서 선택할 액션 (실제로 취한
        액션이 아님)
        # SARSA 업데이트 식을 이용
        self.q_table[x,y,a] = self.q_table[x,y,a] + 0.1 * (r + self.q_table[next_
                                x,next_y,a_prime] - self.q_table[x,y,a])

    def anneal_eps(self):
        self.eps -=0.03
        self.eps = max(self.eps, 0.1)

    def show_table(self):
        q_lst = self.q_table.tolist()
        data = np.zeros((5, 7))
        for row_idx in range(len(q_lst)):
            row = q_lst[row_idx]
            for col_idx in range(len (row)):
                col = row[col_idx]
                action = np.argmax(col)
                data[row_idx, col_idx] = action
        print(data)
```

나머지는 모두 그대로이지만 update_table 함수가 조금 바뀌었습니다. MC에서
는 update_table 함수가 에이전트가 경험한 history 전체를 인자로 받았지만,
이제는 **트랜지션**transition을 인풋으로 받습니다. 트랜지션은 상태 전이 1번을 뜻
합니다. 상태 s에서 a를 해서 보상 r을 받고 상태 s'에 도달했다면 (s, a, r, s')이
하나의 트랜지션입니다. TD 학습은 샘플 하나만 생기면 바로 업데이트할 수 있
기 때문에 history 대신 트랜지션을 이용해 업데이트 하는 방식으로 바뀐 것입
니다. 업데이트 식도 SARSA 업데이트 식을 그대로 적용하였습니다. 그 외의
함수들은 변한 것이 없습니다. 이제 환경과 에이전트의 정의가 끝났으니 바로
학습을 돌려보겠습니다.

```
def main():
    env = GridWorld()
    agent = QAgent()

    for n_epi in range(1000):
        done = False

        s = env.reset()
        while not done:
            a = agent.select_action(s)
            s_prime, r, done = env.step(a)
            agent.update_table((s,a,r,s_prime))
            s = s_prime
        agent.anneal_eps()

    agent.show_table()
```

QAgent가 update_table 함수를 호출하는 주기가 달라졌습니다. 이전에 MC에서는 한 에피소드가 끝나고 update_table을 호출했다면 이제는 한 스텝이 끝날 때마다 update_table 함수를 호출합니다. 해당 트랜지션 데이터를 이용해 바로바로 Q 테이블을 업데이트하는 것입니다. 이렇게 학습된 결과를 보기 쉽게 표현해보면 다음과 같습니다. 각 상태에서 q 밸류가 가장 높은 액션을 화살표 방향으로 표시하였습니다.

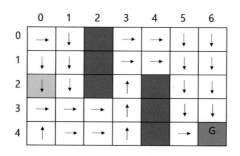

| 그림 6-10 | SARSA 학습 결과

출발 지점에서 시작하여 화살표를 따라가면 도착 지점까지 최단 경로를 통해 도달하는 것을 확인할 수 있습니다. 즉, **최적 해**optimal solution를 찾은 것입니다. 실제로 학습해보면 시작에서 종료까지 최적 해를 따라가긴 하는데, 학습 도중

어떤 상태를 얼만큼 **탐색**exploration했는가에 따라 경로 바깥의 칸들, 예컨대 (0, 0)이나 (4, 0), (0, 6)과 같은 귀퉁이의 칸들의 최적 액션은 가끔 이상한 방향을 가리키기도 합니다. 그만큼 다양한 상태를 충분히 여러 번 방문하도록 보장해 주는 것이 중요함을 알 수 있습니다.

6.3 TD 컨트롤 2 - Q러닝

앞서 TD를 이용하여 최적의 정책 찾는 방법을 살펴 보았습니다. 이번에는 마찬가지로 TD를 이용하여 최적의 정책을 찾는 방법을 소개하고자 합니다. 그 이름은 바로 Q러닝입니다. Q러닝은 아마도 많은 분들이 이미 들어보셨을 수 있습니다. 심지어 TD가 무엇인지, MC가 무엇인지 들어보기도 전에 Q러닝부터 들어보고 강화 학습을 접한 분들이 있을 정도로 유명한 알고리즘입니다. 그 이유는 아마도 처음으로 강화 학습이 딥러닝과 결합되어 멋진 성과를 보여준 연구가 바로 Q러닝을 이용했기 때문일 것입니다. 이 연구는 2015년에 "Human-level control through deep reinforcement learning"이라는 제목의 논문[9]으로 네이처지에 출판되었고, 딥러닝과 강화 학습의 Q러닝을 결합한 딥 Q러닝이라는 알고리즘을 이용해 고전 비디오 게임인 아타리 2600을 사람 수준으로 플레이 하는 에이전트를 학습시켰습니다.

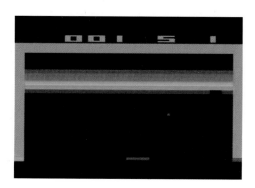

| 그림 6-11 | 아타리 2600 게임 중 하나인 벽돌 깨기 중 한 장면

---

9 Mnih, Volodymyr, et al. "Human-level control through deep reinforcement learning." Nature 518.7540 (2015): 529.

그림과 같이 벽돌 깨기를 사람만큼 잘하는 에이전트를 학습한 것입니다. 강화 학습 에이전트가 스타크래프트도 프로 게이머 수준으로 플레이하는 요즘 시대에는 그리 새로운 것이 아니라고 느껴질 수 있겠지만 당시에는 강화 학습과 딥러닝 결합의 서막을 여는 사건이었습니다. 실제로 이후에 강화 학습과 딥러닝이 결합된 연구가 쏟아져 나왔죠. 강화 학습에 딥러닝을 접목하는 것은 이후의 챕터에서 차차 배울 것이고, 우리는 먼저 Q러닝부터 배워보겠습니다. 유념해야 할 것이 우리가 배우고 있는 지금 단계에서 아직 딥러닝이 도입되지 않았고, 여전히 테이블을 만들어서 Q함수를 기록해 두고, 그 값을 업데이트하는 방식으로 학습이 진행될 것입니다.

그렇다면 다시 TD 컨트롤의 이야기로 돌아와서, SARSA와 Q러닝 모두 TD를 이용한 컨트롤 방법론인데, 그 차이는 무엇일까요? 그 근본적인 차이를 이야기하려면 먼저 **off-policy**와 **on-policy**에 대해 이해해야 합니다.

Off-Policy와 On-Policy

| 그림 6-12 | PC방에서 친구가 게임 하는 것을 보면서 학습할 수 있을까?

이해하기 쉽게 두 친구 민준이와 찬우가 PC방에 가서 벌어지는 일을 생각해 봅시다. 둘은 스타크래프트라는 게임을 하려고 합니다. 민준이와 찬우 모두 이 게임을 정말 잘하고 싶어서 연습을 하려고 하는데 찬우가 지갑을 놓고 왔습니다. 그래서 민준이 혼자 연습하기로 하고 찬우는 뒤에서 민준이가 연습하는 과정을 보기로 하였습니다. 이때 민준이의 게임 실력이 향상되리라 기대하는 것은 자연스럽습니다. 실제로 본인이 직접 게임을 해보며 안 좋았던 플레이는 보완하고,

좋았던 플레이는 다듬으면서 말하자면 강화 학습을 할 수 있기 때문입니다. 그런데 여기서 직접 게임을 하고 있지는 않은 찬우의 입장에서 생각해 봅시다. 찬우는 친구의 경험을 관찰만 하고 있습니다. 여기서 과연 찬우도 게임 실력을 증진시킬 수 있을까요? 여러분은 어떻게 생각하시나요? 정답은 "찬우도 실력을 증진시킬 수 있다." 입니다. 여기서 민준이와 찬우가 게임을 학습하는 방식이 각각 강화 학습의 on-policy 학습과 off-policy 학습에 대응됩니다.

- **On-Policy** : 타깃 정책과 행동 정책이 같은 경우(직접 경험 – 민준)
- **Off-Policy** : 타깃 정책과 행동 정책이 다른 경우(간접 경험 – 찬우)

여기서 **타깃 정책**target policy이란 강화하고자 하는 목표가 되는 정책입니다. 학습의 대상이 되는 정책이고, 계속해서 업데이트 됨에 따라 점점 강화되는 정책입니다. 반면 **행동 정책**behavior policy은 실제로 환경과 상호 작용하며 경험을 쌓고 있는 정책을 뜻합니다. 그리고 on-policy 학습 방식은 **타깃 정책**target policy과 **행동 정책**behavior policy이 일치하는 경우입니다. 지금까지 우리가 배운 내용 모두 on-policy 상황이었습니다. 경험을 쌓는 정책이 곧 강화되고 있는 정책이었죠. 예컨대 위의 상황에서 민준이의 경우 자신이 직접 게임을 플레이하고 있기 때문에 타깃 정책과 행동 정책이 일치하는 on-policy 상황입니다. 반면 찬우의 경우는 타깃 정책과 행동 정책이 일치하지 않는 off-policy 학습을 하고 있습니다. 자신이 강화하고자 하는 것은 자신의 뇌 안에 있는 타깃 정책입니다. 실제로 환경에서 경험을 쌓고 있는 정책은 민준이의 정책이기 때문입니다. 말하자면 간접 경험을 통해 게임 실력을 늘리는 것입니다.

여기서 off-policy 강화 학습과 챕터 1에서 배운 개념인 지도 학습을 혼동해서는 안 됩니다. 언뜻 보면 다른 사람이 하는 무언가를 보고 배우는 것이어서 비슷한 개념이라고 헷갈릴 수 있지만 둘은 엄연히 다릅니다. 만일 찬우가 민준이의 플레이를 그대로 따라한다면 이는 민준이가 찬우에게 게임하는 법을 가르쳐 주는 것과 다름 없으며 지도 학습이라고 부를 수 있습니다. 이 경우에 찬우의 머리 속에서 학습하는 내용은 다음과 같습니다.

- 민준이는 일꾼을 10마리 뽑고, 병영이라는 건물을 짓는구나.
  - ▶ 나도 이 타이밍에 병영을 지어야겠다.

- 민준이는 정찰을 할 때 지도의 여러 곳을 이러한 순서로 이동하는구나.
  - ▶ 나도 이와 같은 순서로 이동해야겠다.
- 민준이는 해병과 탱크를 같이 조합해서 사용하는구나.
  - ▶ 나도 해병과 탱크를 조합해야겠다.

이처럼 찬우는 민준이의 행동을 그대로 따라하는 방식으로 학습합니다. 만약 민준이의 행동이 모든 상황에서 최적이라면 지도 학습은 정말 효과적인 방법입니다. 하지만 민준이의 행동 중에 좋지 않은 행동이 있다면 찬우는 그 행동마저 따라하게 될 것입니다. 하지만 off-policy 학습은 강화 학습에 해당하며 무조건 민준이의 행동을 따라하도록 학습하지 않습니다. 그보다는 다음에 가깝습니다.

- 일꾼을 10마리 뽑고 병영을 지으면 초반에 강한 공격이 가능하지만, 후반에 자원이 부족하구나.
  - ▶ 나는 일꾼을 15마리를 뽑고 병영을 지어야겠다.
- 정찰을 할 때 지도의 여러 곳을 민준이가 정한 순서로 방문하면 효율적이구나.
  - ▶ 나도 그렇게 해야겠다.
- 해병과 탱크를 조합해서 사용하면 상대의 공중 유닛에 취약하구나.
  - ▶ 나는 기지에 공중 유닛을 방어하는 건물을 지어야겠다.

이처럼 민준이가 쌓은 경험 중에 결과가 좋았던 것은 그대로 따라하기도 하지만, 결과가 좋지 않았던 것은 수정하기도 합니다. 경험을 쌓는 부분은 온전히 민준이의 경험에 의존하고 있지만 찬우의 플레이 방식은 민준이의 것과 다를 수 있는 상황입니다. 이것이 바로 off-policy 학습입니다.

Off-policy 학습의 장점

Off-policy 학습이 어떤 것인지 대충 감이 오셨다면 왜 off-policy 학습이 필요한지 알아볼까요? 우선 off-policy 학습이 가지고 있는 장점을 몇 가지 정리해보겠습니다. 아래의 장점들은 on-policy 학습에서는 누릴 수 없는 혹은 상대적으로 누리기 어려운 요소들입니다.

■ 과거의 경험을 재사용할 수 있다

에이전트의 초기 정책 함수를 π_0라고 해 봅시다. 이 에이전트를 환경에다가 가져다 놓고 경험을 쌓게 하였다고 가정해 봅시다. 앞서 SARSA에서 보았던 것처럼 경험을 트랜지션이라는 단위로 나누어 (s, a, r, s')로 표현하겠습니다. 상태 전이 1번을 경험 1개로 세는 것인데, 상태 s에서 액션 a를 했더니 보상 r을 받고 상태 s'에 도착했다는 뜻입니다. π_0를 업데이트 하기 위해 경험 100개를 쌓았다고 한다면, $(s, a, r, s')_1$, $(s, a, r, s')_2$, $\cdots$, $(s, a, r, s')_{100}$ 이렇게 100개의 경험을 이용하여 π_0를 π_1으로 아주 조금 업데이트 했습니다. 여기서 on-policy 방법으로 다시 π_1을 학습하려면 π_1을 이용해서 경험을 다시 처음부터 쌓아야 합니다. 왜냐하면 π_1과 π_0는 차이가 크지 않더라도 엄연히 서로 다른 정책이기 때문입니다. 이전에 100개의 경험을 쌓을 때의 행동 정책은 π_0였고, 현재 강화하고자하는 타깃 정책은 π_1입니다. on-policy 방법론은 반드시 행동 정책과 타깃 정책이 동일해야 하기 때문에 π_1을 on-policy 방식으로 학습하기 위해서는 π_1을 이용하여 새롭게 100개의 경험을 쌓아야 합니다. 이는 데이터의 효율성 측면에서 단점이 될 수 있습니다.

하지만 off-policy 방법론의 경우 타깃 정책과 행동 정책이 달라도 되기 때문에 과거의 정책인 π_0가 경험한 샘플들을 π_1의 업데이트에 그대로 재사용할 수 있습니다. π_1뿐만 아니라 계속 학습이 진행되어 이후에 π_{1000}까지 가더라도 가장 처음에 쌓은 데이터를 재사용할 수 있게 되니 효율성 측면에서 커다란 이득을 누릴 수 있습니다.

■ 사람의 데이터로부터 학습할 수 있다

Off-policy 방법론의 행동 정책에는 어떤 정책을 가져다 놔도 됩니다. 물론 행동 정책과 타깃 정책 사이의 차이가 얼마나 큰지에 따라 학습의 효율성은 달라지겠지만, 원론적으로는 행동 정책은 그저 환경과 상호작용하며 경험을 쌓을 수만 있다면 그 무엇이든 상관없습니다. 이 말인즉슨 다른 행동 정책의 종류(?)에는 제약이 없다는 뜻입니다. 예컨대 바둑을 플레이 하는 에이전트를 학습시킨다고 할 때에 프로 바둑 기사가 뒀던 기보를 활용할 수도 있습니다.

(s, a, r, s')로 이루어진 데이터만 있다면 학습에 쓸 수 있기 때문입니다. 보통 에이전트는 랜덤 정책으로 초기화하고 학습을 진행하는데, 랜덤 정책이 쌓는 데

이터의 질은 매우 낮기 마련입니다. 하지만 기존 전문가가 만들어 내는 양질의 데이터를 학습에 사용한다면 학습 초기의 무의미한 행동을 하는 단계를 빨리 지나 학습 속도를 끌어올릴 수 있습니다.

3 일대다, 다대일 학습이 가능하다

이 책의 범위를 벗어나는 내용이지만 이런 것도 가능합니다. 동시에 여러 개의 정책을 학습시킨다고 가정해 봅시다. Off-policy 학습을 이용하면 이중에서 단 1개의 정책만 경험을 쌓게 두고, 그로부터 생성된 데이터를 이용해 동시에 여러 개의 정책을 학습시킬 수 있습니다. 반대로 동시에 여러 개의 정책이 겪은 데이터를 모아서 단 1개의 정책을 업데이트 할 수도 있겠죠. 어떤 에이전트의 정책은 굉장히 실험적인 행동을 하여 환경의 여러 상태들을 방문하며 다양한 경험에 쌓는데 특화되어 있고, 다른 에이전트의 정책은 현재까지 알고 있는 정보를 바탕으로 최고의 성능을 내는데 집중한다면 이 두 에이전트가 겪는 경험의 질은 전혀 다를 것입니다. 이렇게 다양한 데이터를 가지고 학습한다면 더 좋은 성능을 기대해 볼 수 있습니다. 이처럼 행동 정책이 타깃 정책과 달라도 된다는 장점은 다양한 관점에서 학습을 자유롭게 합니다.

이렇게 off-policy 학습이란 무엇인지 배워보았습니다. off-policy 학습이 가능하면 여러 가지 자유로운 이점을 누릴 수 있습니다. 타깃 정책과 행동 정책이 달라도 괜찮습니다. 달라도 괜찮다는 뜻은 같아도 괜찮다는 뜻이므로 어떻게 보면 off-policy 학습이 on-policy 학습의 상위 호환이라고 볼 수도 있습니다. 이전에 배운 SARSA 알고리즘이 on-policy 알고리즘이었다면 이제 배워 볼 Q 러닝은 바로 off-policy 알고리즘입니다. 그러면 Q러닝의 구체적인 내용으로 넘어가 보겠습니다.

Q러닝의 이론적 배경 - 벨만 최적 방정식

챕터 3에서 배웠던 벨만 최적방정식을 잠시 복습하겠습니다. 최적의 액션 밸류 $q_*(s,a)$에 대한 식으로, $q_*(s,a)$는 이 세상에 존재하는 모든 정책들 중에 얻게 되는 가장 좋은 정책을 따를 때의 가치를 나타내는 함수입니다. 이를 수식으로 표현하면 다음과 같습니다.

$$q_*(s, a) = \max_\pi q_\pi(s, a)$$

q_*를 알게 되는 순간 우리는 주어진 MDP에서 순간마다 최적의 행동을 선택하며 움직일 수 있습니다. 상태마다 q_*의 값이 가장 높은 액션을 선택하면 되기 때문입니다. 이를 수식으로 표현하면 아래와 같습니다.

$$\pi_* = \operatorname*{argmax}_a q_*(s, a)$$

그러니 우리의 목적은 최적의 액션-가치 함수인 q_*를 찾는 것입니다. 이 q_*를 대체 어떻게 찾느냐에 대한 해답은 벨만 최적 방정식에 있습니다. 벨만 최적 방정식 2단계 수식 중에 다음과 같은 수식이 있었습니다. 이 수식이 낯설다면 지금이 복습하기에 최고의 시간입니다.

$$q_*(s, a) = r_s^a + \gamma \sum_{s' \in S} P_{ss'}^a \max_{a'} q_*(s', a')$$

이 수식은 $q_*(s, a)$가 $q_*(s', a')$과 어떤 관계에 있는지를 재귀적으로 나타내는 식입니다. 하지만 MDP에 대한 정보를 전혀 모르기 때문에 위의 식을 그대로 이용할 수는 없습니다. 실제 액션 a를 해보기 전까지는 다음 상태가 어디가 될지, 보상은 얼마나 받을지 알 수 없습니다.

어떻게 접근해야 하는지 감이 오시나요? 앞의 경우를 생각해 봅니다. 이런 상황에서는 보통 기댓값을 이용하여 벨만 방정식 중에서 기댓값이 들어가 있는 수식들을 이용했죠. 기댓값이 들어가 있는 형태의 식에서 기댓값 부분을 바로 여러 개의 샘플을 이용해서 계산하고, 그냥 여러 번 경험을 쌓은 다음에 각 경험으로부터 얻은 기댓값 연산자 안의 항을 평균내면 그 평균이 대수의 법칙에 의해 실제 기댓값으로 다가간다는 성질을 이용했습니다. 이번에도 마찬가지로 벨만 최적방정식 0단계 수식을 이용하겠습니다.

$$q_*(s, a) = \mathbb{E}_{s'} \left[r + \gamma \max_{a'} q_*(s', a') \right]$$

일단 식에 기댓값이 나오기 시작하면 마음이 조금 편해지셔도 좋습니다. 기댓값 안의 부분을 여러 샘플을 통해 계산해주면 되기 때문입니다. 위 식을 이용하여 TD 학습을 하면 끝입니다. $q_*(s, a)$의 값을 담아 놓기 위한 테이블을 만들고, $r + \gamma \max_{a'} q_*(s', a')$를 정답이라 보고 그 방향으로 조금씩 업데이트해 나가도록 하겠습니다. 비교를 위해 기존 SARSA에서 업데이트에 사용되었던 식과 Q러닝에서 업데이트에 쓰일 식을 나란히 써 보겠습니다.

$$\text{SARSA} : Q(S,A) \leftarrow Q(S,A) + \alpha(R + \gamma Q(S', A') - Q(S,A))$$
$$\text{Q러닝} : Q(S,A) \leftarrow Q(S,A) + \alpha(R + \gamma \max_{A'} Q(S', A') - Q(S,A))$$

두 식이 거의 비슷합니다. Q러닝 식에서 빨강으로 표시된 TD 타깃 부분은 벨만 최적 방정식의 기댓값 안의 항을 그대로 옮겨 적은 것임을 알 수 있습니다.

그렇다면 두 식이 이렇게나 비슷한데 왜 SARSA는 on-policy이고, Q러닝은 off-policy일까요? 왜 강화하고자 하는 정책 대신 전혀 다른 정책이 환경에서 쌓은 데이터를 가지고도 학습할 수 있는 것일까요? 이는 굉장히 근본적인 질문입니다. 이에 대해 설명하기 전에 우선 Q러닝의 행동 정책은 타깃 정책과 정말 다른지 여부부터 확인해 보겠습니다. SARSA와 Q러닝의 행동 정책과 타깃 정책을 표로 정리해 보면 다음과 같습니다.

	SARSA	Q러닝
행동 정책 (Behavior Policy)	Q에 대해 ε-Greedy	Q에 대해 ε-Greedy
타깃 정책 (Target Policy)	Q에 대해 ε-Greedy	Q에 대해 Greedy

SARSA의 경우 행동 정책과 타깃 정책이 같지만, Q러닝의 경우 행동 정책과 타깃 정책이 다릅니다. 행동 정책에는 탐험을 위한 ε값이 들어가 있는 반면 타깃 정책은 순수하게 가장 Q값이 높은 액션을 선택하는 방식인 그리디 정책을 따르고 있습니다. 행동 정책과 타깃 정책이 다른 것입니다. 이제 정말 Q러닝이 off-policy 학습 셋팅이라는 것을 확인하였으니 다시 본질적인 질문으로 돌아와 왜 Q러닝은 off-policy 학습이 가능한지에 대해 설명해 보겠습니다. 이는 SARSA와 Q러닝의 업데이트 식이 각각 어떤 수식으로부터 출발했는지 생각해 봐야 합니다. 모두 벨만 방정식이 그 뼈대였습니다. SARSA는 벨만 기대 방정식이었고, Q러닝은 벨만 최적 방정식에 그 기원을 두고 있었습니다.

$$\text{SARSA}: q_\pi(s_t, a_t) = \mathbb{E}_\pi[r_{t+1} + \gamma q_\pi(s_{t+1}, a_{t+1})] \text{ (벨만 기대 방정식)}$$
$$\text{Q러닝}: q_*(s, a) = \mathbb{E}_{s'}[r + \gamma \max_{a'} q_*(s', a')] \text{ (벨만 최적 방정식)}$$

이 두 수식을 각각 정말 자세히 들여다보면 차이점이 보입니다. 그 차이점은 바로 $\mathbb{E}_\pi$와 $\mathbb{E}_{s'}$에 있습니다.

둘 다 기댓값 연산자이지만 $\mathbb{E}_\pi$는 정책 함수 π를 따라가는 경로에 대해서 기댓값을 취하라는 의미입니다. 그러니 해당 값을 얻는 데에 정책 함수 π의 동전 던지기가 반드시 포함되어 있습니다. 실제로 벨만 기대 방정식 2단계가 위 0단계 수식을 풀어 쓴 수식이고, 해당 수식을 보면 2가지 확률적인 요소가 포함되어 있습니다. 정책에 의한 확률적인 요소 $\pi(a|s)$와 환경에 의한 확률적인 요소 $P_{ss'}^a$입니다. $\mathbb{E}_\pi$의 의미는 이 두 요소를 모두 고려하여 기댓값을 구하라는 것입니다. 우리는 샘플 기반 방법론을 통해서 π가 주어진 환경 위에서 동작한 여러 개의 샘플을 통해 평균 내는 방식으로 위 기댓값을 구했습니다. 주어진 환경 위에서 π가 움직이면 자연스레 $\pi(a|s)$와 $P_{ss'}^a$가 고려되어 그에 비례하여 샘플을 얻게 되기 때문에 이는 안전한 방법입니다.

반면 $\mathbb{E}_{s'}$은 정책 π와 아무런 관련이 없는 항입니다. 실제로 벨만 최적 방정식을 풀어 쓴 벨만 최적 방정식 2단계 수식을 보면 $P_{ss'}^a$만 있을 뿐 π와 관계된 항이 1개도 없습니다. 이는 $\mathbb{E}_{s'}$를 계산할 때에 어떠한 정책을 사용해도 상관 없다는 것을 의미합니다. 그러니 마음 편하게 임의의 정책을 사용하여 주어진 환경 안에서 데이터를 모으면, 그 데이터 안에 $P_{ss'}^a$가 모두 반영되어 샘플이 모이고, 샘플을 이용하여 기댓값을 계산할 수 있습니다. 그러면 Q러닝 수식에서는 왜 π와 관련된 항들이 다 사라졌을까요? 이는 해당 식이 벨만 "최적" 방정식이기 때문입니다. 벨만 최적 방정식은 해당 환경에서 존재하는 이 세상 모든 정책 중에서 "최적의 정책"에 대한 식입니다. 최적 정책은 환경에 **의존적**dependent입니다. 환경이 정해지면 그에 따라 최적 정책도 정해집니다. 따라서 환경을 충분히 잘 탐험한다면 최적 정책을 찾을 수 있으며 여기서 환경을 탐험하는데 사용하는 정책은 어떤 정책이든 상관없는 것입니다.

이 정도면 SARSA와 Q러닝에 대해 굉장히 깊은 수준까지 다뤄 보았습니다. 둘의 업데이트 방식은 각각 벨만 방정식의 어느 수식에서 기반하였고, 그 이론적 배경과 함께 왜 off-policy와 on-policy의 성질을 갖게 되는지까지 설명하였습니다. 이론은 충분히 배운 것 같으니 이제 구현으로 넘어가 보겠습니다.

Q러닝 구현

수식에서 눈치를 채셨겠지만 Q러닝은 기존에 구현했던 SARSA로부터 크게 바뀌는 부분이 많지 않습니다. SARSA 코드와 비교하여 메인 함수도, Grid-World 클래스도 바뀐 게 전혀 없고 오직 QAgent 클래스 안에서 update_table 함수와 anneal_eps 함수의 내부만 약간 바뀌었습니다. 바뀐 내용은 다음과 같습니다.

```python
class QAgent():
    def __init__(self):
        self.q_table = np.zeros((5, 7, 4)) # 마찬가지로 Q 테이블을 0으로 초기화
        self.eps = 0.9

    def select_action(self, s):
        # eps-greedy로 액션을 선택해준다
        x, y = s
        coin = random.random()
        if coin < self.eps:
            action = random.randint(0, 3)
        else:
            action_val = self.q_table[x,y,:]
            action = np.argmax(action_val)
        return action

    def update_table(self, transition):
        s, a, r, s_prime = transition
        x,y = s
        next_x, next_y = s_prime
        # Q러닝 업데이트 식을 이용
        self.q_table[x,y,a] =self.q_table[x,y,a]+ 0.1 * (r + np.amax(self.q_
        table[next_x,next_y,:]) - self.q_table[x,y,a])

    def anneal_eps(self):
        self.eps -= 0.01  # Q러닝에선 epsilon이 좀 더 천천히 줄어들도록 함
        self.eps = max(self.eps, 0.2)
```

```
def show_table(self):
    q_lst = self.q_table.tolist()
    data = np.zeros((5, 7))
    for row_idx in range(len(q_lst)):
        row = q_lst[row_idx]
        for col_idx in range(len(row)):
            col = row[col_idx]
            action = np.argmax(col)
            data[row_idx, col_idx] = action
    print (data)
```

이를 이용한 학습 결과는 다음과 같습니다.

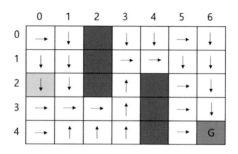

| 그림 6-13 | Q러닝 학습 결과

마찬가지로 최적 해를 잘 찾은 것을 확인할 수 있습니다. 잘 보시면 MC 컨트롤
과 SARSA의 최적 경로와 각각의 화살표 방향이 조금씩은 다르지만, 결국 시
작 지점에서 목표 지점까지 가는데 걸리는 칸 수는 똑같습니다. 이는 주어진 환
경에 최적 경로가 여러 개 있으며, 각각의 방법론이 서로 다른 최적 정책으로
수렴했다는 뜻입니다.

이렇게 해서 챕터 6의 내용이 모두 끝이 났습니다. 간단히 복습해 보자면 이번
챕터에서는 MDP에 대한 정보를 모를 때, 즉 모델-프리 상황에서의 컨트롤 방
법을 다뤄 보았습니다. 모델-프리 상황에서는 MDP의 전이 확률이나 보상 함
수를 알지 못하기 때문에 이전 챕터 4에서 배운 정책 이터레이션을 그대로 사
용할 수 없었습니다. 그래서 정책 평가 단계에 챕터 5에서 배운 모델-프리 가치
평가 방법론을 끼워 넣고, $v(s)$ 대신 $q(s,a)$를 학습하는 방식으로 정책 이터레이

션을 수정하였습니다. 정책 평가 단계에서는 MC를 쓸 수도 있었고, TD를 쓸 수도 있었습니다. 또 마지막으로 off-policy 컨트롤 방법론인 Q러닝 알고리즘도 배웠습니다.

이 모든 내용은 아직까지 문제가 크지 않아서 모든 (s, a)에 해당하는 밸류를 테이블에 적어 놓을 수 있는 상황을 다뤘습니다. 하지만 실제 세계에서 벌어지는 문제는 테이블에 담기기에는 너무나도 크기 때문에 실제 세계에서는 테이블에 값을 적어놓는 방식 말고 근본적인 다른 접근법이 필요합니다. 이에 대한 내용은 바로 다음 챕터부터 시작됩니다. 이후의 챕터에서는 보다 큰 세계로 나아가 보겠습니다.

Deep RL 첫 걸음

커다란 MDP의 세계를 항해하기 위해서 우리에게는 또 다른 무기가 하나 필요합니다. 바로 "딥러닝"입니다. 딥러닝과 강화 학습이 만나 Deep RL이라는 유연하고도 범용적인 방법론이 탄생합니다. 이번 챕터에서는 먼저 딥러닝에 대한 이야기부터 시작합니다.

Deep RL 첫 걸음

지금까지의 내용이 작은 MDP를 푸는 법에 대한 내용이었다면 이번 챕터부터 드디어 상태의 개수가 무수히 많은 커다란 MDP를 푸는 법에 대한 내용을 다룹니다. 커다란 문제 공간을 효율적으로 다루기 위해 함수를 활용한 근사와 뉴럴넷, 딥러닝 등의 개념이 등장합니다. 즉 딥러닝과 강화 학습이 결합된 deep RL에 대한 이야기가 시작됩니다. 이번 챕터에서는 함수 사용이 왜 필요한지, 뉴럴넷 학습이 어떤 개념인지에 대해 살펴보겠습니다. 이미 딥러닝과 뉴럴넷의 학습이 익숙한 분에게는 이번 챕터의 내용이 다소 쉬울 수 있지만 그냥 복습한다는 의미에서 가볍게 읽으면 좋을 것 같습니다.

7.1 함수를 활용한 근사

동양의 전통적 보드 게임인 바둑을 앞에서 배운 테이블 기반 방법론으로 학습하려면 테이블에 몇 개의 칸이 필요할까요? 상태 s마다 그에 해당하는 밸류를 적어 놓기 위해, 총 상태의 개수만큼 테이블이 커져야 합니다. 그런데 상태의 개수가 너무 많다는 것이 문제입니다. 예컨대 바둑에서는 한 알만 더 놓여져도 이전과는 전혀 다른 고유한 상태가 됩니다. 바둑알을 놓을 수 있는 후보지가 19×19 격자의 모든 빈 칸이 될 수 있으니 한 수 놓을 때마다 얼마나 많은 가능성이 가지를 쳐 나가는지 상상할 수 있습니다. 서양의 보드 게임인 체스에서도 그 상황은 비슷합니다. 체스와 바둑의 고유한 상태의 수를 어림하여 세어보면 다음과 같습니다.

- 체스 : 10^{47}
- 바둑 : 10^{170}

0이 170개 있어야 바둑의 상태의 수를 표현할 수 있습니다. 그런데 사실 이 정도만 되어도 양호한 편이고, 상태의 개수가 무한해지는 경우도 정말 많습니다. 예를 들어 자동차를 운전하는 인공지능 에이전트를 강화 학습으로 만든다고 할 때에 상태의 개수는 몇 개일까요? 상태를 구성하는 요소 중에 정말 많은 정보들이 있겠지만 예컨대 현재 속도 정보를 사용한다고 해 봅시다. 현재 속도는 80km/h일 수도 있고, 90km/h일 수도 있습니다. 그런데 80.5km/h일 수도 있고, 80.500001km/h일 수도 있죠. 자, 가능한 속도의 상태가 몇 가지입니까? 정답은 당연히 무한입니다. 상태의 값이 바둑이나 체스처럼 **이산적**discrete으로 딱 떨어지는 것이 아니라 실수 범위 내에서 연속적인 값을 가질 수 있습니다. 이런 상황을 **연속적인 상태 공간**continuous state space라고 합니다. 상태 공간이 연속적이면 역시 테이블을 만들기 불가능합니다.

이처럼 상태의 개수가 무수히 혹은 무한히 많아지면 테이블 방식의 접근법으로는 대처할 수가 없습니다. 물리적으로 테이블을 만들 수가 없기 때문입니다. 테이블이라는 것은 결국 컴퓨터의 어딘가에 저장되어 있어야 할 텐데 10^{170} B를 저장할 수 있는 컴퓨터는 이 세상에 없습니다! 컴퓨터 한 개가 1TB = 10^{12} B를 저장할 수 있다고 한다면 컴퓨터 10^{158}대가 있으면 저장할 수 있겠네요. 이러한 이야기를 하는 이유는 테이블 기반 방법론으로는 죽었다 깨어나도 바둑의 모든 상태를 저장할 수가 없다는 이야기가 하기 위해서입니다.

그런데 테이블 기반 방법론을 사용하기 어렵게 만드는 이유가 또 있습니다. 만일 정말 터무니없는 가정으로 컴퓨터의 저장 용량이 비약적으로 발전해 10^{170}개의 숫자를 저장할 수 있다고 가정해 봅시다. 하지만 10^{170}개의 상태를 모두 방문해 보아야하기 때문에 그래도 학습은 불가능합니다. 테이블 기반 방법론에서는 각각의 데이터 (s, a, r, s')가 그에 해당하는 딱 한 칸의 값만 업데이트하며, 주변의 다른 칸의 값에는 전혀 영향을 주지 않습니다. 따라서 모든 칸의 값을 업데이트하려면 모든 칸을 다 방문해야 합니다. 10^{170}칸에 있는 숫자들을 의미 있는 값으로 업데이트하려면 10^{170}의 상태 각각을 여러 번 방문해야 합니다. 정리하면 필요한 경험의 숫자가 너무나 큽니다. 컴퓨터의 성능이 좋아서 1초에 1억 개 =10^8개의 상태를 방문한다고 해도 10^{162}초가 필요합니다.

1년이 약 $3*10^7$초(=넉넉하게 10^8초)이기 때문에 총 10^{154}년에 해당하는 시간입니다. 이는 우주가 10^{144}번 없어졌다가 다시 탄생하는 데 필요한 시간입니다. 요컨대 이런 방식으로는 모든 상태의 값을 추정할 수 없으므로 다른 접근법이 필요합니다.

함수의 등장

새로운 접근법은 함수입니다. 다음과 같은 함수를 생각해 봅시다.

$$f(\text{x}) = a\text{x} + b$$

이와 같이 생긴 함수에 값을 기록해 넣습니다. 어떤 값을 기록할지, 함수에다가 값을 기록한다는 것은 어떤 의미인지 차례차례 설명해 보겠습니다. 먼저 어떤 값을 기록할지에 대해 설명해 봅니다. 우리가 테이블에 각 상태 s와 그에 해당하는 밸류 $v(s)$ 혹은 $q(s, a)$를 저장해 놓았습니다. 여기서도 마찬가지로 테이블 대신 함수에 저장하는 것일 뿐 저장하고자 하는 값은 똑같습니다.

그렇다면 함수에 값을 기록하는 것은 어떻게 하는 것일까요? 예시를 통해 생각해 보겠습니다. 자동차를 운전하는 에이전트인데 에이전트의 상태가 오로지 "속도"로만 이루어져 있습니다. 속도가 100km/h인 상태 s_0의 가치는 +1이고 속도가 200km/h인 상태 s_1의 가치는 과속 상태여서 곧 사고가 날 확률이 높아지기 때문에 −10입니다. 결국 (100, 1)과 (200, −10)을 기록하고 싶습니다. 이를 어떻게 함수에 기록할 수 있을까요? 그 방법은 바로 s가 인풋이 되고 $v(s)$가 아웃풋이 되도록 파라미터 a와 b를 수정하는 것입니다.

$$f(s_0) = \text{f}(100) = 1, \qquad f(s_1) = \text{f}(200) = -10$$

이를 만족하기 위한 a와 b의 값은 각각 a=−0.11, b=12입니다. s와 $v(s)$의 쌍을 데이터리고 보면 이 데이터에 맞추도록 파라미터 a와 b의 값을 조정한 것입니다. 이것이 곧 함수에다가 데이터를 새겨넣는 과정의 본질입니다. 이렇게 되면 f는 상태 값을 인풋으로 받아 가치 값을 내놓는 함수가 되니, f가 곧 가치 함수라고 봐도 무방합니다. 정확히는 실제 가치 함수의 **근사 함수**function approximator인 것이죠. 따라서 다음과 같이 표현할 수도 있습니다.

$$f(s) = \hat{v_\pi}(s)$$

여기까지는 행복한 이야기였습니다. 이제 이야기가 조금씩 복잡해지기 시작합니다. 만일 속도가 300km/h일 때의 밸류가 −11이라는 데이터를 하나 더 얻었다고 해 봅시다. 속도가 200km/h 또는 300km/h일 때 사고가 나면 세상을 떠나기 때문에 위험하기는 매한가지고, 밸류의 차이도 별반 나지 않습니다. 따라서 다음과 같은 세 쌍의 데이터를 갖게 되었습니다.

$$(100,\ 1),\ (200,\ -10),\ (300,\ -11)$$

각각의 데이터는 그래프에서 하나의 점이 됩니다. 아까 데이터가 2개일 때는 그래프상에서 점이 2개이고, 두 점을 지나는 직선이 곧 함수였습니다. 하지만 이제는 점이 3개가 되었고, 점 3개를 지나는 직선을 그릴 수는 없습니다. 극단적으로 만일 데이터가 많아져서 그림 7–1처럼 데이터가 한 30개쯤 된다면 어떻게 될까요?

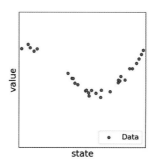

| 그림 7–1 | 서른 쌍의 데이터

점 30개를 지나는 직선을 그릴 수는 없습니다. 대신 점 30개를 가장 "가깝게" 지나가는 선은 그릴 수 있습니다. 여기서 "가깝다"는 것을 어떻게 정의하는가에 따라 여러 가지 선을 그릴 수 있겠지만 **최소제곱법**least squares을 사용해 봅니다.

최소 제곱법은 여러 대등한 선택지 중 임의로 하나를 정한 것이 아닙니다. 아주 특별한 경우가 아니고서는 무조건 이 방법을 사용한다고 생각하셔도 될 정도로 보편적이고, 수학적으로 좋은 성질도 많이 갖고 있는 방법론입니다. 최소 제곱법은 각각의 데이터를

$$(x_1, y_1), (x_2, y_2), \dots, (x_{30}, y_{30})$$

이라고 표현한다면

$$(f(x_1) - y_1)^2 + (f(x_2) - y_2)^2 + \dots + (f(x_{30}) - y_{30})^2$$

위의 식(=오차의 제곱의 합)을 최소화하는 a와 b를 찾는 방법론입니다. 데이터의 개수와 무관하게 표현한다면 각 오차의 제곱 합을 평균내고, MSE^Mean Squared Error(평균제곱오차)를 최소화하는 것이라고 볼 수도 있습니다. MSE는 다음과 같이 표현됩니다.

$$MSE = \frac{1}{30}(f(x_1) - y_1)^2 + (f(x_2) - y_2)^2 + \dots + (f(x_{30}) - y_{30})^2$$
$$= \frac{1}{30}(ax_1 + b - y_1)^2 + (ax_2 + b - y_2)^2 + \dots + (ax_{30} + b - y_{30})^2$$

이를 최소화하는 a와 b를 찾는 구체적인 방법은 여기서 다루지는 않겠습니다. 이 과정은 뒤에서 소개할 인공 신경망의 개념을 이해하기 위한 배경에 가까운 내용이기 때문에 최소 제곱법을 통해 a와 b를 구하는 구체적 방법을 모르고 넘어가도 뒤의 내용을 이해하는데 문제 없습니다. 여하간 MSE를 최소화하는 a와 b를 구하여 f의 그래프를 그려보면 그림 7-2와 같습니다.

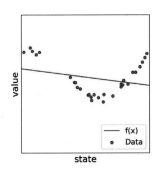

| 그림 7-2 | 최소 제곱법을 통해 그린 $f(x)$

지금까지의 내용을 정리해보면 기존에 테이블에 저장하던 것을 이제는 함수에 저장하고, 함수의 곡선이 데이터에 가깝게 지나가도록 **피팅**fitting합니다. 피팅을 잘하기 위해서는 함수가 가지고 있는 파라미터들을 수정해야 합니다. 파라미터의 값을 구하는 법으로는 MSE를 최소화하는 최소 제곱법을 배웠습니다. 그런데 여기서 함수 f는 어떻게 정해야 할까요? 설명하기 위해 가장 간단한 일차 함수인 $f(x) = ax + b$를 이용하였지만 이것이 최선은 아닐 것입니다.

함수의 복잡도에 따른 차이

우리는 상태 s와 밸류 $v(s)$의 쌍을 기록해 놓는 용도로 함수를 사용합니다. 여기서 함수 f의 형태는 우리가 마음대로 정할 수 있습니다. 예컨대 다음과 같은 여러 선택지 중 아무거나 사용할 수 있습니다.

$$f(x) = a_0 + a_1 x$$
$$f(x) = a_0 + a_1 x + a_2 x^2$$

$$\cdots$$

$$f(x) = a_0 + a_1 x + a_2 x^2 + \cdots + a_n x^n$$

위와 같은 함수를 **다항 함수**polynomial function이라고 합니다. 1차 함수부터 n차 함수까지 다양한 함수의 수식을 나열하였습니다. 그런데 꼭 다항 함수만을 사용해야 하는 것도 아닙니다. 하지만 일단은 여러 다항 함수 중 하나를 골라서 사용한다고 생각해보겠습니다. 그렇다면 몇 차 함수를 골라서 사용해야 할까요? 1차 함수에서 n차 함수로 차수가 점점 올라갈수록 함수는 더 유연해지고, 더 복잡한 데이터에도 피팅을 할 수 있게 됩니다. 앞에서 주어진 30쌍의 데이터에 대해 다양한 차수의 함수를 피팅해 보겠습니다. 여기서 "함수를 피팅한다"는 것은 다음 4가지 문장과 같은 의미로 사용하였습니다.

- 함수에 데이터를 기록한다.
- 데이터 점들을 가장 가깝게 지나도록 함수를 그려본다.
- 함수 f의 파라미터 (a_0~a_n)의 값을 찾는다.
- 함수 f를 학습한다.

이후의 내용에서는 위의 표현을 섞어서 사용하겠습니다. f를 데이터에 피팅한 결과를 그래프[10]로 그려보면 다음과 같습니다.

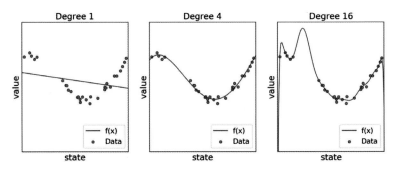

| 그림 7-3 | f의 차수에 따른 피팅 결과

첫 번째 그래프는 앞서 봤던 것처럼 1차 함수로 학습한 것이고, 가운데는 4차 함수, 맨 마지막은 16차 함수로 학습한 결과입니다. 그림처럼 더 유연한 함수를 사용할수록 주어진 데이터를 더 가깝게 지나는 선을 그릴 수 있습니다. 데이터에 더 가깝게 지난다는 것은 에러가 줄어든다는 뜻입니다. 실제로 1차, 4차, 16차 함수를 이용하여 피팅한 결과의 **평균 에러**[MSE]는 각각 0.3, 0.03, 0.00000002입니다. 16차 함수를 사용한 경우 에러가 매우 낮아 거의 완벽하게 데이터에 피팅하였다고 볼 수 있습니다.

여기까지 들으면 무조건 차수가 높은 함수가 데이터를 기록하는 데에 유리해 보이지만 그렇지 않습니다. 데이터에는 **노이즈**[noise]가 섞여 있기 때문입니다. 노이즈라고 하면 확 와닿지 않지만, 가장 간단한 예시인 주사위를 통해 설명해 보겠습니다. 4개의 면이 나올 확률이 동등한 정사면체 주사위를 떠올려 봅시다. 주사위의 각 면에는 점이 1개부터 4개까지 찍혀 있습니다. 그러면 주사위를 1번 던진다고 할 때에 평균적으로 몇 개의 점이 찍혀 있을까요? 정답은 (1+2+3+4)/4 = 2.5입니다.

이제 주사위를 5번 던져서 나온 5개의 값만을 알려주고, 친구 A에게 주사위의 평균 눈의 수를 맞혀 보도록 합니다. 주사위를 던진 결과 각각 1, 3, 3, 4, 2가

---

10 출처 : https://scikit-learn.org/stable/auto_examples/model_selection/plot_underfitting_overfitting.html의 코드를 수정하여 그림

나왔고, 평균 눈의 수는 2.5입니다. 그런데 5개의 값 중에 2.5가 나온 적이 있나요? 5번이 아니라 5억 번을 던진다면 2.5가 나오는 경우가 있을까요? 점이 2.5개 찍혀 있는 면은 없으므로 당연히 없습니다. 말하자면 던져서 나오는 모든 데이터에는 노이즈가 섞여 있는 셈입니다. 주사위는 그대로인데 주사위를 던질 때마다 나오는 값은 제각각이고, 심지어 단 한번도 정답이 나올 수 없는 구조입니다. 그럼에도 불구하고 주사위를 여러 번 던져서 충분히 많은 데이터를 A에게 준다면 A는 2.5라는 값을 꽤 정확하게 맞힐 수 있습니다. 조금 단순화하기는 했지만 이것이 노이즈의 본질입니다. 데이터에는 여러 확률적 요소가 끼어 있고, 그로 인해 실제 구하고자 하는 값과 각각의 데이터는 다른 값을 가지게 됩니다.

다시 강화 학습의 예시로 돌아오면 어떤 상태의 밸류는 그 상태로부터 에피소드가 끝날 때까지 얻는 리턴의 기댓값입니다. 주사위의 기댓값이 2.5이지만 매번 주사위에서는 다른 눈이 나오는 것처럼 각 상태 s의 가치 $v(s)$는 어떤 정해진 값이 있습니다. 하지만 에이전트가 경험하는 각각의 에피소드는 비록 동일한 상태 s에서 출발하였다고 하더라도 서로 다른 리턴을 얻습니다. 따라서 각각의 데이터는 그 자체만으로는 "틀린" 값입니다. 주사위 눈이 4가 나왔을 때 그 값이 틀린 값인 것처럼 각각의 샘플은 틀린 값이고 그 샘플이 충분히 모였을 때, 비로소 그 평균이 실제 정답에 가까워질 수 있습니다.

여기까지 잘 따라오셨다면 이제 상태의 값을 함수에 기록해 놓는 경우에 각 데이터는 노이즈로 인하여 정확한 값이 될 수 없다는 것을 이해하셨을 것입니다. 그래서 각 데이터에 너무 정확하게 피팅하면 안 되는 것입니다.

오버 피팅과 언더 피팅

머신 러닝에 익숙하다면 많이 들어 본 오버 피팅과 언더 피팅의 개념이 여기서 등장합니다. **오버 피팅**over fitting은 f를 정할 때, 너무 유연한 함수를 사용하여서 f가 노이즈에 피팅해 버리는 것을 가리키는 말입니다. 반대로 **언더 피팅**under fitting은 실제 모델을 담기에 함수 f의 유연성이 부족하여 주어진 데이터와의 에러가 큰 상황을 가리킵니다. 앞의 30개의 샘플에다가 다양한 차수의 함수를 피팅했던 예시를 통해 설명해 보겠습니다.

우리는 다음과 같은 30개의 데이터를 갖고 있습니다. 이 데이터는 모두 기저에 이 데이터를 생산해내는 함수 F가 있습니다. 우리의 목적은 F를 찾는 것입니다.

$$(x_1, y_1), (x_2, y_2), ..., (x_{30}, y_{30})$$

실제 세계에서 F를 정확하게 알 길은 없지만 F가 생성해 낸 데이터에는 접근이 가능합니다. 강화 학습을 예로 들어보면, 데이터는 실제 환경에서 에이전트가 쌓는 경험을 통해 얻어집니다. 상태 s_1에서는 리턴 10을 받고 끝났고, 상태 s_2에서는 리턴 100을 받고 끝났고… 이 모든 것이 데이터가 되며 여기서 데이터를 생성해준 함수 F는 가치함수 $v_\pi(s)$가 되는 것이죠. 대부분의 상황에서 F를 알 수는 없습니다. 강화 학습을 하는데 실제 가치 함수를 알고 시작하는 경우는 없습니다. 하지만 지금은 오버 피팅과 언더 피팅의 개념을 이해하기 위해 F를 임의로 정해보겠습니다.

$$F(x) = cos(1.5\pi * x) + x$$

F를 알고 있지만 모른다고 생각하고 F가 만든 데이터를 통해서 학습하고자 하는 상황입니다. 그런데 MDP에서도 똑같은 정책 π로 똑같은 상태 s에서 출발하여도 매번 다른 리턴을 받았던 것을 기억할 것입니다. 이것이 곧 학습에 있어서는 노이즈였습니다. 그래서 실제 데이터를 생성하는 함수 $F_{real}(x)$도 F에 노이즈 ε을 추가하여 다음과 같이 정의하겠습니다.

$$F_{real}(x) = F(x) + \varepsilon = cos(1.5\pi * x) + x + \varepsilon, \quad \varepsilon \sim N(0,1) * \frac{1}{10}$$

ε은 표준 정규 분포에서 샘플링된다고 가정합니다. 실제 노이즈가 표준 정규 분포에서 샘플링 되리라는 법은 없지만, 그냥 예시이기 때문에 적절한 변수를 하나 더해준 것일 뿐입니다. 여기까지의 설명을 따라왔다면 30개의 데이터가 어떻게 생성되었는지 완전히 이해할 수 있습니다. 0에서 1 사이의 임의의 숫자 30개를 뽑아 인풋으로 사용했고, 그 값들을 $F_{real}(x)$ 함수를 통과시켜 30개의 쌍 (x, $F_{real}(x)$)를 그래프에 찍어보았습니다. 그렇게 얻은 데이터 30개와 다양한 차수의 다항 함수 f를 피팅한 결과를 그린 그림이 7-3이었습니다. 이제 여기에 데이터를 생성해내는 실제 함수 F를 함께 그려보면 다음과 같습니다.

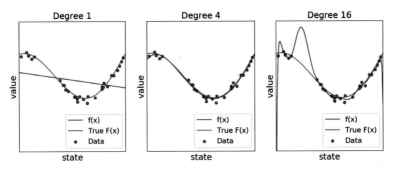

| 그림 7-4 | 다양한 차수의 다항 함수 피팅 결과를 실제 함수와 함께 그린 그래프

정리해보면 파란색 점은 $F_{real}(x)$로부터 샘플링된 30개의 값이고, 초록색 선은 $F(x)$를 그린 것이고, 빨간색 선은 1차부터 16차까지 다양한 차수의 f를 설정하여 데이터를 가지고 학습시킨 결과입니다(다시 한번 설명하지만 현재는 어떻게 f를 학습시켰는지, 즉 f의 파라미터 값을 어떻게 찾아냈는지 몰라도 괜찮습니다).

우리의 목표는 초록 선과 가장 가까워지도록 하는 빨간 선을 찾는 것입니다. f의 차수가 1차일 때는 초록 선과 빨간 선의 차이가 큽니다. 이 상황이 바로 언더 피팅 상황입니다. 1차 함수는 함수 안에 **프리 파라미터**free-parameter가 별로 없어서 함수가 유연하지 못하기 때문에 초록색 함수와의 간극을 어느 이상 좁히기가 불가능합니다. 반대로 그림 7-3에서 가장 좋아 보였던 16차 함수의 경우를 살펴보겠습니다. 16차 함수는 주어진 30개의 데이터를 가장 에러 없이 학습하긴 했지만 오히려 과하게 유연하여 F_{real}이 가지고 있는 노이즈까지 모두 정확하게 학습을 해 버렸습니다. 그러다 보니 그림 7-4에서 확인할 수 있듯이 F로부터 오히려 멀어졌습니다. 이 상황이 바로 오버 피팅입니다. 가장 좋은 함수는 오버 피팅도 아니고, 언더 피팅도 아닌 그 중간의 어딘가에 있습니다. 위의 예시에서는 4차 함수로 근사하였을 때에 초록 선과 빨간 선, 즉 F와 f가 가장 가까운 선이 그려졌습니다. 정리하면 이처럼 f의 자유도는 마음대로 정할 수 있는 함수일 뿐입니다. 하지만 너무 자유도가 높지 않게, 또 반대로 너무 낮지 않게 잘 정해주는 것이 중요합니다.

함수의 장점 - 일반화

지금까지 한 얘기를 정리해보겠습니다. 모든 이야기의 출발점은 문제가 커질 경우 테이블에 모든 상태의 밸류를 다 담을 수 없다는 것이었습니다. 가치 함수 $v(s)$를 저장해 두려면 상태마다 칸이 하나씩 있어야 합니다. 심지어 액션–가치 함수 $q(s, a)$를 저장해 두려면 상태의 개수에 액션의 개수를 곱한 만큼의 칸이 필요합니다. 이는 문제가 커지면 터무니 없는 가정이 됩니다. 그래서 함수가 등장하였습니다. 실제 가치 함수 $v(s)$를 모사하는 함수 f를 학습시키는 것이죠. 예컨대 몬테카를로 방법을 사용한다면 각 상태 s와 그에 따른 리턴을 모아서 f를 학습시킬 수 있습니다. f는 아무 함수나 마음대로 정해서 너무 유연하지도 않게, 너무 뻣뻣하지도 않게 잘 학습하면 실제 가치 함수를 잘 모방하는 함수를 얻게 됩니다. 그렇다면 여기서 다음과 같은 본질적인 의문이 떠오릅니다.

"왜 함수를 사용하면 저장 공간이 덜 필요할까?"

결국 MDP에 존재하는 모든 상태별 가치를 학습하려면 모든 상태별 값들을 저장해야 하는 것 아닐까요? 그러려면 무수히 많은 저장 용량이 필요하다는 점은 함수든 테이블이든 마찬가지 아닐까요? 정답은… 다행히도 그렇지 않습니다. 이는 모두 함수의 **일반화**generalization라는 좋은 성질 덕분입니다. 일반화란 표현이 와 닿지 않을 수도 있을 텐데요, 예컨대 어떤 아주머니가 "강화 초등학교 학생들은 다 예의가 바르더라"고 말씀한다면 이것은 일반화입니다. 이 아주머님은 강화 초등학교 학생들을 다 만나보지는 못했는데 일반화를 한 것입니다. 어떻게 이런 일반화를 할 수 있었는지 추측컨대 아주머니는 몇 명의 인사성이 바른 강화 초등학교 학생을 만나 보았을 것입니다. 그런데 그 학생들이 우연히 다 인사를 잘해서 '아, 강화 초등학교 학생들은 인사를 잘 하는구나~' 로 이어졌을 것입니다. 이것이 일반화입니다. 전부 다 경험해 보지는 못하더라도 몇 개만 보고도 이와 비슷한 것을 지레짐작하는 것이죠. 이 짐작이 정확하면 일반화를 잘 한 것이고, 이 짐작이 틀렸다면 흔히 말하는 성급한 일반화가 됩니다. 함수는 일반화에 탁월합니다. 그림 7–5와 함께 설명을 이어가겠습니다.

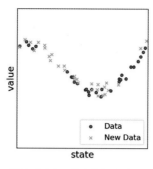

| 그림 7-5 | 기존의 데이터 30개(파랑)와 새로운 데이터 30개(노랑)

그림 7-5와 같이 원래 데이터 30개는 그대로 두고, 추가로 새로운 데이터 30개를 얻었다고 해 봅시다. 이는 강화 학습으로 치면 새로운 상태와 그에 따르는 새로운 밸류의 페어인 $(s, v(s))$ 꼴입니다. 만약 테이블 기반 방법론을 사용했다면 이처럼 기존에 방문하지 못했던 새로운 상태를 방문하게 되면, 테이블의 해당 칸은 비어있을 테니 어떤 밸류를 갖게 될지 전혀 알 수가 없습니다. 정말 실마리조차 알 수가 없죠. 하지만 우리는 함수 f를 학습했고, 함수는 일반화에 뛰어납니다. 이미 경험한 데이터들을 바탕으로 경험하지 않은 데이터의 아웃풋이 어떻게 될지 예상해 볼 수 있습니다. 새로운 데이터가 들어오면 그저 f에 인풋으로 넣어주기만 하면 됩니다. f를 잘 학습했다면 처음 보는 데이터에 대해서도 에러가 작은 값을 리턴할 것입니다. 그러면 일반화가 잘 된 경우와 잘 되지 못한 경우를 확인해 보기 위해 앞에서 학습했던 1차, 4차, 16차의 함수 f가 각각 새로 얻은 데이터를 잘 표현하는지 그려 보겠습니다.

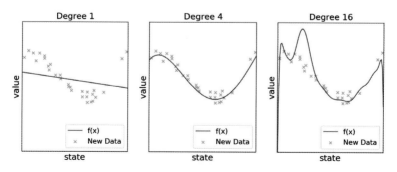

| 그림 7-6 | 새로운 샘플 30개와 모델 f

보시다시피 언더 피팅이었던 경우(1차 함수)와 오버 피팅이었던 경우(16차 함수) 모두 새로운 데이터를 일반화하여 표현하는 성능이 매우 부족합니다. 반면 4차 함수는 새로운 데이터를 아주 가깝게 예측하였습니다. 마치 노란색 데이터를 통해 그린 곡선인 것처럼 말이죠. 여기서 빨간 선을 그리는 데에 노란색 데이터는 아예 사용되지 않았다는 것을 명심해야 합니다. 이 예시를 통해 하고 싶은 이야기는 모든 상태 s에 대해 별도의 저장 공간이 필요하지 않다는 점입니다. 이처럼 일반화를 잘 하도록 함수 f를 학습시키면 가보지 않은 상태에 대해서도 그 가치를 가늠할 수 있습니다. 그렇다고 함수가 만능이라고 오해하면 안됩니다. 이미 가 봤던 상태 중에 그와 비슷한 상태의 가치를 이용하여 추측하는 것이기 때문에 아예 처음 보는 종류의 상태(이전에 방문했던 어느 상태와도 비슷하지 않은 전혀 새로운 상태)에 대해서는 아무리 학습을 잘 해도 그 값을 잘 예측하기란 어렵습니다.

실제로 학습의 결과물을 저장하는데 필요한 용량이 매우 줄어듭니다. 이제부터는 각각의 데이터를 기억하는게 아니라 함수의 파라미터만 기억하면 됩니다. 함수를 통해서 값을 기록한다는 것의 의미는 곧 함수의 파라미터들을 찾아내는 것이었습니다. 4차 함수의 경우 $f(x) = a_0 + a_1x + a_2x^2 + a_3x^3 + a_4x^4$로 표현할 수 있고, 이때 파라미터는 $a_0, a_1, \cdots, a_4$ 이렇게 총 5개가 전부입니다. 5개의 값만 기억하면 그림 7-6과 같이 새로운 데이터가 와도 그 가치를 알아낼 수 있는 것입니다.

이렇게 해서 함수의 장점까지 알아봤습니다. 그런데 1차, 4차, 16차 함수 등 f의 형태는 우리가 마음대로 정하는 것이기 때문에 어떠한 형태도 가능하다고 했습니다. 그렇다면 어떤 함수를 쓸 것인가 하는 중요한 문제가 남게 됩니다. 어떤 함수를 사용해야 할까요? 현대의 강화 학습에서 그 답은 "인공 신경망"입니다.

7.2 인공 신경망의 도입

이번 챕터부터 딥러닝과 관련된 이야기가 시작됩니다. 딥러닝과 강화 학습이 결합되는 그 시작이라고 할 수 있습니다. 그러기 위해서는 딥러닝, 즉 **딥 뉴럴넷** deep neural network에 대한 설명부터 시작하고자 합니다. 하지만 이 책은 딥러닝에 대한 책이 아니라 강화 학습에 대한 책이므로 딥러닝에 대한 논의는 아주 제한 적으로 이루어질 것입니다. 딥러닝은 그 자체로도 대학에서 1년짜리 수업으로 진행될 정도로 크고 넓은 분야이기에 이 책에서 모든 내용을 다룰 수는 없습니다. 따라서 Deep RL을 이해하는 데 꼭 필요한 정도만 다루도록 하겠습니다.

신경망

딥러닝을 이해하려면 먼저 **인공 신경망**Artificial Neural Network을 이해해야 합니다. 이하 간단하게 신경망(혹은 뉴럴넷)이라 명칭하겠습니다. 신경망의 본질은 다름이 아니라 매우 유연한 함수입니다. 그 유연성이 너무나도 뛰어나서 세상의 어떤 복잡한 관계에도 피팅할 수 있을 정도입니다. 좀 더 숫자를 이용해 표현해 보자면 함수에 포함된 **프리 파라미터**free parameter의 개수를 통해 함수의 유연성을 표현할 수 있습니다. 1차 함수의 경우 프리 파라미터가 2개, 16차 함수의 경우 17개입니다. 반면 웬만한 신경망은 프리 파라미터가 100만 개를 넘어갑니다. 앞서 다뤘던 함수와 비교가 안 될 정도죠. 게다가 근래에 커다란 신경망의 경우 프리 파라미터가 1,000억 개를 넘어가기도 합니다. 그만큼 무척 유연하고 자유도가 높은 함수라고 할 수 있습니다. 이 유연한 함수에다가 상태별 가치 값들을 담는다는 것이 Deep RL 학습의 요체입니다.

앞으로의 논의는 신경망이 무엇인지 조금 더 자세히 설명한 후에 데이터가 주어졌을 때 신경망을 어떻게 피팅하는지에 대한 개괄을 다루고 마지막으로 간단한 데이터를 통해 신경망의 학습이 제대로 이루어지는지 예제 코드까지 다뤄보면서 마치고자 합니다. 만일 신경망의 기본 원리에 대한 이해가 이미 탄탄한 분이라면 이번 내용은 넘어가도 좋습니다. 신경망의 디테일부터 시작하겠습니다.

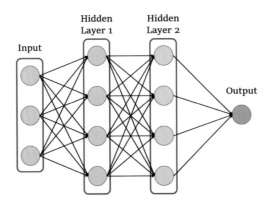

| 그림 7-7 | 인공 신경망 개요도

가장 전형적이고 간단한 신경망의 예시를 그림 7-7에 그려보았습니다. 이 신경 망은 길이 3인 벡터를 인풋으로 받아 값 하나를 리턴하는 함수입니다. 함수로 표현해 보면 $y = f(x_1, x_2, x_3)$ 형태입니다. 그 안에는 **히든 레이어**hidden layer가 두 층이 쌓여 있습니다. 각각의 히든 레이어는 여러 개의 **노드**node로 구성되어 있 습니다. 신경망은 히든 레이어로 구성되어 있고, 히든 레이어는 노드로 구성되 어 있으니 결국 노드가 신경망의 기본 구성 단위인 것입니다. 따라서 노드를 이 해하면 신경망이 하는 일을 이해할 수 있습니다. 노드는 해당 노드로 들어오는 값들을 ❶ **선형 결합**linear combination한 후에 ❷ **비선형 함수**non-linear activation를 적 용합니다.

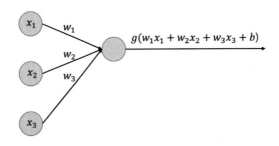

| 그림 7-8 | 하나의 노드에 대한 그림

위 그림 7-8은 첫 번째 히든 레이어에 있는 하나의 노드를 떼어서 그림을 그려 본 것입니다. 그림과 같이 해당 노드로 들어오는 3개의 값 (x_1, x_2, x_3)을 선형 결 합하여 $w_1x_1 + w_2x_2 + w_3x_3 + b$의 값을 만든 후에 이 값에 $g(x)$라는 비선형 함

수를 통과시킵니다. 뉴럴넷에서 사용하는 비선형 함수는 여러 선택지가 있지만 가장 간단한 **RELU**^{rectified linear unit}를 예로 들어 설명하겠습니다. RELU는 $g(x) = \max(0, x)$ 형태의 비선형 함수입니다.

여기서 선형 결합과 비선형 함수를 통과시키는 것의 의미를 설명해 보겠습니다. 먼저 선형 결합은 새로운 **피쳐**^{feature}를 만드는 과정입니다. 예를 들어 체스를 두는 에이전트를 학습하려는데 현재 상태 벡터 s가 살아 있는 (룩의 수, 폰의 수, 비숍의 수)로 표현되어 있다고 해 봅시다. 그런데 현재 상태를 평가하는 데에 룩과 폰과 비숍의 개수를 모두 합친 값이 중요하다고 하면 $w_1 = w_2 = w_3 = 1$, $b = 0$으로 학습이 되어 $w_1 x_1 + w_2 x_2 + w_3 x_3 + b = x_1 + x_2 + x_3$이 됩니다. 이러면 "살아 있는 룩과 폰과 비숍의 수의 합"이라는 새로운 피쳐가 탄생합니다. 이 피쳐는 인풋 벡터의 피쳐보다 한층 더 **추상화**^{abstract}된 피쳐라고 할 수 있습니다. 이처럼 학습에 필요한 피쳐가 있다면 스스로 신경망의 파라미터들이 알맞은 값으로 학습됩니다.

두 번째로 비선형 함수는 인풋과 아웃풋의 관계가 비선형 관계일 수 있기 때문에 필요한 함수입니다. 만일 비선형 함수가 없다면 인풋과 아웃풋 사이 선형 관계만 학습할 수 있을 텐데, 그렇다면 뉴럴넷의 표현력이 실제 자연의 많은 문제를 품기 어려울 것입니다. 다시 한 번 강조하고 싶은 것은 뉴럴넷을 학습한다는 것은 뉴럴넷을 구성하는 파라미터들인 w와 b의 값을 찾는 과정입니다. 그림 7-6에서 화살표마다 대응되는 w 값이 있을 것이고, 노드마다 대응하는 b의 값이 있을 것입니다.

여기까지 신경망의 한 노드가 어떻게 구성되는지 설명했습니다. 노드가 옆으로 나란히 이어져서 레이어를 하나 구성하고, 레이어가 층층이 쌓여서 신경망을 구성합니다. n번째 레이어의 노드들은 모두 $n - 1$번째 레이어의 노드들의 결합으로 이루어진 피쳐이기 때문에 위층으로 갈수록 더 추상화된 피쳐들이 학습됩니다. 지금까지 아주 대략적으로 신경망이 어떤 것인지에 대한 설명했습니다.

신경망의 학습 - 그라디언트 디센트

이번에는 신경망을 어떻게 학습시킬 것인가, 주어진 값의 쌍을 신경망에 어떻게 새겨 넣을 것인가에 대해 다뤄보겠습니다. 앞에서는 구체적 설명 없이 어떤 방법으로 신경망에 데이터를 새겨 넣을 수 있다고 가정해 진행했습니다. 그 방법을 설명하자면, 먼저 문제의 단순화를 위해 초기화된 뉴럴넷 f가 있고, 데이터 (3, 1)만 1개 있다고 가정해 봅시다. 그림 7-9를 보시겠습니다.

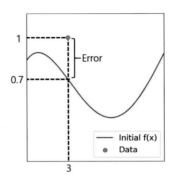

| 그림 7-9 | 랜덤으로 초기화 된 신경망과 단 한 개의 데이터

빨간 곡선은 랜덤하게 초기화된 f를 나타냅니다. 여기서 랜덤하게 초기화 되었다는 것은 뉴럴넷의 파라미터 w와 b가 모두 랜덤한 값으로 설정되었다는 뜻입니다. 이후에는 논의의 편의를 위해 b는 잠시 생략하고 생각하겠습니다. 그리고 초록색 점은 데이터를 가리킵니다. 우리가 바라는 것은 f가 (3, 1)을 기억하는 것입니다. 그 말인 즉, 빨간 곡선이 (3, 1)을 지나면 좋겠다는 뜻입니다. 하지만 현재의 w로는 $f_w(3)=1$이 만족될 리 없습니다. 현재 뉴럴넷을 이용해 계산하면 $f_w(3)=0.7$이라고 해 봅시다. 따라서 $f_w(3)$의 값은 현재 값보다 커져야 합니다. 이를 조금 다르게 표현하면 현재 뉴럴넷의 아웃풋인 $f_w(3)$과 1의 차이는 줄어들어야 합니다. 다음과 같이 w에 대한 함수로 L(w)로 표현할 수 있습니다.

$$L(w) = \{1 - f_w(3)\}^2$$

L(w)는 뉴럴넷의 아웃풋이 주어진 데이터로부터 틀린 정도를 나타내기 때문에 **손실 함수**loss function라고 부릅니다. 우리의 목표는 손실 함수의 값이 줄어들도록 w를 수정하는 것입니다. 그러기 위해서는 w를 어떻게 수정해야 할까요? 이를 알기 위해서는 L(w)의 값을 계산하는 데에 있어 w가 미치는 **영향력**을 알아

야 합니다. 영향력을 풀어서 쓰면 다음과 예컨대 다음과 같은 형태입니다.

- W를 0.1만큼 증가시키면 함수 L(w)의 값이 0.1만큼 증가하더라
- W를 0.1만큼 감소시키면 함수 L(w)의 값이 0.7만큼 감소하더라

w를 아주 조금 증가시키거나 감소시켰을 때 함수 L(w)의 값이 어떻게 바뀌는 지를 관찰해 보는 것이죠. 그것이 w가 L(w)에 미치는 영향력입니다. 그리고 이 영향력을 가리키는 수학적 표현이 있으니 바로 **미분**derivative입니다. 함수 L(w)를 w로 미분해보면 그것이 곧 w가 L(w)에 미치는 영향력입니다. 미분 값이 클수록 해당 파라미터의 영향력이 크다고 할 수 있습니다. 궁극적으로 우리가 하고자 하는 것은 영향력이 큰 파라미터는 많이 바꿔주고, 영향력이 작은 파라미터는 조금 바꿔줘서 가장 효율적으로 L(w)의 값을 바꿔주고자 합니다.

그런데 뉴럴넷에는 여러 개의 w들이 있었습니다. 예컨대 100개의 파라미터가 있다고 하면 이를 $(w_1, w_2, ..., w_{100})$라고 표현하겠습니다. 각 파라미터의 영향력을 평가하기 위해 L(w)를 100개의 파라미터 각각에 대해 미분해 보아야 합니다. 이를 **편미분**partial derivative이라고 합니다. 예컨대 L(w)를 w_1에 대해 편미분한다고 하면 다른 파라미터는 상수로 가정하고 w_1에 대해서만 미분을 하는 것입니다. 이를 다음과 같이 표현합니다.

$$\frac{\partial L(w)}{\partial w_1}$$

그리고 같은 과정을 모든 파라미터에 대해 계산하면 다음과 같은 형태가 됩니다.

$$\nabla_w L(w) = (\frac{\partial L(w)}{\partial w_1}, \frac{\partial L(w)}{\partial w_2}, ..., \frac{\partial L(w)}{\partial w_{100}})$$

조금 복잡한 기호들이 나왔지만 사실은 별 것 없습니다. f를 w_1부터 w_{100}까지 각각의 파라미터에 대해 편미분하여 벡터를 만든 것이고 이를 **그라디언트**gradient라고 합니다. 기호는 ∇를 사용하여 표기합니다. 그라디언트까지 구하는 것을 완료했다면 그 뒤는 쉽게 이해할 수 있습니다. w를 그라디언트 방향으로 아주 조금 이동시켜주면 됩니다. 여기서 "아주 조금" 이동시키는 이유는 이 방향으로 너무 많이 움직여 버리면 우리가 구한 그라디언트가 모두 바뀌기 때문입니다.

얼만큼 이동시킬지는 α라는 상수를 통해 정해집니다. α는 업데이트 크기를 결정하는 상수로, **러닝 레이트**learning rate 혹은 **스텝 사이즈**step size라고 부르며, 0.01과 같은 아주 작은 수라고 생각하시면 됩니다. 따라서 그라디언트에 α라는 상수를 곱하여 원래 값에서 빼 주겠습니다. 그라디언트를 빼주는 이유는 목적 함수를 최소화하고 싶기 때문입니다. 목적 함수를 최대화하고 싶다면 그라디언트를 더해주면 됩니다. 그렇게 하여 w'을 다음과 같이 계산할 수 있습니다.

$$w'_1 = w_1 - \alpha * \frac{\partial L(w)}{\partial w_1}$$

$$w'_2 = w_2 - \alpha * \frac{\partial L(w)}{\partial w_2}$$

$$\ldots$$

$$w'_{100} = w_{100} - \alpha * \frac{\partial L(w)}{\partial w_{100}}$$

위 100개의 식을 벡터를 이용해 한 줄로 표현하면 다음과 같습니다. 벡터는 굵게 표기하였습니다.

$$\mathbf{w'} = \mathbf{w} - \alpha * \nabla_w L(\mathbf{w})$$

이처럼 그라디언트를 계산하여 파라미터를 업데이트하는 방식으로 목적 함수를 최소화 해나가는 과정을 **그라디언트 디센트**gradient descent(경사 하강법)라고 합니다. 이렇게 **w**를 **w'**으로 업데이트 하고 나면 L(w')의 값은 L(w)보다 분명 줄어들었을 것입니다. 다른 말로는 $f_w(3)$보다 $f_{w'}(3)$이 1에 더 가까워졌습니다. 이렇게 여러 번 업데이트를 하면 점점 곡선은 (3, 1)에 가까워질 것이고, 이것이 곧 함수가 데이터를 기억하게 되는 과정입니다.

간단한 확인

지금까지 이론을 살펴보았으니 이제는 확인해 볼 차례입니다. 간단한 함수를 하나 예로 들어, 업데이트 전과 후에 함수의 값이 원하는 방향으로 바뀌어 가는지 함께 확인해 봅니다. 먼저 다음과 같은 함수 f_w가 있습니다.

$$f_w(x_1, x_2) = w_1 x_1 - w_2 x_2 + 1$$

이때 w_1과 w_2는 랜덤한 값으로 초기화 되어 있습니다. 이 값은 어떤 값이어도 상관없지만, 일단 현재의 값은 각각 $w_1 = 0.5$, $w_2 = 1.2$라고 하겠습니다. 그리고 우리가 피팅할 데이터가 1개 주어졌습니다. $(x_1, x_2, y) = (1, 2, 1)$입니다. 즉 $f_w(1,2) = 1$을 만족했으면 하는 상황입니다. 하지만 현재의 $f_w(1,2)$ 값은 1이 아니고 -0.9입니다. 이 차이를 통해 손실 함수 L(w)를 다음과 같이 정의할 수 있습니다.

$$L(w) = \{1 - f_w(1,2)\}^2 = \{1 - (w_1 - 2w_2 + 1)\}^2$$
$$= \{-w_1 + 2w_2\}^2 = w_1^2 - 4w_1w_2 + 4w_2^2$$

이를 각 파라미터에 대해 편미분하여 그라디언트를 구해보면 다음과 같습니다.

$$\frac{\partial L(w)}{\partial w_1} = 2w_1 - 4w_2 = -3.8, \quad \frac{\partial L(w)}{\partial w_2} = -4w_1 + 8w_2 = 7.6$$

$$\nabla_w L(w) = (-3.8, 7.6)$$

이렇게 구한 그라디언트로, 그라디언트 디센트 방법을 이용해 처음의 파라미터 w_1, w_2를 업데이트 해 보겠습니다. α는 0.01을 사용합니다.

$$w_1' = w_1 - \alpha * \frac{\partial L(w)}{\partial w_1} = 0.5 - 0.01 * (-3.8) = 0.538$$

$$w_2' = w_2 - \alpha * \frac{\partial L(w)}{\partial w_2} = 1.2 - 0.01 * (7.6) = 1.124$$

자, 새로운 파라미터인 w_1'과 w_2'를 구하였습니다. 과연 새로운 파라미터를 이용해 $f_{w'}(1,2)$ 값을 계산하면 이전 w를 이용하여 계산했을 때보다 값이 실제로 1에 가까워졌을까요? 바로 계산해 봅니다.

업데이트 전 : $f_w(1,2) = 0.5 * 1 - 1.2 * 2 + 1 = -0.9$

업데이트 후 : $f_{w'}(1,2) = 0.538 * 1 - 1.124 * 2 + 1 = -0.71$

보시다시피 $f_w(1,2)$보다 $f_{w'}(1,2)$의 값이 약간 더 커져서 1에 실제로 가까워졌음을 확인할 수 있습니다. 고작 0.19만큼 가까워진 것이 무슨 의미가 있느냐 하고 생각하실 지도 모르겠습니다. 하지만 우리는 딱 데이터 1개만 갖고 딱 1번 업데이트 했을 뿐입니다. 실제 상황에서는 데이터가 훨씬 더 많고, 업데이트도 훨씬 더 여러 번 이루어집니다. 수백만 번, 수억 번의 업데이트가 이루어지면 함수는 점점 더 정답에 가까워질 것입니다.

파이토치를 이용한 신경망의 학습 구현

지금까지의 얘기를 종합해보면 우리가 임의로 정한 함수 f가 있고, 이 함수의 파라미터를 w라 할 때 함수를 f_w형태로 표현하였습니다. 또, n개의 데이터가 있고 데이터는 (인풋, 정답)의 형태로 이루어졌습니다. f_w는 처음에는 데이터와 무관한 함수이지만 점점 데이터가 주는 정답과 f_w의 아웃풋 사이 차이를 최소화하도록 w가 업데이트 됩니다. 아주 조금씩 업데이트를 반복하면서 f_w는 점점 데이터와 가깝게 지나가는 함수가 되었습니다. 그리고 이와 같은 학습 과정에서 가장 중요한 역할을 했던 것이 바로 그라디언트였습니다. 그라디언트 기반 방법론을 쓰려면 우리는 f_w를 정할 때에 미분 가능한 함수를 택해야 합니다. 그리고 뉴럴넷은 미분 가능합니다. 게다가 충분히 유연하여 복잡한 데이터에도 피팅할 수 있기 때문에 최적의 선택지입니다.

그런데 문제가 하나 있습니다. 위의 예시에서는 그라디언트를 구하기 위해 우리가 직접 f_w를 w에 대해 미분하였습니다. 하지만 뉴럴넷은 함수가 매우 복잡하기 때문에 직접 미분할 수 없습니다. 예컨대 파라미터가 100만 개쯤 된다면 편미분을 100만 번해야 하는 것이죠. 그 수식을 종이에 적으면 A4용지가 10만 장쯤 필요하지 않을까요? 요컨대 일일이 편미분을 구할 수가 없습니다. 그래서 **텐서플로우**^{Tensorflow}나 **파이토치**^{PyTorch} 같은 다양한 **자동 미분**$^{auto\ diff}$ 라이브러리의 도움을 받아야 합니다. 위 라이브러리는 **역전파**$^{back\ propagation}$ 알고리즘을 통해 아주 복잡한 함수의 그라디언트를 매우 효율적이고 빠르게 구해냅니다. 역전파 알고리즘은 파라미터가 100만 개일 때 100만 번 편미분하는 것을 방지하고자 뒤에서부터 중간중간 미분 값들을 캐싱했다가 재사용하며 효율적으로 그라디언트를 계산하는 방법론인데 그 상세 내용을 여기서 다루지 않겠습니다. 일단 한 단계 추상화하여 "역전파를 이용해 효율적으로 미분을 계산한다" 정도만 알고 넘어가도 이후 내용을 이해하는데 아무 문제가 없습니다.

이와 같은 이유로 실제 Deep RL을 구현할 때는 반드시 자동 미분 라이브러리가 사용됩니다. 그중에서 우리는 파이토치를 기반으로 하여 설명을 이어가고자 합니다(좀 더 익숙한 라이브러리를 사용하면 됩니다). 파이토치를 이용해 아주 간단한 코사인 함수에 랜덤으로 초기화된 뉴럴넷을 피팅하는 과정을 함께 살펴보겠습니다. 유념해야 할 것은 여기서 파이토치의 모든 내용을 다룰 수는 없다는 점입니다. 기초만 함께 살펴보는 것이므로 자유자재로 파이토치를 다루기 위해서는 파이토치 공식 홈페이지(https://pytorch.org/)의 튜토리얼을 참고하시기 바랍니다.

바로 시작해보겠습니다. 데이터를 생성해내는 함수는 다음과 같습니다. 앞의 예제에서 다루었던 함수에서 노이즈 부분만 $U(-0.2, 0.2)$의 균등 분포로 약간 변형되었습니다.

$$F(x) = cos(1.5\pi * x) + x + \varepsilon, \quad \varepsilon \sim U(-0.2, 0.2)$$

명심해야 할 것은 이 함수는 우리가 모른다고 가정해야 합니다. 이 함수가 만들어내는 데이터만 관찰할 수 있습니다. 실제 세계에서 데이터를 만들어 내는 함수를 알 수는 없고, 그것을 근사하는 것이 우리의 목적입니다. 그리고 이 함수에 피팅할 뉴럴 네트워크는 다음 그림 7-10과 같은 구조를 사용하겠습니다.

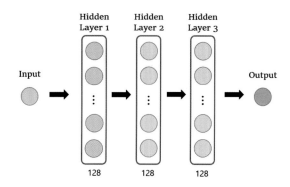

| 그림 7-10 | 임의로 정한 신경망 구조

위 그림은 임의로 정한 뉴럴넷 f_w를 나타냅니다. 총 3개의 히든 레이어를 갖고 있으며 각 레이어에는 128개의 노드가 포함되어 있습니다. 그림에는 표현되어 있지 않지만 각 레이어에는 앞서 설명했던 ReLU라는 **활성 함수**activation function

이 포함되어 있습니다. 이를 파이토치를 이용해 구현해 보겠습니다. 모든 코드는 깃허브[11]에 업로드되어 있습니다.

■ 라이브러리 import

```
import torch
import torch.nn as nn
import torch.nn.functional as F
import torch.optim as optim
```

```
import numpy as np
import matplotlib.pyplot as plt
```

먼저 필요한 Pytorch와 numpy 라이브러리들을 import합니다. torch.nn.functional 또는 torch.optim은 바로 다음 코드에 나오므로 일단 따라서 import합니다. Matplotpib 라이브러리는 학습을 마친 후에 잘 되었는지 그래프를 통해 확인하기 위해 사용하게 될 라이브러리입니다.

■ Model 클래스

```
class Model(nn.Module):
    def __init__(self):
        super(Model, self).__init__()
        self.fc1 = nn.Linear(1, 128)
        self.fc2 = nn.Linear(128, 128)
        self.fc3 = nn.Linear(128, 128)
        self.fc4 = nn.Linear(128, 1, bias=False)

    def forward (self, x):
        x = F.relu(self.fc1(x))
        x = F.relu(self.fc2(x))
        x = F.relu(self.fc3(x))
        x = self.fc4(x)
        return x
```

---

11 github.com/seungeunrho/RLfrombasics

그림 7-10의 모델을 pytorch 코드로 정의하는 부분입니다. __init__ 부분에서 모델의 상세 구조가 정의됩니다. nn.Linear는 하나의 히든 레이어를 의미하며, 인자로 넘겨주는 (128, 128)은 앞의 레이어의 노드가 128개, 뒤의 레이어의 노드가 128개이니 128*128개의 w가 필요하다는 것을 뜻합니다. forward 함수는 이 모델을 이용하여 실제로 연산할 때 호출되는 함수입니다. 앞서 언급하였던 비선형 함수인 relu가 포함되어 있습니다.

■ 데이터 생성 함수 F(x)

```
def true_fun(X):
    noise = np.random.rand(X.shape[0]) * 0.4 - 0.2
    return np.cos(1.5 * np.pi * X) + X + noise
```

데이터 생성 함수인 $F(x)$를 수식 $F(x) = cos(1.5\pi * x) + x + \varepsilon$를 numpy를 이용해 구현하였습니다.

■ plotting 함수

```
def plot_results(model):
    x = np.linspace(0, 5, 100)
    input_x = torch.from_numpy(x). float ().unsqueeze(1)
    plt.plot(x, true_fun(x), label="Truth")
    plt.plot(x, model(input_x).detach().numpy(), label="Prediction")
    plt.legend(loc='lower right',fontsize=15)
    plt.xlim((0, 5))
    plt.ylim((-1, 5))
    plt.grid()
    plt.show()
```

Matplotlib 라이브러리를 이용해 실제 데이터와 우리가 학습시킨 모델을 이용한 예측치를 그래프로 그리는 코드입니다. 0에서 5 사이 100개의 숫자를 등간격으로 뽑아서 인풋으로 넣어줍니다. 이 라이브러리의 문법 자체가 중요한 것은 아니기 때문에 '아, 이렇게 그리는구나'하고 넘어가면 되겠습니다.

■ 메인 함수

```
def main():
    data_x = np.random.rand(10000) * 5
    # 0~5 사이 숫자 1만개를 샘플링하여 인풋으로 사용
    model = Model()
    optimizer = optim.Adam(model.parameters(), lr=0.001)

    for step in range(10000):
        batch_x = np.random.choice(data_x, 32)
        # 랜덤하게 뽑힌 32개의 데이터로 mini-batch를 구성
        batch_x_tensor = torch.from_numpy(batch_x).float().unsqueeze(1)
        pred = model(batch_x_tensor)

        batch_y = true_fun(batch_x)
        truth = torch.from_numpy(batch_y).float().unsqueeze(1)
        loss = F.mse_loss(pred, truth) # 손실 함수인 MSE를 계산하는 부분

        optimizer.zero_grad()
        loss.mean().backward() # 역전파를 통한 그라디언트 계산이 일어나는 부분
        optimizer.step() # 실제로 파라미터를 업데이트 하는 부분

    plot_results(model)
```

뉴럴넷 학습은 **미니 배치**mini-batch단위로 이루어집니다. 따라서 1만 개의 데이터 중 랜덤하게 32개를 뽑아서 미니 배치 batch_x를 구성합니다. batch_x를 파이토치의 텐서로 변환시켜 모델에 넣어주면 예측값이 나오는데, 이 값을 pred라는 변수에 담아 둡니다. 예측치를 계산하였으니 이번에는 정답지를 준비할 차례입니다. batch_x를 true_fun에 인풋으로 넣어 정답인 batch_y를 계산합니다. 이를 마찬가지로 텐서로 변환하여 truth라는 변수에 담아 둡니다. 이제 손실함수를 계산할 수 있습니다. truth와 pred 사이 **MSE**mean squared error를 계산하면 됩니다. 총 32개 데이터이므로 loss 값도 32개입니다. 따라서 이들의 평균인 loss.mean()에 대해 그라디언트를 구해야 합니다. backward()를 호출하면 비로소 자동으로 편미분이 이루어지며 각 파라미터의 그라디언트 값이 계산됩니다. optimizer.step()을 실행하면 계산된 그라디언트를 이용해 실제로 파라미터가 업데이트 되고, 그러면 뉴럴넷이 1번 업데이트 됩니다. 이 모든 과정을 1만 번 반복하면 뉴럴넷이 어느 정도 학습됩니다. 학습을 마치고 나면 앞서 정의했

던 plot_results 함수를 이용해 그래프를 그립니다.

■ 학습 결과

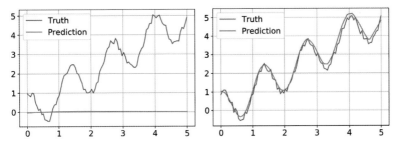

| 그림 7-11 | 초기 뉴럴넷(왼쪽)과 학습 후의 뉴럴넷(오른쪽)

그림을 통해 확인할 수 있듯이 학습 전에는 실제 함수인 $F(x)$의 값과 뉴럴넷의 아웃풋이 전혀 일치하지 않았지만, 학습 후에는 거의 완벽히 일치합니다. 뉴럴넷이 주어진 데이터에 잘 피팅하였음을 알 수 있습니다.

이렇게 데이터가 주어졌을 때 뉴럴넷을 데이터에 피팅하는 과정의 원리와 실제 사례를 살펴보았습니다. 이제 데이터만 주어지면 우리는 뉴럴넷을 학습시킬 수 있습니다. 다음 챕터부터는 다시 강화 학습으로 돌아와 어떻게 데이터가 제공되는지 살펴보겠습니다. 얻은 데이터를 통해 실제로 다양한 뉴럴넷을 학습해 봅니다.

가치 기반 에이전트

신경망을 이용해 액션 밸류 네트워크를 학습하면 그게 곧 하나의 에이전트가 될 수 있습니다. 아타리 게임을 플레이 하던 DQN이 바로 이 방식입니다. 이번 챕터에서는 가치 함수만을 가지고 움직이는 에이전트, 즉 가치 기반 에이전트에 대해 알아보겠습니다.

CHAPTER 8

가치 기반 에이전트

이번 챕터에서 다룰 문제는 더는 어떠한 제약 조건도 없는 상황입니다. 첫 번째는 여전히 모델 프리 상황이고, 두 번째는 **상태 공간**state space과 **액션 공간** action space이 매우 커서 밸류를 일일이 테이블에 담지 못하는 상황에서의 해결책에 대해 다룰 예정입니다. 그리고 그 중심에는 뉴럴넷이 있습니다. 챕터 7에서 테이블을 대체하여 뉴럴넷에 값을 기록하는 법을 배웠으니, 이번 챕터부터는 큰 문제 공간을 다루기 위해 본격적으로 뉴럴넷과 강화 학습이 접목합니다.

강화 학습에 뉴럴넷을 접목시키는 접근법은 크게 2가지가 있습니다. 하나는 가치 함수 $v_\pi(s)$나 $q_\pi(s,a)$를 뉴럴넷으로 표현하는 방식이고, 다른 하나는 정책 함수 $\pi(a|s)$ 자체를 뉴럴넷으로 표현하는 방식입니다. 더 자세한 설명을 하기 전에, 잠시 에이전트의 분류에 대해 살펴보겠습니다. 강화 학습을 통해 강화되는 하나의 에이전트를 생각해 봅시다. 이 에이전트는 결국 액션을 정하는 자신만의 방법이 있을 테니 그 방법에 따라 에이전트를 그림 8-1과 같이 분류할 수 있습니다.

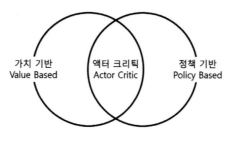

| 그림 8-1 | RL 에이전트의 분류

가치 기반value-based 에이전트는 가치 함수에 근거하여 액션을 선택합니다. 예컨대 액션-가치 함수 $q(s,a)$의 값을 보고 액션을 선택하는 것이죠. 챕터 6에서 설명했던 것처럼 모델-프리 상황에서는 $v(s)$만 가지고 액션을 정할 수 없기 때문에 가치 기반 에이전트는 $q(s,a)$를 필요로 합니다. 상태 s에서 선택할 수 있는 액션들 중에서 가장 밸류가 높은 액션을 선택하는 방식입니다. 챕터 6에서 배웠던 SARSA나 Q러닝으로 학습했던 에이전트가 모두 가치 기반 에이전트에 속합니다. 가치 기반 에이전트는 액션을 선택할 때 가치 함수만 있으면 되기 때문에 정책 함수가 따로 없습니다. $q(s,a)$가 곧 정책 함수 역할을 겸하는 겁니다.

반대로 **정책 기반**policy-based 에이전트는 정책 함수 π(a|s)를 보고 직접 액션을 선택합니다. 밸류를 보고 액션을 선택하지 않으며, 가치 함수를 따로 두지도 않습니다. π만 있으면 에이전트는 MDP 안에서 경험을 쌓을 수 있고, 이 경험을 이용해 학습 과정에서 π를 강화합니다. 강화 과정에서 가치 함수는 쓰이지 않습니다. 가치를 평가하지도 않고 어떻게 π를 강화할 수 있을지 궁금하실 테니 이에 대한 내용은 챕터 9에서 다루도록 하겠습니다.

마지막으로 **액터-크리틱**actor-critic은 가치 함수와 정책 함수 모두 사용합니다. 액터는 "행동하는 녀석", 즉 정책 π를 뜻하고 크리틱은 "비평가", 즉 가치 함수 $v(s)$ 또는 $q(s,a)$를 가리킵니다. 이름 그대로 행동하는 π와 평가하는 v (혹은 q)가 함께 존재합니다. 액터-크리틱 방법론도 챕터 9에서 함께 다루겠습니다.

지금까지 에이전트의 분류에 대해 간략히 알아봤습니다. 이번 챕터에서는 뉴럴넷을 이용하여 가치 기반 에이전트를 학습하는 내용을 다루고자 합니다. 우선 정책 π가 고정되어 있을 때 뉴럴넷을 이용하여 π의 가치 함수인 $v_\pi(s)$를 학습하는 방법을 배우겠습니다. 다음으로는 챕터 6에서 배웠던 Q러닝을 큰 문제로 확장하여 뉴럴넷을 이용한 최적의 정책을 찾는 방법까지 배워 보겠습니다.

8.1 밸류 네트워크의 학습

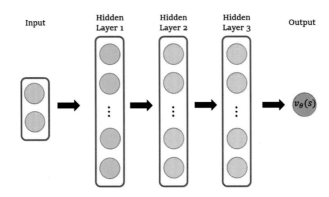

| 그림 8-2 | 뉴럴넷으로 표현한 가치 함수 $v_\theta(s)$

이번에는 정책 π가 고정되어 있을 때, 뉴럴넷을 이용하여 π의 가치 함수 $v_\pi(s)$를 학습하는 방법에 대해 배워보겠습니다 먼저 그림 8-2와 같이 뉴럴넷으로 이루어진 가치 함수 $v_\theta(s)$가 있다고 해 봅시다. 이 뉴럴넷을 **밸류 네트워크**value network라고 부릅니다. 길이 2인 벡터 인풋 s를 받아서 특정 정책 π를 따랐을 때의 밸류를 리턴하는 뉴럴넷입니다. 더 정확히는 $v_{\theta,\pi}(s)$로 표기해야 하지만 편의를 위해 π는 잠시 생략하겠습니다. 여기서 θ는 뉴럴넷의 파라미터를 뜻합니다. 뉴럴넷에 포함된 파라미터가 100만 개라면 θ는 길이 100만인 벡터라고 생각하면 됩니다. θ는 처음에는 랜덤으로 초기화 되어 있습니다. 목표는 적절한 θ를 학습하여 $v_\theta(s)$가 각 상태별로 올바른 밸류를 출력하도록 하는 것입니다.

챕터 7에서 배웠듯이 뉴럴넷을 학습하려면 결국 예측과 정답 사이 차이를 뜻하는 손실 함수를 정의해야 합니다. 이를 위해서는 정답에 해당하는 값이 필요하지만 우리는 그 값을 알지 못합니다. 챕터 5를 열심히 공부했다면 가치 함수의 정답지로 사용할 수 있는 몇 가지 방법론이 떠오를 것이지만, 일단은 상태별 밸류의 값을 $v_{true}(s)$라고 가정해 봅니다. 그러면 손실 함수는 다음과 같이 표현해볼 수 있습니다.

$$L(\theta) = \left(v_{true}(s) - v_\theta(s)\right)^2$$

실제 밸류 $v_{true}(s)$와 뉴럴넷의 아웃풋 $v_\theta(s)$사이의 차이를 제곱한 값을 loss로 정했습니다. 이를 줄이면 줄일수록 $v_\theta(s)$는 실제 밸류와 가까워지니 언뜻 보면 올바른 정의 같지만 이는 엄밀한 정의는 아닙니다. 왜냐하면 어떤 s에 대해 위 값을 계산할 것인지에 대한 이야기가 빠졌기 때문입니다. 모든 상태 s에 대해서 $L(\theta)$를 최소화해야 할까요? 그것도 말이 되는 정의이지만, 존재하는 모든 상태를 방문해볼 수 없으니 이를 실제로 계산하기는 매우 어렵습니다. 그래서 우리는 다음과 같이 조금 더 영리한 정의를 선택합니다.

$$L(\theta) = \mathbb{E}_\pi \left[\left(v_{true}(s) - v_\theta(s)\right)^2 \right]$$

여기서 기댓값 연산자 $\mathbb{E}_\pi$는 정책 함수 π를 이용해 방문했던 상태 s에 대해 $\left(v_{true}(s) - v_\theta(s)\right)^2$를 계산하라는 뜻입니다. 이 값은 실제로 계산할 수 있습니다. π를 이용해 데이터를 열심히 모으고, 그 데이터를 이용해 학습하면 됩니다. 이렇게 계산하면 좋은 성질도 추가로 생깁니다. 바로 손실 함수에서 π가 자주 방문하는 상태의 가중치는 더 높아지고, π가 거의 방문하지 않는 상태의 가중치는 낮아진다는 것입니다. 중요한 상태의 밸류를 더 정확하게 계산할 수 있게 되는 것이죠. 이제 손실 함수 $L(\theta)$를 정의했으니, $L(\theta)$의 θ에 대한 그라디언트를 계산하겠습니다.

$$\nabla_\theta L(\theta) = -\mathbb{E}_\pi[(v_{true}(s) - v_\theta(s))\nabla_\theta v_\theta(s)]$$

$v_{true}(s)$는 상수이기 때문에 **체인 룰**chain rule을 사용하여 얻을 수 있는 식인 $\frac{d}{dx}\{c-f(x)\}^2 = -2\{c-f(x)\} * \frac{d}{dx}f(x)$ 임을 이용하여 유도했습니다. 앞에 곱해지는 상수 2는 생략하였습니다. 상수 2를 생략할 수 있는 이유는 상수값은 그저 스텝 사이즈에 지나지 않아 나중에 α를 이용해 조절할 수 있기 때문입니다.

$\mathbb{E}_\pi[(v_{true}(s) - v_\theta(s))\nabla_\theta v_\theta(s)]$의 값을 실제로 계산하려면 π를 이용하여 움직이는 에이전트를 통해 샘플을 뽑아야 합니다. 예컨대 π가 상태 s를 방문했다고 가정해 봅시다. 그러면 다음과 같이 표현할 수 있습니다.

$$\nabla_\theta L(\theta) \approx -(v_{true}(s) - v_\theta(s))\nabla_\theta v_\theta(s)$$

물론 방문했던 상태 1개만 가지고 계산하면 위 등식이 성립하지 않겠지만, 이 과정을 여러 번 반복하여 우변의 평균을 내면 결국 좌변과 우변은 거의 같아질 것입니다. 일단은 논의의 편의를 위해 샘플을 1개만 뽑아 업데이트를 진행해 보겠습니다. 이제 $\nabla_\theta L(\theta)$를 구했기 때문에 θ를 어떻게 업데이트해야 하는지 알 수 있습니다. 챕터 7에서 배웠던 식을 그대로 가져오겠습니다. 파라미터를 가리키는 변수가 w에서 θ로만 바뀌었을 뿐 같은 식입니다. θ는 다음과 같이 업데이트 합니다(α는 0.001과 같은 상수로 θ를 한 번에 얼마큼 업데이트 할지 결정해주는 스텝 사이즈입니다).

$$\theta' = \theta - \alpha\nabla_\theta L(\theta)$$
$$= \theta + \alpha(v_{true}(s) - v_\theta(s))\nabla_\theta v_\theta(s)$$

이렇게 하면 데이터 1개에 대해 θ의 업데이트를 마쳤습니다. 이 과정을 샘플 1억 개에 대해 1억 번 반복하면 $v_\theta(s)$는 $v_{true}(s)$와 거의 같아집니다. 즉, 실제 밸류를 학습하는 데에 성공할 것이란 뜻입니다.

이렇게 하면 주어진 π가 있을 때 밸류 네트워크 $v_\pi(s)$을 학습시킬 수 있습니다. 하지만 실제 상황에서 실제 가치 함수인 $v_{true}(s)$가 주어질 일은 만무합니다. $v_{true}(s)$가 없다면 정답이 주어지지 않은 것이고, 정답지가 없다면 손실 함수도 정의가 불가능하며 당연히 그라디언트 계산도 불가능합니다. 하지만 챕터 5를 공부했으니 $v_{true}(s)$가 주어지지 않아도 그를 대신하는 몇 가지 선택지를 알고 있습니다. 바로 몬테카를로 방법을 사용한 리턴과 TD 학습 방법을 사용한 TD 타깃입니다.

첫 번째 대안 : 몬테카를로 리턴

시점 t에서 시작하여 에피소드가 끝날 때까지 얻은 감쇠된 누적 보상을 리턴 G_t 로 표현했습니다. 그리고 챕터 5에서 몬테카를로 방식을 이용해 테이블에 적혀 있는 밸류값을 업데이트하는 수식이 다음과 같습니다.

$$V(s_t) \leftarrow V(s_t) + \alpha(G_t - V(s_t))$$

정답 자리에 G_t를 사용할 수 있는 이유는 실제 가치 함수의 정의가 곧 G_t의 기 댓값이기 때문입니다. 따라서 안전하게 정답 자리에 G_t를 사용할 수 있습니다. 하지만 위 식은 테이블 업데이트에 쓰였던 식입니다. 뉴럴넷을 업데이트하려 면 결국 손실 함수를 정의해야 합니다. 따라서 마찬가지로 손실 함수의 정답 $v_{true}(s)$ 자리에 G_t를 대입합니다.

$$L(\theta) = \mathbb{E}_\pi \left[\left(G_t - v_\theta(s_t) \right)^2 \right]$$

일단 손실 함수 $L(\theta)$가 정의되고 나면 θ를 업데이트하는 방식은 동일하므로 생 략하고 결과만 적어보겠습니다.

$$\theta' = \theta + \alpha(G_t - v_\theta(s_t))\nabla_\theta v_\theta(s_t)$$

끝입니다. 생각보다 간단하죠? 이런 방식으로 일단 샘플 상태 s들을 모으고, 이 를 이용해 θ를 계속해서 업데이트해 나가면 점점 손실 함수의 값이 줄어들고 결국 뉴럴넷의 아웃풋이 실제 밸류에 수렴합니다. 하지만 업데이트하는 대상이 테이블에서 뉴럴넷으로 바뀌었을 뿐 MC 방법론이 갖고 있던 특성은 그대로 남 아 있습니다. 에피소드가 끝나야만 리턴을 계산할 수 있으니 실시간으로 업데 이트는 불가능하다는 점, 에피소드가 끝날 때까지 많은 확률적 요소가 결합되 어 있어서 정답지의 분산이 크다는 점 등의 특성이 있습니다.

두 번째 대안 : TD 타깃

위의 리턴을 사용한 업데이트를 이해하셨다면 TD 타깃을 이용한 업데이트는 정말 간단합니다. 정답에 해당하는 수식만 조금 달라졌을 뿐 방식은 동일합니 다. TD 학습 방법은 한 스텝 더 진행해서 추측한 값을 이용하여 현재의 추측치를 업데이트하는 방식입니다. 그래서 이전에 정답지 자리에 리턴 G_t가 들어갔던 반면 이번에는 TD 타깃인 $r_{t+1} + \gamma v_\theta(s_{t+1})$를 대입합니다. 손실 함수 $L(\theta)$는 다음과 같습니다.

$$L(\theta) = \mathbb{E}_\pi\left[\left(r_{t+1} + \gamma v_\theta(s_{t+1}) - v_\theta(s_t)\right)^2\right]$$

이로부터 유도되는 파라미터 업데이트 식은 다음과 같습니다.

$$\theta' = \theta + \alpha(r_{t+1} + \gamma v_\theta(s_{t+1}) - v_\theta(s_t))\nabla_\theta v_\theta(s_t)$$

여기서 헷갈리면 안 되는 것이 하나 있습니다. $r_{t+1} + \gamma v_\theta(s_{t+1})$ 값이 변수가 아니라 상수라는 점입니다. 몬테카를로 리턴을 사용하든 TD 타깃을 사용하든 정답지의 값은 그냥 상수입니다. $v_\theta(s_{t+1})$ 항이 포함되어 있기 때문에 θ에 따라서 값이 달라진다고 생각할 수 있습니다. 물론 θ가 바뀌면 $v_\theta(s_{t+1})$의 값도 바뀝니다. 하지만 업데이트 시점의 θ를 이용해 $r_{t+1} + \gamma v_\theta(s_{t+1})$의 값을 계산하면 이 값은 그냥 하나의 숫자입니다. 상수이기 때문에 $L(\theta)$를 θ에 대해 편미분할 때, $v_\theta(s_{t+1})$을 미분한 결과는 0이 됩니다. 그렇다면 왜 $v_\theta(s_{t+1})$을 상수 취급해야 할까요? $v_\theta(s_{t+1})$과 $v_\theta(s_t)$를 둘 다 미분할 수도 있지 않을까요?

하지만 $v_\theta(s_{t+1})$은 반드시 상수로 취급해야 합니다. 그 이유는 목적지를 변하지 않게 하기 위함입니다. 자세히 설명해 보면 예를 들어 $r_{t+1} + \gamma v_\theta(s_{t+1})$의 값이 10이었다고 한다면, 현재 $v_\theta(s_t)$의 값은 8인 상황입니다. 그러면 $L(\theta)$에 대한 그라디언트를 구하여 θ를 업데이트하는 것의 의미는 "$v_\theta(s_t)$의 값을 조금 증가시켜라"입니다. 원래는 8이었던게 8.1이 되어 10과의 차이가 줄어드는 것이죠. 여기서 만일 $v_\theta(s_{t+1})$을 상수 취급하지 않으면 어떤 일이 벌어질까요? 둘다 변수 취급을 해서 θ를 업데이트하는 것의 의미는 "$v_\theta(s_t)$의 값은 증가시키고, $r_{t+1} + \gamma v_\theta(s_{t+1})$의 값은 감소시켜라"가 됩니다. $v_\theta(s_t)$은 8.1이 되겠지만 여기서 차이는 $r_{t+1} + \gamma v_\theta(s_{t+1})$의 값도 예컨대 10에서 9.8로 조금씩 변합니다. 정리하면 $v_\theta(s_{t+1})$를 상수 취급하면 내가 목적지를 향해서 가는 것에 해당하고, $v_\theta(s_{t+1})$를 변수 취급하면 목적지를 향해서 가지만 목적지도 나를 향해서 다가오게 됩니다. 이는 타겟이 함께 변하므로 뉴럴넷의 학습을 매우 불안정하게 합니다. $v_\theta(s_{t+1})$을 상수 취급해야 정답지의 값이 움직이지 않고 가만히 있게 되어 안정적인 학습이 가능해집니다.

"상수 취급하라"는 것은 θ에 대해 편미분할 때 $v_\theta(s_{t+1})$의 값을 그냥 0을 만들어 버리는 것입니다. 실제로 상수 취급을 했기 때문에 θ'에 대한 식이 위와 같이 간단할 수 있었습니다. $v_\theta(s_{t+1})$를 변수 취급했다면 업데이트 수식은 훨씬 복잡해졌을 것입니다.

이 부분은 실제로 처음 강화 학습 구현을 시작할 때에 가장 많이 하는 실수입니다. 실제 구현할 때 어떤 방식으로 상수 취급을 하는지는 챕터 말미에 파이토치를 이용한 실제 코드 부분에서 더 자세히 설명하도록 하겠습니다(귀띔하자면 TD 타깃을 계산한 텐서에서 detach 함수를 호출하면 됩니다).

이렇게 주어진 π가 있을 때 그 밸류 네트워크를 학습하는 방법에 대해 배워 보았습니다. 이제는 더 나아가 가치 기반 에이전트의 최적 정책을 찾는 방법에 대해 함께 살펴보겠습니다.

8.2 딥 Q러닝

가치 기반 에이전트는 **명시적 정책(explicit policy)**이 따로 없습니다. 그렇기 때문에 π가 따로 없습니다. π없이 어떻게 액션을 선택할 수 있을까요? 바로 액션-가치함수 $q(s, a)$를 이용하는 것입니다. $q(s, a)$는 각 상태 s에서 액션별 가치를 나타냅니다. 따라서 각 상태에서 가장 가치가 높은 액션을 선택하는 식으로 정책을 만들 수 있습니다. 가치 함수는 엄밀히 말하면 밸류만 평가하는 함수인데 이를 마치 정책 함수처럼 사용하는 것입니다. 따라서 이런 경우의 정책 함수를 **내재된 정책(implicit policy)**라고 합니다. 이번에 배울 딥 Q러닝은 $q(s, a)$를 내재된 정책으로 사용합니다. 사실 이 내용은 챕터 6에서 배웠던 것과 똑같습니다. 대신 챕터 6에서는 테이블 기반 방법론을 사용했다면, 이제는 뉴럴넷을 이용하여 $q(s, a)$를 표현합니다. 더 이상 테이블을 사용하지 않기 때문에 이번에 배울 딥 Q러닝은 상태의 가짓수가 무수히 많은 거대한 MDP에서도 동작할 수 있습니다. 먼저 이론적 배경을 배우고, 그 다음 딥 Q러닝에서 사용할 수 있는 2가지 트릭을 배운 후에 실제 구현으로 넘어가겠습니다.

이론적 배경 - Q러닝

챕터 6에서 배웠던 Q러닝 내용을 복습해 봅시다. Q러닝은 결국 벨만 최적방정식을 이용해 최적 액션-밸류인 $Q_*(s, a)$를 학습하는 내용이었습니다. $Q_*(s, a)$는 테이블에 적혀 있는 값입니다. 벨만 최적 방정식과 이를 이용한 테이블 업데이트 수식을 적어보겠습니다.

$$Q_*(s, a) = \mathbb{E}_{s'}\left[r + \gamma \max_{a'} Q_*(s', a')\right]$$

$$Q(s, a) \leftarrow Q(s, a) + \alpha(r + \gamma \max_{a'} Q(s', a') - Q(s, a))$$

딥 Q러닝은 여기까지의 내용을 뉴럴넷으로 확장하기만 하면 됩니다. 이제 테이블이 아닌 뉴럴넷을 이용하여 $Q(s, a)$ 함수를 표현하기 때문에 $Q_\theta(s, a)$라 표기하겠습니다. θ는 뉴럴넷의 파라미터 벡터입니다. 테이블의 업데이트 식을 보면 정답인 $[r + \gamma \max_{a'} Q_*(s', a')]$와 현재 추측치인 $Q(s, a)$ 사이 차이를 줄이는 방향으로 업데이트합니다. 뉴럴넷에서도 마찬가지 방식으로 손실 함수를 정의할 수 있습니다. $r + \gamma \max_{a'} Q(s', a')$를 정답이라 보고, 이것과 $Q_\theta(s, a)$ 사이 차이의 제곱을 손실 함수라 정의하겠습니다.

$$L(\theta) = \mathbb{E}\left[\left(r + \gamma \max_{a'} Q_\theta(s', a') - Q_\theta(s, a)\right)^2\right]$$

손실 함수를 정의할 때에는 기댓값 연산자 $\mathbb{E}$가 반드시 필요합니다. 같은 상태 s에서 같은 액션 a를 선택한다 하더라도 매번 다른 상태에 도달할 수 있기 때문입니다. 물론 실제로 뉴럴넷을 업데이트할 때는 샘플 기반 방법론으로 $\mathbb{E}$를 무시하고 계산할 수 있습니다. 앞서 여러 번 나왔던 것처럼 데이터를 여러 개 모아서 그 평균을 이용해 업데이트합니다. 이런 방식으로 하나의 데이터에 대해 θ를 업데이트하는 식을 적어보면 다음과 같습니다.

$$\theta' = \theta + \alpha \left(r + \gamma \max_{a'} Q_\theta(s', a') - Q_\theta(s, a)\right) \nabla_\theta Q_\theta(s, a)$$

이 식을 이용하여 θ를 계속해서 업데이트해 나가면 $Q_\theta(s, a)$는 점점 최적의 액션-가치 함수 $Q_*(s, a)$에 가까워질 것입니다.

여기서 미니 배치의 개념을 잠깐 설명하겠습니다. 앞서 논의한 것처럼 기댓값 연산자를 없애기 위해 여러 개의 샘플을 뽑아서 그 평균을 이용해 업데이트합니다. 이처럼 복수의 데이터를 모아 놓은 것을 **미니 배치**mini-batch라고 부르며, 미니 배치를 이용해 업데이트 하는 방식을 미니 배치 업데이트라고 부릅니다. 이때 샘플 몇 개를 뽑아서 미니 배치를 구성할지는 우리 마음입니다. 샘플을 10개의 평균으로 손실 함수를 계산할 수도 있고, 1만 개의 평균으로 손실 함수를 계산할 수도 있습니다. 이처럼 하나의 미니 배치를 구성하는 데 몇 개의 데이터를 사용할 것인가를 다른 말로 미니 배치의 크기 혹은 **미니 배치 사이즈**mini-batch size라고 표현합니다. 10개를 모으는 경우는 미니 배치의 크기가 10이 됩니다. 미니 배치의 크기가 커질수록 더 정확한 그라디언트를 계산할 수 있지만, 그만큼 한 번에 소모해버리는 데이터가 많아지므로 어느 정도 트레이드 오프가 있다고 할 수 있습니다. 요즘 최신 강화 학습 연구를 하는 OPEN AI나 딥마인드 같은 회사의 연구 경향을 보면 경험을 쌓는 프로세스를 수천, 수만 개씩 띄워 놓고 엄청 빠른 속도로 데이터를 모으게 한 다음, 미니 배치 사이즈를 수천에서 수십만에 이를 정도로 매우 크게 하여 학습하는 방식을 사용합니다. 하지만 그렇게 미니 배치 사이즈를 키우기는 어렵습니다. 여하간 손실 함수만 정의되었다면 학습 방법은 간단합니다. pseudo code를 간략히 적어보면 다음과 같습니다.

딥 Q러닝 pseudo code

  1. Q_θ의 파라미터 θ를 초기화

  2. 에이전트의 상태 s를 초기화($s \leftarrow s_0$)

  3. 에피소드가 끝날 때까지 다음(A~E)을 반복

     A Q_θ에 대한 $\varepsilon - greedy$를 이용하여 액션 a를 선택

     B a를 실행하여 r과 s'을 관측

     C s'에서 Q_θ에 대한 **greedy**를 이용하여 액션 a'을 선택

     D θ 업데이트 : $\theta \leftarrow \theta + \alpha(r + \gamma Q_\theta(s', a') - Q_\theta(s, a))\nabla_\theta Q_\theta(s, a)$

     E $s \leftarrow s'$

  4. 에피소드가 끝나면 다시 2번으로 돌아가서 θ가 수렴할 때까지 반복

환경에서 실제로 실행할 액션을 선택하는 부분은 3-A이고, TD 타깃의 값을 계산하기 위한 액션을 선택하는 부분은 3-C입니다. 3-C에서 선택한 액션은

실제로 실행되지는 않으며, 오로지 업데이트를 위한 계산에만 사용되는 부분입니다. 여기서 Q러닝이 off-policy 학습임을 다시 한번 확인할 수 있습니다. 실행할 액션을 선택하는 행동 정책은 $\varepsilon-$ greedy Q_θ이고, 학습 대상이 되는 타깃 정책은 greedy Q_θ로 서로 다르기 때문입니다.

또한, 여기서 실제 구현을 위해 꼭 알아야 할 것이 하나 있습니다. pseudo code 와 실제 구현에는 그라디언트 업데이트 방식에 차이가 있다는 점입니다. 텐서 플로우나 파이토치 등의 라이브러리를 사용할 때는 업데이트를 위해 3-D의 수식을 계산할 필요 없이 그저 손실 함수만 정의해주면 됩니다. 3-D의 수식은 손실 함수에서 한 걸음 더 나아가 이미 한 번 미분된 형태이지만, 라이브러리를 쓴다면 저 단계까지 미분을 해줄 필요가 없는 것입니다. 앞서 배웠던 식인

$$L(\theta) = \left(r + \gamma \max_{a'} Q_\theta(s', a') - Q_\theta(s, a) \right)^2$$

까지만 정의해주면 끝입니다. 그리고 나서 $L(\theta)$에 대해 minimize 함수를 호출해주면 라이브러리가 알아서 그라디언트를 계산하여 θ를 업데이트해 줍니다. 뒤에 나올 DQN 구현 부분에서 더 자세히 살펴보겠습니다. 이렇게 하면 딥 Q 러닝의 기본은 끝났습니다. 이 정도만 가지고도 많은 문제에서 최적의 액션-가치 함수 $Q_*(s, a)$를 찾을 수 있습니다. 이제 기본을 배웠으니 응용과 활용에 대해 살펴보겠습니다.

익스피리언스 리플레이와 타깃 네트워크

2015년, 구글 딥마인드사에서 딥 Q러닝을 이용해 고전 비디오 게임인 아타리 게임을 인간보다 더 잘하는 에이전트를 학습한 결과를 발표하였습니다. 해당 연구에 쓰인 알고리즘이 바로 **DQN**^{Deep Q-Network}입니다. DQN의 본질은 앞에서 배운 것처럼 뉴럴넷을 이용하여 표현한 Q함수를 강화하는 것입니다.

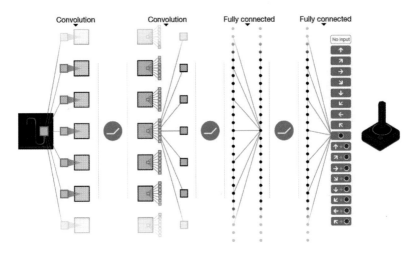

| 그림 8-3 | 해당 논문[12]의 아타리 게임을 플레이 하는 Q네트워크

그 중심에는 그림 8-3과 같은 Q네트워크가 있습니다. 위 네트워크는 시점마다 게임 화면을 인풋으로 받아, 각 액션에 대한 밸류를 리턴하는 함수입니다. Q함수를 학습하는 과정에 대해서는 앞에서 자세히 설명했습니다. 하지만 이에 더하여 논문에서는 학습을 안정화하고 성능을 끌어 올리기 위해 2가지 특별한 방법론을 도입하였습니다. 바로 **익스피리언스 리플레이**^{Experience Replay}와 **타깃 네트워크**^{Target Network}입니다. 이 두 방법론이 각각 어떤 것이고, 어떻게 학습을 개선하였는지 함께 알아보겠습니다.

---

12 Mnih, Volodymyr, et al. "Human-level control through deep reinforcement learning." Nature 518.7540 (2015): 529.

■ 익스피리언스 리플레이(Experience Replay)

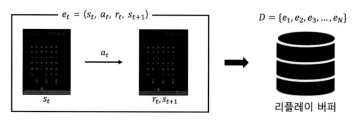

| 그림 8-4 | 에이전트의 경험이 리플레이 버퍼에 쌓인다

강화 학습은 결국 에이전트가 겪은 경험을 가지고 강화를 해가는 과정입니다. 익스피리언스 리플레이는 문자 그대로 "겪었던 경험을 재사용하면 더 좋지 않을까?"하는 아이디어에서 출발합니다. 경험은 여러 개의 에피소드로 이루어져 있고, 에피소드는 여러 개의 **상태 전이**^{transition 또는 트랜지션}로 이루어져 있습니다. 하나의 상태 전이 e_t는 (s_t, a_t, r_t, s_{t+1})로 표현할 수 있습니다. "상태 s_t에서 액션 a_t를 했더니 보상 r_t을 받고 다음 상태 s_{t+1}에 도착하였다"는 뜻입니다. 하나의 상태 전이가 곧 하나의 데이터입니다.

이러한 낱개의 데이터를 재사용하기 위해 논문에서는 **리플레이 버퍼**^{replay buffer}라는 개념을 도입하였습니다. 버퍼에다가 가장 최근의 데이터 n개를 저장해 놓자는 아이디어입니다. 예컨대 가장 최근에 발생한 100만 개의 데이터를 버퍼에 들고 있다가, 새로운 데이터가 하나 버퍼에 들어오는 순간 가장 오래된 데이터를 하나 제거합니다. 이렇게 하면 버퍼는 가장 최신의 데이터 100만 개를 유지할 수 있습니다. 그리고 학습할 때는 이 버퍼에서 임의로 데이터를 뽑아서 사용합니다. 예컨대 32개씩 뽑아서 미니 배치를 만들어서 학습하는 방식입니다. 그렇게 랜덤하게 뽑다 보면 각각의 데이터는 여러 번 재사용될 수 있습니다. 이는 데이터 효율성을 올려줍니다.

그뿐만 아니라 더 중요한 장점이 있습니다. 100만 개에서 랜덤하게 32개를 뽑다 보면 하나의 미니 배치 안에는 서로 다른 게임에서 발생한 다양한 데이터들이 마구 섞이게 됩니다. 이렇게 다양한 데이터로 학습을 하면, 한 게임 안에서 발생한 연속된 데이터를 사용할 때 보다 각각의 데이터 사이 **상관성**^{correalation}이 작아서, 더 효율적으로 학습할 수 있습니다. 실제로 논문에서도 바로 이 상관성을 깨는 부분이 성능 개선에 큰 역할을 하였다고 주장합니다. 데이터를 재사용하여 효율성도 올려주고, 데이터 사이 상관성도 줄여주기 때문에 익스피리언스 리플레이는 여러모로 좋은 방법론입니다.

하지만 익스피리언스 리플레이를 사용할 때는 주의해야 할 점이 하나 있습니다. 이 방법론은 off-policy 알고리즘에만 사용할 수 있다는 점입니다. 리플레이 버퍼에 쌓여 있는 데이터는 현재 학습을 받고 있는 정책이 아니라 그보다 과거의 정책이 생성한 데이터이기 때문입니다. 과거에 처음 데이터가 생성되던 시점의 네트워크는 더 이상 존재하지 않습니다. 시간이 흘러 이미 해당 네트워크는 그로부터 여러 번 업데이트 되었기 때문입니다. 따라서 해당 데이터를 생성한 행동 정책과 현재 학습을 받고 있는 타깃 정책이 서로 다른 정책입니다. 쉽게 말하면 과거에 내가 쌓은 경험을 가지고 현재의 내가 배우고 있는 셈입니다. 과거의 나는 현재의 나와 다르기 때문에 off-policy 상황이고, Q러닝은 대표적인 off-policy 알고리즘입니다. 따라서 DQN에서는 안전하게 리플레이 버퍼를 사용할 수 있습니다.

■ **별도의 타깃 네트워크(Target Network)**

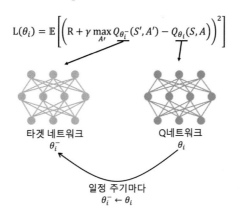

$$L(\theta_i) = \mathbb{E}\left[\left(R + \gamma \max_{A'} Q_{\theta_i^-}(S', A') - Q_{\theta_i}(S, A)\right)^2\right]$$

타겟 네트워크
θ_i^-

Q네트워크
θ_i

일정 주기마다
$\theta_i^- \leftarrow \theta_i$

| 그림 8-5 | 타깃 네트워크의 작동 원리

DQN을 향상시킨 두 번째 아이디어는 별도의 타깃 네트워크를 두는 방법론입니다. 손실 함수 L(θ)의 직관적 의미는 정답과 추측 사이의 차이이며, 이 차이를 줄이는 방향으로 θ가 업데이트됩니다. 그런데 Q러닝에서는

$R + \gamma \max\limits_{A'} Q_\theta(S', A')$이 정답으로 사용되기 때문에 정답이 θ에 의존적입니다. 그래서 θ가 업데이트 될 때마다 정답에 해당하는 값이 계속해서 변하며 이는 안정적인 학습에 해가 됩니다. 예를 들어보겠습니다. 현재 네트워크의 파라미터는 θ_i이고, 이 네트워크를 한 번 업데이트하여 θ_{i+1}이 되었다고 해 봅시다. 그런데 Q_θ가 정답지와 추측치 모두에 포함되어 있기 때문에 다음과 같이 정답지도 함께 변합니다.

$$R + \gamma \max\limits_{A'} Q_{\theta_i}(S', A') \rightarrow R + \gamma \max\limits_{A'} Q_{\theta_{i+1}}(S', A')$$

뉴럴넷을 학습할 때 정답지가 자주 변하는 것은 학습의 안정성을 매우 떨어뜨립니다. 바로 여기서 타깃 네트워크의 아이디어가 등장합니다. 정답을 계산할 때 사용하는 네트워크인 타깃 네트워크와 학습을 받고 있는 Q 네트워크, 이렇게 두 벌의 네트워크를 준비합니다. 그리고 정답지를 계산할 때 사용하는 네트워크의 파라미터를 잠시 얼려두는 것입니다. 변하지 않도록 얼린 파라미터를 θ_i^-라고 표기하겠습니다. 이처럼 θ_i^-를 고정해놓고 정답지를 계산하면 정답이 안정적인 분포를 가지게 됩니다. 그 사이 학습을 받고 있는 네트워크의 파라미터는 $\theta_{i+1}, \theta_{i+2}, \cdots$ 이렇게 계속해서 업데이트 됩니다. 그리고 일정 주기마다 얼려 놓았던 θ_i^-를 최신 파라미터로 교체해 줍니다. 예컨대 1천 번 θ를 업데이트하고 나면 다시 가장 최신의 파라미터인 θ_{i+1000}을 얼려놓고 타깃 계산에 사용합니다.

정리하면 학습 도중에는 똑같이 생긴 두 쌍의 파라미터가 사용됩니다. 학습 대상이 되는 Q네트워크의 파라미터 θ_i와 정답지 계산에 쓰이는 파라미터 θ_i^-가 공존합니다. 실제로 논문에서는 실험을 통해 이 기법이 학습의 성능을 매우 끌어 올렸음을 확인해 주었습니다.

이처럼 경험을 재사용하는 방법과 타깃 네트워크를 따로 둬서 학습을 안정화시키는 방법을 통해 DQN은 큰 성능 개선을 거두었습니다. 이제 이론을 충분히 살펴보았으니 DQN의 구현으로 넘어가겠습니다. 위에서 배운 2가지 트릭을 포함하여 DQN을 구현해 보도록 하겠습니다. 방법론이 꽤 거창해 보이지만 사실 코드로 써보면 몇 줄 안될 정도로 간단합니다.

DQN 구현

먼저 우리가 풀고자 하는 문제부터 소개하겠습니다. 문제의 이름은 바로 **카트폴**CartPole입니다.

| 그림 8-6 | OpenAI Gym의 카트폴 환경

카트폴은 OpenAI라는 단체에서 만든 **OpenAI Gym**이라는 라이브러리 안에 포함된 하나의 환경입니다. OpenAI Gym에는 강화 학습 알고리즘을 테스트해볼 수 있는 다양한 환경이 포함되어 있습니다. 카트폴을 그중에서 가장 간단한 환경 중 하나입니다. 카트폴에서 폴은 막대를 뜻하고, 카트를 잘 밀어서 막대가 넘어지지 않도록 균형을 잡는 문제입니다. 카트는 일정한 힘으로 왼쪽이나 오른쪽으로 밀 수 있기 때문에 선택할 수 있는 액션은 항상 2가지뿐입니다. 또 스텝마다 +1의 보상을 받기 때문에 보상을 최적화하는 것은 곧 막대를 넘어뜨리지 않고 가능한 오래도록 균형을 잡는 것입니다. 막대가 수직으로부터 15도 이상 기울어지거나 카트가 화면 끝으로 나가면 종료됩니다. 카트의 상태 s는 길이 4의 벡터입니다.

s=(카트의 위치, 카트의 속도, 막대의 각도, 막대의 각속도)

카트폴 환경은 최적 정책이 간단해서 cpu만으로도 1분이면 학습 결과를 볼 수 있기 때문에 알고리즘 구현을 테스트하는 데에 간편하다는 장점이 있습니다. 그러면 바로 구현 내용으로 넘어가겠습니다. 모든 소스 코드는 깃허브 저장소[13]에 업로드되어 있습니다.

---

13 github.com/seungeunrho/RLfrombasics

■ 라이브러리 import

```
import gym
import collections
import random

import torch
import torch.nn as nn
import torch.nn.functional as F
import torch.optim as optim
```

늘 그렇듯 필요한 라이브러리 import부터 시작합니다. gym은 OpenAI GYM 라이브러리를 가리킵니다. collections 라이브러리는 앞서 배운 리플레이 버퍼를 구현할 때에 사용됩니다. collections 라이브러리 안의 deque라는 자료구조를 이용하면 **선입선출**first-in-first-out의 특성을 갖고 있는 리플레이 버퍼를 쉽게 구현할 수 있습니다.

■ 하이퍼 파라미터 정의

```
#Hyperparameters
learning_rate = 0.0005
gamma         = 0.98
buffer_limit  = 50000
batch_size    = 32
```

다음은 하이퍼 파라미터를 정의하는 부분입니다. 위 값이 특별한 정답은 아닙니다. 다양한 값이 가능하며 위 값들은 학습이 잘 되는 하나의 예시에 불과합니다. 원래의 DQN 논문에서는 리플레이 버퍼의 크기가 100만이었는데 카트폴은 상대적으로 간단한 문제인 만큼 그 크기를 줄여 5만으로 설정하였습니다. 미니 배치의 크기를 나타내는 batch_size는 32로 하였습니다. 이는 하나의 미니 배치 안에 32개의 데이터가 쓰인다는 의미입니다.

■ 리플레이 버퍼 클래스

```python
class ReplayBuffer():
    def __init__(self):
        self.buffer = collections.deque(maxlen=buffer_limit)

    def put(self, transition):
        self.buffer.append(transition)

    def sample(self, n):
        mini_batch = random.sample(self.buffer, n)
        s_lst, a_lst, r_lst, s_prime_lst, done_mask_lst = [], [], [], [], []

        for transition in mini_batch:
            s, a, r, s_prime, done_mask = transition
            s_lst.append(s)
            a_lst.append([a])
            r_lst.append([r])
            s_prime_lst.append(s_prime)
            done_mask_lst.append([done_mask])

        return torch.tensor(s_lst, dtype=torch. float), torch.tensor(a_lst),
                torch.tensor(r_lst), torch.tensor(s_prime_lst, dtype=torch.
        float), torch.tensor(done_mask_lst)

    def size(self):
        return len(self.buffer)
```

이번에는 ReplayBuffer 클래스를 정의하였습니다. ReplayBuffer 클래스의 역할은 최신 5만 개의 데이터를 들고 있다가 필요할 때마다 batch_size만큼의 데이터를 뽑아서 제공해주는 것입니다. 크게 보면 put 함수와 sample 함수로 이루어져 있습니다. put 함수는 데이터를 버퍼에 넣어주는 함수이고, sample 함수는 버퍼에서 랜덤하게 32개의 데이터를 뽑아서 미니 배치를 구성해주는 함수입니다. 하나의 데이터는 (s,a,r,s_prime, done_mask)로 구성되어 있습니다. 여기서 done_mask는 종료 상태의 밸류를 마스킹해주기 위해 만든 변수입니다. 게임이 끝났으면 더 이상 발생할 보상이 없기 때문에 종료 상태에서는 0, 나머지 상태에서는 1의 값을 갖고 있는 done_mask를 $q(s, a)$에 곱해주면 자동으로 종료 상태의 밸류가 0이 됩니다. 이렇게 32개의 데이터를 뽑고나면 s는 s끼리, r

은 r끼리, 요소별로 모아서 pytorch의 텐서로 변환해주는 작업을 합니다. 그러면 미니 배치를 만드는 작업이 끝이 났습니다. 참고로 ReplayBuffer 클래스 안의 buffer는 collections.deque 라는 클래스를 이용하여 구현하였기 때문에 버퍼가 꽉 찬 상태에서 추가 데이터가 더 들어오면, 자동으로 가장 먼저 들어온 데이터가 버퍼에서 밀려나옵니다.

■ Q밸류 네트워크 클래스

```
class Qnet(nn.Module):
    def __init__(self):
        super(Qnet, self).__init__()
        self.fc1 = nn.Linear(4, 128)
        self.fc2 = nn.Linear(128, 128)
        self.fc3 = nn.Linear(128, 2)

    def forward(self, x):
        x = F.relu(self.fc1(x))
        x = F.relu(self.fc2(x))
        x = self.fc3(x)
        return x

    def sample_action(self, obs, epsilon):
        out = self.forward(obs)
        coin = random.random()
        if coin < epsilon:
            return random.randint(0, 1)
        else :
            return out.argmax().item()
```

이제 Q밸류 네트워크를 정의할 차례입니다. Q밸류 네트워크의 클래스의 이름은 Qnet이라 정하였습니다. Qnet 클래스는 nn.Module 클래스를 상속받아 선언되었습니다. nn.Module 클래스는 파이토치 라이브러리 안에 포함된 클래스로, 뉴럴넷을 만들 때 뼈대가 되는 클래스이며 뉴럴넷과 관련한 다양한 연산을 제공해주기 때문에 파이토치에서 뉴럴넷을 선언할 때 거의 디폴트로 상속받는 클래스입니다. 예컨대 Q네트워크의 파라미터들을 타깃 네트워크로 복사할 때에 load_state_dict라는 함수를 사용하여 한 줄만으로 구현할 수 있습니다. 바로 이 함수 또한 nn.Module를 상속 받았기 때문에 사용할 수 있습니다. 이후 main 함수의 구현 부분에서 다시 확인하겠습니다.

__init__에서는 네트워크에 쓰일 레이어들을 선언해주고, forward 함수에서는 선언된 레이어를 엮어서 뉴럴넷의 연산 그래프를 정의합니다. 뉴럴넷 구조는 그림 8-7과 같은 형태를 사용하였습니다.

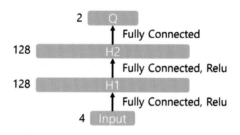

| 그림 8-7 | DQN에 쓰일 Q 네트워크의 구조

그림과 같이 상태 s를 나타내는 길이 4의 인풋 벡터가 들어오면 모든 액션에 대해 각 액션의 밸류인 Q(s, a)의 값을 리턴합니다. 카트폴에서는 선택할 수 있는 액션이 2개이기 때문에 아웃풋의 차원은 2가 됩니다. 참고로 Q함수를 구현하는 방식은 크게 2가지가 있습니다. s와 a를 한꺼번에 인풋으로 받아 그 밸류를 리턴하는 형태와 s만 인풋으로 받아 모든 액션에 대한 밸류값들을 한 번에 리턴하는 형태입니다. 이 둘은 구현상의 차이만 있을 뿐 의미는 동일합니다. 본 구현에서는 DQN의 원래 논문과 같이 후자를 선택하였습니다.

여기서 forward 함수를 살펴보면 맨 마지막 레이어에는 Relu가 들어가지 않은 것을 주의해야 합니다. 맨 마지막 아웃풋은 결국 Q밸류이기 때문에 $[-\infty, \infty]$ 사이 어느 값이든 취할 수가 있습니다. 그렇기 때문에 양수만 리턴할 수 있는 Relu를 넣어주면 안 됩니다. 마지막으로 sample_action 함수는 실제로 행할 액션을 $\varepsilon - greedy$ 방식으로 선택해주는 역할을 합니다. [0, 1] 사이 실수 값이 나올 수 있는 동전을 던져서 동전이 ε 값보다 작으면 랜덤 액션을 하고, 그보다 크면 Q값이 제일 큰 액션을 선택하는 방식입니다. ε 덕분에 환경에서 다양한 액션을 선택해보며 환경 속을 탐험해 볼 수 있습니다.

■ 학습 함수

```
def train(q, q_target, memory, optimizer):
    for i in range(10):
        s,a,r,s_prime,done_mask = memory.sample(batch_size)

        q_out = q(s)
        q_a = q_out.gather(1,a)
        max_q_prime = q_target(s_prime). max (1)[0].unsqueeze(1)
        target = r + gamma * max_q_prime * done_mask
        loss = F.smooth_l1_loss(q_a, target)

        optimizer.zero_grad()
        loss.backward() # loss에 대한 그라디언트 계산이 일어남
        optimizer.step()
```

드디어 실제로 학습을 진행하는 train 함수입니다. 에피소드 하나가 끝날 때마다 본 함수가 호출되며, 한 번 호출될 때마다 10개의 미니 배치를 뽑아 총 10번 업데이트하도록 구현하였습니다. 1번의 업데이트에 32개의 데이터(=transition)가 사용되므로, 한 에피소드가 끝날 때마다 버퍼에서 총 320개의 데이터를 뽑아서 사용하는 셈입니다. 이 숫자는 그냥 적당히 정한 값일 뿐, 여러 번 더 업데이트할 수도 있고, 덜 업데이트할 수도 있습니다.

train 함수 안의 각각의 for loop 안에서는 먼저 리플레이 버퍼에서 미니 배치를 뽑고 해당 데이터를 이용하여 loss 값을 계산합니다. loss가 계산되고 나면 이에 대해 loss.backward()를 이용하여 실제로 그라디언트를 계산합니다. optimizer.step()을 실행하는 순간 Qnet의 파라미터의 업데이트가 일어납니다. 이렇게 하면 학습 과정의 큰 그림에 대한 설명은 끝났습니다.

q_a는 실제 선택된 액션의 q값을 의미합니다. 또 max_q_prime을 계산할 때 q 네트워크가 아니라 q_target 네트워크가 호출되는 것을 눈여겨 봅니다. q_target 네트워크는 정답지를 계산할 때 쓰이는 네트워크로 학습 대상이 아닙니다. 따라서 오직 q 네트워크의 파라미터만이 업데이트 대상임을 optimizer에게 알려줘야 합니다. 이후 main 함수에서 이 부분을 어떻게 처리하는지 함께 살펴봅시다.

■ 메인 함수

```
def main():
    env = gym.make('CartPole-v1')
    q = Qnet()
    q_target = Qnet()
    q_target.load_state_dict(q.state_dict())
    memory = ReplayBuffer()

    print_interval = 20
    score = 0.0
    optimizer = optim.Adam(q.parameters(), lr=learning_rate)
```

먼저 main 함수의 앞부분입니다. 여기서 q와 q_target이 네트워크를 선언하는 것을 확인할 수 있습니다. 또 앞에서 설명했던 것처럼 load_state_dict 함수를 이용해 q 네트워크의 파라미터의 값들을 그대로 q_target 네트워크로 복사하여 초기에 두 네트워크를 완전히 동일하게 만들었습니다. 학습이 진행되면서 q 네트워크는 조금씩 업데이트 되겠지만 q_target 네트워크는 다시 한 번 load_state_dict 함수를 호출해주기 전까지는 변하지 않고 초기의 파라미터들을 그대로 유지합니다. 또 optimizer를 선언할 때 q 네트워크의 파라미터만 인자로 넘겨준 것을 확인할 수 있습니다. q_target 네트워크는 학습의 대상이 아니기 때문에 q_target 네트워크의 파라미터는 optimzer에게 넘겨주지 않습니다. 이렇게 하면 optimizer는 오로지 q 네트워크의 파라미터만 업데이트합니다.

```
for n_epi in range(10000):
    epsilon = max(0.01, 0.08 - 0.01*(n_epi/200))
    #Linear annealing from 8% to 1%
    s = env.reset()
    done = False

    while not done:
        a = q.sample_action(torch.from_numpy(s). float (), epsilon)
        s_prime, r, done, info = env.step(a)
        done_mask = 0.0 if done else 1.0
        memory.put((s,a,r/100.0,s_prime, done_mask))
        s = s_prime
```

```
            score += r
            if done:
                break

        if memory.size()>2000:
            train(q, q_target, memory, optimizer)

        if n_epi%print_interval==0 and n_epi!= 0:
            q_target.load_state_dict(q.state_dict())
            print("n_episode :{}, score : {:.1f}, n_buffer : {}, eps : {:.1f}%"
            .format (n_epi, score/print_interval, memory.size(), epsilon*100))
            score =0.0
    env.close()
```

main 함수의 뒷부분입니다. 특별한 부분은 없습니다. 앞서 정의한 클래스와 함수들을 이용하여 실제로 경험을 쌓고, train 함수를 호출하여 파라미터를 업데이트합니다. while loop 안에서 하나의 에피소드가 끝날 때까지 액션을 선택하고 실행하여 얻은 데이터를 리플레이 버퍼로 보내는 것을 반복합니다. 데이터를 보낼 때 보상의 값을 100으로 나눠서 보내주는데 이는 보상의 스케일이 너무 커서 조절하기 위함입니다(100으로 나누지 않으면 학습이 잘 안 되는 것을 확인할 수 있습니다). 그리고 에피소드가 끝날 때마다 train 함수를 호출합니다. 리플레이 버퍼에 데이터가 충분히 쌓이지 않았을 때 학습을 진행하면 초기의 데이터가 많이 재사용되어 학습이 치우칠 수 있으므로 그런 현상을 막고자 데이터가 2천개 이상 쌓였을 때부터 학습을 진행하도록 하였습니다. 또한, 에피소드가 10개 끝날 때마다 가장 최근 10개 에피소드의 보상 총합의 평균을 프린트하도록 하였고, q 네트워크의 파라미터를 q_target 네트워크로 복사하도록 구현했습니다. 이제 main 함수를 실행시키면 학습 결과를 확인해 볼 수 있습니다.

n_episode : 20, score : 10.5, n_buffer : 210, eps : 9.8%

n_episode : 40, score : 10.2, n_buffer : 413, eps : 9.6%

n_episode : 60, score : 10.0, n_buffer : 613, eps : 9.4%

n_episode : 80, score : 10.2, n_buffer : 816, eps : 9.2%

n_episode : 100, score : 9.9, n_buffer : 1014, eps : 9.0%

n_episode : 120, score : 9.7, n_buffer : 1207, eps : 8.8%

n_episode : 140, score : 9.7, n_buffer : 1401, eps : 8.6%

n_episode : 160, score : 9.9, n_buffer : 1599, eps : 8.4%

n_episode : 180, score : 10.2, n_buffer : 1804, eps : 8.2%

n_episode : 200, score : 10.8, n_buffer : 2021, eps : 8.0%

n_episode : 220, score : 14.1, n_buffer : 2302, eps : 7.8%

n_episode : 240, score : 11.4, n_buffer : 2530, eps : 7.6%

n_episode : 260, score : 10.6, n_buffer : 2741, eps : 7.4%

n_episode : 280, score : 13.7, n_buffer : 3015, eps : 7.2%

n_episode : 300, score : 44.8, n_buffer : 3910, eps : 7.0%

n_episode : 320, score : 146.3, n_buffer : 6837, eps : 6.8%

n_episode : 340, score : 218.0, n_buffer : 11197, eps : 6.6%

n_episode : 360, score : 165.6, n_buffer : 14508, eps : 6.4%

n_episode : 380, score : 179.4, n_buffer : 18096, eps : 6.2%

n_episode : 400, score : 201.9, n_buffer : 22134, eps : 6.0%

n_episode : 420, score : 184.4, n_buffer : 25822, eps : 5.8%

n_episode : 440, score : 187.8, n_buffer : 29578, eps : 5.6%

n_episode : 460, score : 152.2, n_buffer : 32621, eps : 5.4%

n_episode : 480, score : 190.1, n_buffer : 36422, eps : 5.2%

n_episode : 500, score : 218.2, n_buffer : 40785, eps : 5.0%

n_episode : 520, score : 267.8, n_buffer : 46140, eps : 4.8%

n_episode : 540, score : 280.4, n_buffer : 50000, eps : 4.6%

n_episode : 560, score : 282.8, n_buffer : 50000, eps : 4.4%

n_episode : 580, score : 268.6, n_buffer : 50000, eps : 4.2%

n_episode : 600, score : 262.1, n_buffer : 50000, eps : 4.0%

본 코드를 실행한 결과는 앞과 같습니다. Score가 점점 증가하는 것을 확인할 수 있고, 동시에 버퍼는 데이터가 차곡차곡 쌓이다가 5만 개가 되는 순간부터 더 이상 쌓이지 않습니다. 또한 입실론의 값도 점차 줄어드는 것을 확인할 수 있습니다. 이렇게 DQN의 구현과 확인까지 모두 마쳤습니다.

이번 챕터에서는 가치 기반 에이전트에 딥러닝을 결합하는 방법론에 대해 배웠습니다. MC와 TD가 제공하는 정답을 이용해 손실 함수를 정의했고, 이를 줄이는 방향으로 밸류 네트워크를 업데이트하였습니다. 다음으로 Q네트워크에 뉴럴넷을 결합한 딥 Q러닝에 대해 배웠고, 이를 개선하기 위한 트릭인 익스피리언스 리플레이와 타깃 네트워크에 대해 배웠습니다. 그리고 이 둘을 실제로 적용하여 카트폴 환경에서 DQN 에이전트를 구현해 보았습니다. 이제는 정책 기반 알고리즘으로 넘어가겠습니다.

정책 기반 에이전트

딥러닝과 정책 함수가 결합하면 강력한 정책 네트워크를 만들어 냅니다. 이번 챕터에서는 보상 및 밸류 네트워크를 이용해 직접적으로 정책 네트워크를 학습하는 방법에 대해 알아보겠습니다. 이는 수많은 최신 강화 학습 알고리즘의 뿌리가 되는 방법론입니다.

CHAPTER **9**

정책 기반 에이전트

챕터 8에서는 가치 기반 에이전트를 살펴보았습니다. 가치 기반 에이전트는 가치 함수만 갖고 액션을 선택하기 때문에 명시적인 정책 함수가 따로 없었습니다. 이번 챕터에는 정책 함수를 갖고 액션을 선택하는 **정책 기반**policy-based 에이전트에 대해 배워봅니다. 먼저 정책 기반 에이전트가 왜 필요한지 살펴보고, 뉴럴넷을 이용해 표현한 정책 네트워크를 학습하는 방법에 대해 배워보겠습니다. 그리고 챕터의 말미에는 정책 함수와 가치 함수를 함께 학습하는 방식인 액터-크리틱에 대해 다루겠습니다. 이번 챕터에서는 본 책의 전체 내용을 통틀어 가장 수학적으로 난이도 있는 내용이 다룰 것입니다. 처음에는 다소 어려워 보이지만, 차근차근 곱씹어 보면 이해할 수 있으니 마지막까지 힘내길 바랍니다. 그럼 시작합니다.

9.1 **Policy Gradient**

| 그림 9-1 | 가위바위보

먼저 정책 기반 에이전트가 왜 필요한지에 대해 간단히 설명해보겠습니다. 앞서 배운 것처럼 가치 기반 에이전트가 액션을 선택하는 방식은 **결정론적**deterministic 입니다. 여기서 결정론적이라 함은 모든 상태 s에 대해 각 상태에서 선택하는 액션이 변하지 않는다는 뜻입니다. 해당 상태에서 $Q(s, a)$의 값이 가장 높은 액션을 선택하는 것이 전부인데, 학습이 끝났다면 $Q(s, a)$의 값은 고정되어 있기 때문입니다. 그렇다면 이 에이전트가 가위바위보를 한다면 어떻게 될까요? 계속 정해진 하나의 패(예컨대 주먹)만 내고, 상대가 전략을 수정할 수 있다면 쉽게 간파당할 겁니다. 이에 반해 정책 기반 에이전트는 **확률적 정책**stochastic policy 을 취할 수 있습니다. 정책 함수의 정의가 본디 $\pi(s, a) = \mathbb{P}[a|s]$로 상태 s에서 할 수 있는 액션에 대한 확률 분포를 가리키기 때문입니다. 예컨대 가위, 바위, 보를 동등하게 3분의 1 확률로 선택하는 정책을 가질 수 있습니다. 말하자면 정책 기반 에이전트는 가치 기반 에이전트에 비해 좀 더 유연한 정책을 가질 수 있습니다.

또 **액션 공간**action space이 **연속적**continuous인 경우를 생각해보겠습니다. 예컨대 0에서 1 사이의 모든 실수값이 액션으로 선택될 수 있는 상황입니다. 이때 가치 기반 에이전트가 작동하려면 모든 $a \in [0,1]$에 대해 $Q(s, a)$의 값을 최대로 하는 인풋 a를 찾아야 합니다. 이는 그 자체로 하나의 최적화 문제입니다. 만일 가능한 액션이 유한했다면 각각 넣어보고 그 값이 가장 큰 값이 큰 액션을 선택하면 되지만 연속적 액션 공간에서는 액션이 무한이기 때문에 일일이 넣어볼 수가 없어서 문제가 됩니다. 결국 액션을 선택할 때마다 최적화 문제를 하나씩 풀어야 하는 셈입니다. 그래서 연속적 액션 공간에서는 $Q(s, a)$ 기반 에이전트가 작동하기 힘듭니다. 반면 정책 기반 에이전트는 $\pi(s)$가 주어져 있다면 바로 액션을 뽑아줄 수 있기 때문에 문제될 것이 없습니다. 그뿐만 아니라 정책 기반 방법론이 가치 기반 방법론에 비해 환경에 숨겨진 정보가 있거나, 환경 자체가 변하는 경우에도 더 유연하게 대처할 수 있다는 것이 알려져 있기도 합니다. 정책 기반 에이전트는 이처럼 많은 장점을 갖고 있습니다.

이런 이유에서 이번 챕터에서는 가치 함수가 아닌 정책 함수를 직접적으로 강화하는 내용을 배워 보고자 합니다. 문제의 조건은 동일합니다. MDP에 대한 정보를 모르는 모델-프리 상황이고, 커다란 문제여서 테이블에 값을 담을 수 없어서 뉴럴넷이 꼭 필요한 상황입니다. 따라서 뉴럴넷을 이용하여 표현한 정책, 즉 **정책 네트워크**policy network를 강화하는 것이 목적입니다.

목적 함수 정하기

정책 네트워크를 $\pi_\theta(s, a)$로 표현하겠습니다. θ는 정책 네트워크의 파라미터입니다. 결국 우리는 환경에다 $\pi_\theta(s, a)$로 움직이는 에이전트를 가져다 놓아 경험을 쌓게 하고, 그 경험으로부터 $\pi_\theta(s, a)$를 계속해서 강화해 나가고자 합니다. 그런데 어떻게 $\pi_\theta(s, a)$를 발전시킬 수 있을까요? 결국 뉴럴넷의 파라미터를 업데이트 하는 것이니 그라디언트 디센트(혹은 어센트) 방법론을 사용할 것임을 추측할 수 있습니다. 그라디언트 업데이트를 위해서는 손실 함수가 정의되어야 합니다. 여기서 궁금증이 하나 생깁니다.

$$\pi_\theta(s, a)\text{의 손실 함수를 어떻게 정의하지…?}$$

손실 함수가 정의되어야 이를 줄이는 방향으로 파라미터를 업데이트할 수 있습니다. 하지만 손실 함수를 정의하려면 먼저 정답지가 정의되어야 합니다. 손실 함수란 뉴럴넷의 예측값과 실제 정답 사이의 차이를 의미하기 때문입니다. 밸류를 학습할 때는 정답지를 MC나 TD 기법으로 구했지만 정책 함수의 정답을 구하는 방법은 막연합니다. 정책 함수의 정답이란 것이 곧 최적 정책인데, 최적 정책을 알면 강화 학습을 할 필요도 없을 테니까요. 그래서 정책 네트워크를 업데이트할 때는 아예 다른 패러다임으로 접근하고자 합니다. 손실 함수를 줄이는 방향이 아니라, 정책을 평가하는 기준을 세워서 그 값을 증가시키도록 하는 방향으로 그라디언트 업데이트를 하고자 합니다.

지금부터 우리의 목적은 주어진 정책 네트워크 $\pi_\theta(s, a)$에 대해 이 정책이 얼마나 좋은 정책인지 평가하는 방법을 찾는 것입니다. 평가 함수를 $J(\theta)$라고 합니다. π를 인풋으로 받아 점수를 리턴하는 함수이고, π가 곧 θ에 의해서 표현되니 θ만 인풋으로 넣어도 충분합니다. 이 함수를 알 수 있다면 이 함수의 값을 증가시키는 방향으로 **그라디언트 어센트**gradient ascent를 하면 됩니다. 그렇게 θ를 계속해서 업데이트한다면 $\pi_\theta(s, a)$의 점수는 점점 높아질 것이고 그것이 곧 강화 학습입니다. 이렇게 우리의 목적이 J(θ)를 잘 정의하는 것으로 단순화되었습니다. 그렇다면 정책을 어떻게 평가할 수 있을까요? 당연히 보상의 합이 큰 정책이 좋은 정책일 것입니다. 하지만 π가 고정되어도 에피소드마다 서로 다른 상태를 방문하고 서로 다른 보상을 받습니다(그 과정에 환경의 동전 던지기와 에이전트의 동전 던지기가 있었기 때문입니다). 그래서 기댓값 연산자가 필요합니다. 보상의 합에 기댓값을 취한 것이 곧 J(θ)라고 할 수 있습니다.

$$J(\theta) = \mathbb{E}_{\pi_\theta}\left[\sum_t r_t\right]$$

그런데 리턴의 기댓값… 뭔가 떠오르지 않나요? 바로 가치 함수입니다. 이는 시작하는 상태가 s_0로 항상 고정되어 있다면 s_0의 가치라고 볼 수도 있습니다. 즉 다음과 같이 표현할 수 있습니다.

$$J(\theta) = \mathbb{E}_{\pi_\theta}\left[\sum_t r_t\right] = v_{\pi_\theta}(s_0)$$

한마디로 표현하면 J(θ)는 s_0의 밸류입니다. s_0로 시작 상태가 고정되어 있다는 것은 그렇게 무리한 가정은 아닙니다. 체스, 바둑, 스타크래프트 등 많은 경우에 시작 상태는 항상 고정되어 있습니다. 이 가정이 성립하지 않는 경우를 일반화하고 싶다면 시작하는 상태가 s_0로 고정된 것이 아니라 매번 다른 상태에서 출발한다고 생각해도 괜찮습니다. 대신 시작 상태 s의 확률 분포 d(s)가 정의되어 있어야 합니다. 즉 어떤 상태 s에서 시작할 확률을 d(s)라고 하면 다음이 성립합니다.

$$J(\theta) = \sum_{s \in S} d(s) * v_{\pi_\theta}(s)$$

모든 상태 s에 대하여 해당 상태에서 출발했을 때 얻을 가치를 해당 상태에서 출발할 확률과 곱하여 가중 합을 해준 것입니다. 이렇게 하면 $\pi_\theta(s,a)$를 평가할 수 있습니다. 이제 우리는 θ를 주면 π_θ의 점수를 평가해주는 함수 J(θ)를 얻었습니다. θ를 수정하여 J(θ)를 최대화하는 것이 목적입니다. 이를 위해 그라디언트 기반 방법론을 취하겠습니다.

$\nabla_\theta J(\theta)$를 구하여

$$\theta' \leftarrow \theta + \alpha * \nabla_\theta J(\theta)$$

를 실행하면 $J(\theta')$의 값은 $J(\theta)$보다 증가할 것입니다. 이 과정을 반복하면 최적 정책의 파라미터 θ^*를 찾을 수 있습니다. 이러한 접근 방식을 **그라디언트 어센트**gradient ascent라고 부릅니다. 기존의 그라디언트 디센트가 손실 함수를 최소화 하기 위해 그라디언트를 계산하여 그 반대 방향으로 파라미터를 업데이트 했었 다면, 이번에는 목적 함수를 최대화하기 위해 그라디언트를 계산하여 그라디언 트 방향으로 파라미터를 업데이트합니다. 따라서 우리의 목적은 $\nabla_\theta J(\theta)$를 구하 는 것으로 요약됩니다. 일반적인 MDP에서 $\nabla_\theta J(\theta)$를 구하는 것을 바로 배우기 에는 조금 복잡할 수 있으니, 보다 간단한 1-스텝 MDP에서 $\nabla_\theta J(\theta)$를 구하는 것부터 살펴보겠습니다.

1-Step MDP

1-Step MDP는 단어 그대로 딱 한 스텝만 진행하고 바로 에피소드가 끝나는 MDP입니다. 처음 상태 s_0에서 액션 a를 선택하고 보상 $R_{s,a}$를 받고 끝나는 것 이죠. 스텝이 1번 밖에 없기 때문에 리턴이 곧 보상과 같습니다. 처음 상태 s_0는 앞의 예시와 마찬가지로 확률분포 $d(s)$를 통해 정해집니다. $s_0 \sim d(s)$인 것이죠. $d(s)$는 다른 게 아니라 그냥 존재하는 모든 상태 s에 대해 s가 첫 상태가 될 확 률을 나타냅니다. 그러면 $J(\theta)$는 다음과 같습니다.

$$J(\theta) = \sum_{s \in S} d(s) * v_{\pi_\theta}(s)$$
$$= \sum_{s \in S} d(s) \sum_{a \in A} \pi_\theta(s, a) * R_{s,a}$$

$v_{\pi_\theta}(s)$는 s에서 모든 액션 a에 대해 a를 선택할 확률과 그 때 발생하는 보상을 곱해서 더해주면 된다는 점을 이용하였습니다. 이제 양변에 그라디언트를 취해 보겠습니다.

$$\nabla_\theta J(\theta) = \nabla_\theta \sum_{s \in S} d(s) \sum_{a \in A} \pi_\theta(s, a) * R_{s,a}$$

이 값을 구하면 됩니다. 그런데 이 값은 $R_{s,a}$를 모르기 때문에 계산할 수가 없습니다. 지금 우리는 모델-프리 상황으로 환경에 대한 정보인 $R_{s,a}$와 $P_{ss'}^{a}$를 알 수 없습니다. 게다가 심지어 $R_{s,a}$를 안다고 해도 위 값을 직접 계산하기는 어렵습니다. 왜냐하면 Σ의 값을 구하기 위해서는 MDP에 존재하는 모든 상태 s에 대해, 각 s에서의 모든 액션 a에 대해 덧셈을 해줘야 하는데, 이는 상태의 개수가 적다면 가능할 수 있지만 지금은 불가능합니다. 상태의 개수가 적은 간단한 문제는 지금 우리의 관심사가 아닙니다. 그에 대한 내용은 이미 챕터 4~챕터 6에서 배웠습니다. 상태의 개수가 적으면 애초에 뉴럴넷을 사용할 필요 없이 테이블에 기록해 놓는 방식으로 풀었습니다. 지금은 상태의 개수가 무수히 많고, $R_{s,a}$의 값도 모르는 상황에서 식을 계산해야 합니다. 정리하면 식의 값은 주어진 형태로는 구할 수가 없습니다. 그래서 조금 변형을 해 보겠습니다. 식의 형태를 조금 바꾸면 놀랍게도 "샘플 기반 방법론"으로 우변의 값을 계산할 수 있습니다.

$$\nabla_\theta J(\theta) = \nabla_\theta \sum_{s \in S} d(s) \sum_{a \in A} \pi_\theta(s,a) * R_{s,a}$$

$$= \sum_{s \in S} d(s) \sum_{a \in A} \nabla_\theta \pi_\theta(s,a) * R_{s,a}$$

$$= \sum_{s \in S} d(s) \sum_{a \in A} \frac{\pi_\theta(s,a)}{\pi_\theta(s,a)} \nabla_\theta \pi_\theta(s,a) * R_{s,a} \quad ----❶$$

$$= \sum_{s \in S} d(s) \sum_{a \in A} \pi_\theta(s,a) \frac{\nabla_\theta \pi_\theta(s,a)}{\pi_\theta(s,a)} * R_{s,a}$$

$$= \sum_{s \in S} d(s) \sum_{a \in A} \pi_\theta(s,a) \nabla_\theta log \pi_\theta(s,a) * R_{s,a} \quad ----❷$$

❶ $\frac{\pi_\theta(s,a)}{\pi_\theta(s,a)} = 1$ 곱하기

❷ $\frac{d(lnx)}{dx} = \frac{1}{x}, d(lnx) = \frac{dx}{x}$ 임을 이용하여 $\frac{\nabla_\theta \pi_\theta(s,a)}{\pi_\theta(s,a)} = \nabla_\theta log \pi_\theta(s,a)$임을 전개

자 이렇게 하면 우리가 원하는 최종 형태에 도달했습니다. 위 형태로 만든 이유는 기댓값 연산자를 적용하기 위함입니다. 다음과 같이 기댓값 연산자를 이용해 더 간단하게 만들어 보겠습니다.

$$\nabla_\theta J(\theta) = \sum_{s \in S} d(s) \sum_{a \in A} \pi_\theta(s,a) \nabla_\theta log\pi_\theta(s,a) * R_{s,a}$$

$$= \mathbb{E}_{\pi_\theta}[\nabla_\theta log\pi_\theta(s,a) * R_{s,a}]$$

기댓값 연산자 $\mathbb{E}_{\pi_\theta}$ 덕분에 "샘플 기반 방법론"을 이용해 계산을 할 수 있습니다. $\pi_\theta(s,a)$에 대한 기댓값이기 때문에 지금부터 $\pi_\theta(s,a)$로 움직이는 에이전트를 환경에다 가져다 놓고, $\nabla_\theta log\pi_\theta(s,a) * R_{s,a}$의 값을 여러 개 모으면 됩니다. $\nabla_\theta log\pi_\theta(s,a)$는 우리가 정한 뉴럴넷의 그라디언트이기 때문에 쉽게 계산할 수 있고, $R_{s,a}$는 s에서 a를 선택하고 얻는 보상을 관측하면 됩니다. 그렇게 상태전이마다 1개의 $\nabla_\theta log\pi_\theta(s,a) * R_{s,a}$ 값을 계산할 수 있고, 이 값을 아주 여러 번 모아서 평균을 내면, 그 평균이 곧 $\nabla_\theta J(\theta)$와 같습니다.

이게 바로 기댓값 연산자를 이용한 샘플 기반 방법론의 힘입니다. 복잡한 부분은 다 떼어내고 그저 여러 번 샘플을 뽑아서 괄호 안의 값인 $\nabla_\theta log\pi_\theta(s,a) * R_{s,a}$을 계산하면 끝나는 것입니다. 이러면 MDP에 상태의 개수가 얼마나 많든 상관없습니다. 이 모든게 가능한 이유는 최종 수식 ❷을 기댓값 연산자 형태로 바꿨기 때문입니다. 그리고 기댓값 연산자로 바꿀 수 있었던 이유는 수식 ❷의 앞에 $\sum \pi_\theta(s,a)$가 곱해진 형태이기 때문입니다. $\sum \pi_\theta(s,a)$가 곱해져 있으면 이는 곧 그 뒤에 나올 값에 $\pi_\theta(s,a)$만큼의 가중치를 곱해서 더해주라는 뜻이고, 이는 곧 기댓값 연산자 $\mathbb{E}_{\pi_\theta}$의 정의이며 이 부분이 policy gradient의 핵심입니다.

일반적 MDP에서의 Policy Gradient

지금까지 1-Step MDP에서의 Policy Gradient를 계산하는 법을 살펴보았습니다. 일반적인 MDP로 확장되면 다음과 같이 식이 바뀝니다.

$$1step\ MDP : \nabla_\theta J(\theta) = \mathbb{E}_{\pi_\theta}[\nabla_\theta log\pi_\theta(s,a) * R_{s,a}]$$

$$MDP \qquad : \nabla_\theta J(\theta) = \mathbb{E}_{\pi_\theta}[\nabla_\theta log\pi_\theta(s,a) * Q_{\pi_\theta}(s,a)]$$

차이가 보이시나요? $R_{s,a}$가 $Q_{\pi_\theta}(s,a)$로 바뀌었습니다. 의미상으로는 s에서 a를 할 때 받는 보상 대신 s에서 a를 할 때 얻는 리턴의 기댓값으로 바뀐 것입니다. 한 스텝만 밟고 MDP가 종료되는 게 아니라 이후에 여러 스텝이 있기 때문에 이후에 받을 보상까지 더해주는 개념입니다. 이러한 변화가 자연스럽게 느껴진 다면 좋겠습니다. 위 식을 Policy Gradient Theorem이라고 부릅니다. 자세한 증명은 이 책의 범위를 벗어나므로 생략하겠습니다. 일단은 받아들여주면 좋겠 습니다.

마지막으로 강조하고 싶은 것은 policy gradient는 목적 함수 $J(\theta)$에 대한 그라 디언트라는 점입니다. 목적 함수에 대한 그라디언트를 $\pi_\theta(s, a)$가 경험한 데이터 를 기반으로 계산할 수 있게 해주는 방법론이 바로 **policy gradient**입니다.

9.2 REINFORCE 알고리즘

이제 수식말고 실제로 policy gradient를 이용해 어떻게 학습할 수 있는지 설 명해 봅니다. 앞에서 배운 식을 이용한 간단한 policy gradient 알고리즘인 REINFORCE 알고리즘입니다. 강화 학습이 영어로 reinforcement learning 인데 이 알고리즘의 이름도 REINFORCE여서 조금 헷갈릴 수도 있습니다. 이 알고리즘은 policy gradient 알고리즘 중에서도 가장 기본적이고, 고전적이면서 도 간단한 알고리즘으로 항상 policy gradient에 대해 배울 때 가장 처음 배우 게 되는 알고리즘입니다. 우리 책에서도 마찬가지입니다.

이론적 배경

먼저 학습에 사용될 수식부터 살펴보겠습니다. REINFORCE 알고리즘의 그 라디언트 수식은 policy gradient theorem의 원래 수식에서 아주 약간의 변형 이 들어갑니다.

$$\nabla_\theta J(\theta) = \mathbb{E}_{\pi_\theta}[\nabla_\theta log\pi_\theta(s, a) * G_t]$$

원래 수식의 $Q_{\pi_\theta}(s, a)$ 자리에 그 샘플인 리턴 G_t가 들어갔습니다. G_t는 $Q_{\pi_\theta}(s, a)$ 의 정의 때문에 편향되지 않은 샘플입니다. $Q_\pi(s, a) = \mathbb{E}[G_t|s_t = s, a_t = a]$인 것 을 기억해야 합니다. 즉 G_t의 샘플을 여러 개 얻어서 평균을 내면 그 값이 실제 액션–밸류인 $Q_{\pi_\theta}(s, a)$에 근사해지기 때문에 이를 이용하여 G_t를 그라디언트 식

에 사용하는 것입니다. 어차피 바깥에 기댓값 연산자가 있기 때문에 G_t가 쓰여도 괜찮습니다. 이를 이용한 알고리즘의 pseudo code는 다음과 같습니다.

REINFORCE pseudo code

1. $\pi_\theta(s, a)$의 파라미터 θ를 랜덤으로 초기화
2. 다음($\boxed{A}$~$\boxed{C}$)을 반복

   $\boxed{A}$ 에이전트의 상태를 초기화 : $s \leftarrow s_0$

   $\boxed{B}$ π_θ를 이용하여 에피소드 끝까지 진행, $\{s_0, a_0, r_0, s_1, a_1, r_1, ..., s_T, a_T, r_T\}$을 얻음

   $\boxed{C}$ $t = 0$~T에 대해 다음을 반복

   - $G_t \leftarrow \sum_{i=t}^{T} r_i * \gamma^{i-t}$
   - $\theta \leftarrow \theta + \alpha * \nabla_\theta log\pi_\theta(s_t, a_t) * G_t$

보시는 바와 같이 매우 간단합니다. π_θ로 에피소드 하나에 해당하는 데이터를 얻고, 해당 데이터로 θ를 업데이트하고, 업데이트된 π_θ를 이용해 또 다음 에피소드의 경험을 얻고, 그 데이터로 또 강화하고, 이 과정을 계속해서 반복합니다. 더 이상 θ가 변하지 않거나 성능 개선이 일어나지 않을 때까지 진행하면 됩니다. 여기서 업데이트 식의 직관적 의미를 짚고 넘어가겠습니다. 다음 식을 자세히 보시기 바랍니다.

$$\nabla_\theta log\pi_\theta(s, a) * G_t$$

여기서 잠깐 G_t를 무시하고, 앞의 항인 $\nabla_\theta log\pi_\theta(s, a)$만 가지고 업데이트를 한다고 가정하면 다음과 같은 형태가 될 것입니다.

$$\theta \leftarrow \theta + \alpha * \nabla_\theta log\pi_\theta(s, a)$$

이 말은 $\pi_\theta(s, a)$의 값을 증가시키겠다는 의미입니다. 더 정확히는 $log\pi_\theta(s, a)$를 증가시키겠다는 의미인데 로그 함수는 단조 증가 함수이므로 $\pi_\theta(s, a)$를 증가시키겠다는 의미와 같습니다. 즉, s에서 a를 선택할 확률을 증가시키겠다는 의미입니다. 이제 다시 G_t를 고려해 봅시다. 여기서 만일 G_t가 +1일 때와 −1일 때의 경우를 생각해 봅시다. 그러면 각 경우에 대해 다음과 같이 2가지 식을 쓸 수 있습니다.

$$\theta \leftarrow \theta + \alpha * \nabla_\theta log\pi_\theta(s,a) * 1$$
$$\theta \leftarrow \theta - \alpha * \nabla_\theta log\pi_\theta(s,a) * 1$$

차이가 보이시나요? 위의 식은 $log\pi_\theta(s,a)$를 증가시키는 방향으로 업데이트하는 반면, 다른 한쪽은 $log\pi_\theta(s,a)$를 감소시키는 방향으로 업데이트합니다. 즉, 리턴이 +1인 액션의 확률을 증가시키도록 업데이트하고, 리턴이 -1인 액션의 확률은 감소시키도록 업데이트합니다. 그러니까 좋은 액션은 더 하라고 부추기고, 안 좋은 액션은 그만 하라고 억제하는 것이죠. 식은 복잡해 보이지만 생각보다 간단한 원리이지 않나요? 경험을 통해 좋았던 액션은 더 하고, 좋지 못했던 액션은 덜 하도록 한다는 강화 학습의 기본 취지가 잘 드러나는 식임을 확인할 수 있습니다.

그러면 만일 보상이 양수만 있는 경우는 어떻게 업데이트가 될까요? 모든 보상의 값이 양수이면 리턴도 마찬가지로 항상 양수일 테니, 좋은 액션, 나쁜 액션 가리지 않고 모든 액션을 더 하라고 부추기는 꼴이 되지 않을까요? 그래서 이번에는 리턴이 +1일 때와 +100일 때를 비교해 보겠습니다.

$$\theta \leftarrow \theta + \alpha * \nabla_\theta log\pi_\theta(s,a) * 1$$
$$\theta \leftarrow \theta + \alpha * \nabla_\theta log\pi_\theta(s,a) * 100$$

보이는 바와 같이 리턴이 100일 때 0가 더 급격하게, 100배 더 업데이트되는 것을 확인할 수 있습니다. 결국 리턴이 100배 더 좋았다면, 그 액션을 100배 더 크게 업데이트 해 주겠다는 뜻입니다. $\pi_\theta(s,a)$의 아웃풋은 확률이고 따라서 모든 액션에 대해 $\pi_\theta(s,a)$의 값을 더하면 1이 됩니다. 따라서 총합이 1이라는 파이를 각 액션이 얼만큼 가져갈지 경합하는 것이라고 볼 수 있습니다. 리턴이 더 좋았던 쪽의 액션이 더 많이 강화되어 더 많은 파이를 가져가는 방식으로 강화가 됩니다. 그러면 여기서 제가 퀴즈를 하나 내겠습니다.

Q : $\nabla_\theta log\pi_\theta(s,a)$ 대신 $\nabla_\theta \pi_\theta(s,a)$를 사용해도 될까요?
A : 안 됩니다.

혹자는 로그 확률을 증가시키는 대신 그냥 확률을 증가시켜도 같은 의미이니 강화가 이루어지는 것 아니냐고 물을 수도 있습니다. 하지만 그렇지 않습니다. 마음대로 log항을 없애버린다면 더 이상 policy gradient theorem에서 등식이 성립하지 않게 됩니다.

$$\nabla_\theta J(\theta) \neq \mathbb{E}_{\pi_\theta}[\nabla_\theta \pi_\theta(s,a) * G_t]$$

등식이 성립하지 않기 때문에 $\nabla_\theta \pi_\theta(s,a) * G_t$ 값을 아무리 여러 개 모아서 평균 내도 그 값은 $\nabla_\theta J(\theta)$에 다가가지 않습니다. 믿기지 않는다면 실제로 뒤에 나올 구현 코드에서 log를 빼고 학습을 돌려 보세요. 아마 학습이 잘 되지 않을 것입니다. 이제 실제 구현으로 넘어가 보겠습니다. 구현은 마찬가지로 앞서 DQN에서 다뤘던 환경인 OpenAI GYM의 카트폴 환경에서 진행하겠습니다.

REINFORCE 구현

자, 먼저 policy gradient를 구현할 때 많이 헷갈려하는 부분을 하나 짚고 넘어가겠습니다. 데이터가 주어졌을 때, 데이터를 이용해 계산해야 하는 gradient 식을 살펴봅시다.

$$\nabla_\theta J(\theta) \approx G_t * \nabla_\theta log\pi_\theta(s_t, a_t)$$

이 식은 G_t라는 상수에 $log\pi_\theta(s_t, a_t)$의 그라디언트가 곱해져 있습니다. 그런데 파이토치나 텐서플로 같은 라이브러리를 사용할 때는 일반적으로 위와 같은 미분된 형태의 수식을 사용하지 않습니다. 챕터 8에서 DQN을 구현할 때 정확히 같은 내용을 배웠었습니다.

$$L(\theta) = \left(r + \gamma \max_a Q_\theta(s',a') - Q_\theta(s,a)\right)^2$$

$$\nabla_\theta L(\theta) \approx -(r + \gamma \max_{a'} Q_\theta(s',a') - Q_\theta(s,a)) \nabla_\theta Q_\theta(s,a)$$

위와 같이 $L(\theta)$와 $\nabla_\theta L(\theta)$에 대한 식이 있었고, 파이토치를 이용해 실제로 구현할 때는 $\nabla_\theta L(\theta)$에 대한 수식이 아니라 $L(\theta)$에 대한 수식을 사용했습니다. $L(\theta)$만 정의되면 optimizer를 이용하여 이를 최소화하도록 자동으로 파라미터를 업데이트 할 수 있습니다(물론 $\nabla_\theta L(\theta)$식을 직접 이용하여 학습할 수도 있지만 일반적인 방법을 따르도록 하겠습니다). Policy gradient에서도 마찬가지입니다. $\nabla_\theta J(\theta)$ 대신 미분하기 전 값을 optimizer에게 넘겨주고자 합니다. 그런데 여기서 궁금증이 하나 생깁니다. 무엇을 미분하면 앞의 식이 나올까요?

$$G_t * log\pi_\theta(s_t, a_t)$$

정답은 위의 식입니다. θ에 대한 항이 $\pi_\theta(s_t, a_t)$뿐이기 때문에 그냥 ∇_θ 연산자를 지워주면 됩니다. 간단하죠? 그러면 식을 우리의 손실 함수 $L(\theta)$로 정하면 될까요? 라이브러리의 optimizer는 손실 함수를 자동으로 minimize하는 방향으로 업데이트 하지만 우리는 위의 값을 maximize하고 싶기 때문에 안됩니다. Gradient descent가 아니라 gradient ascent를 사용하였던 것을 기억하고, 다음과 같이 조금 변형해 주어야 합니다.

$$-G_t * log\pi_\theta(s_t, a_t)$$

앞에 $-$를 붙여줍니다. 위 값을 minimize하는 것은 곧 $G_t * log\pi_\theta(s_t, a_t)$를 maximize하는 것입니다. 이렇게 하면 손실 함수의 정의가 끝났습니다. 사실 손실 함수는 보통 정답과 예측값 사이 차이를 가리킵니다. policy gradient에서는 손실 함수라는 이름이 조금 어색합니다. 왜냐면 위 값은 정답과의 차이를 가리키는 말이 아니기 때문입니다. 그냥 우리가 최대화하고 싶은 목적입니다. 그래도 일반적으로 policy gradient에서도 손실 함수라는 표현을 사용하기 때문에 우리도 위 값을 손실 함수 혹은 loss라고 부르겠습니다. loss의 최종 수식을 잘 기억해 봅니다. 이 수식이 실제로 구현에 쓰이는 수식입니다. 바로 구현에 들어가겠습니다. 모든 코드는 깃허브 저장소[14]에 공개되어 있습니다.

---

14 github.com/seungeunrho/RLfrombasics

■ 라이브러리 import 및 하이퍼 파라미터 정의

```
import gym
import torch
import torch.nn as nn
import torch.nn.functional as F
import torch.optim as optim
from torch.distributions import Categorical

#Hyperparameters
learning_rate = 0.0002
gamma         = 0.98
```

먼저 필요한 라이브러리들을 import하고, 하이퍼 파라미터의 값을 세팅합니다. 위 하이퍼 파라미터는 특별한 정답이 아니고 적당하게 학습이 잘 되는 수치를 하나 찾은 것에 불과합니다.

■ 메인 함수

```
def main():
    env = gym.make('CartPole-v1')
    pi = Policy()
    score = 0.0
    print_interval = 20

    for n_epi in range(10000):
        s = env.reset()
        done = False

        while not done:
            prob = pi(torch.from_numpy(s). float())
            m = Categorical(prob)
            a = m.sample()
            s_prime, r, done, info = env.step(a.item())
            pi.put_data((r,prob[a]))
            s = s_prime
            score += r

        pi.train_net()
        if n_epi%print_interval==0 and n_epi!= 0:
```

```
            print("# of episode :{}, avg score : {}".format(n_epi, score/
            print_interval))
            score = 0.0
    env.close()
```

main 함수인데, 챕터 8의 DQN 구현 부분에서 봤던 코드와 비슷합니다. 환경
을 선언하고, 각 에피소드가 끝날 때까지 정책 네트워크 pi를 이용해 액션을 선
택합니다. 액션을 선택하는 방법은 pi가 계산한 각 액션별 확률에다가 m.sam-
ple 함수를 이용해 하나의 액션을 샘플링하는 방식입니다. 확률이 높은 액션은
더 자주, 확률이 낮은 액션은 덜 뽑히게 됩니다. 샘플링된 액션을 실제로 실행
하면 환경에서는 상태 전이가 일어나고, 다음 상태와 보상, 에피소드가 끝났는
지 여부 등을 관측합니다. 이때 REINFORCE 알고리즘에서는 $\pi_\theta(s_t, a_t)$와 G_t
만 있으면 loss를 계산할 수 있었기 때문에 확률값 prob[a]과 보상 r을 데이터
에 저장해 둡니다. 그리고 에피소드가 끝나면 pi.train_net()을 통해 하나의 에
피소드 동안 모은 데이터를 이용해 실제 업데이트가 이루어집니다. 이제 Policy
클래스의 내부가 어떻게 이루어져 있는지 살펴보겠습니다.

■ 정책 네트워크 클래스

```
class Policy(nn.Module):
    def __init__(self):
        super(Policy, self).__init__()
        self.data = []

        self.fc1 = nn.Linear(4, 128)
        self.fc2 = nn.Linear(128, 2)
        self.optimizer = optim.Adam(self.parameters(), lr=learning_rate)

    def forward(self, x):
        x = F.relu(self.fc1(x))
        x = F.softmax(self.fc2(x), dim=0)
        return x

    def put_data(self, item):
        self.data.append(item)
```

```
def train_net(self):
    R = 0
    self.optimizer.zero_grad()
    for r, prob in self.data[::-1]:
        R = r + gamma * R
        loss = -R * torch.log(prob)
        loss.backward()
    self.optimizer.step()
    self.data = []
```

먼저 __init__부분에서 정책 네트워크에 필요한 연산들을 정의하고, forward
함수에서 이 연산들을 엮어서 연산 그래프를 만들어 주었습니다. 해당 네트워
크를 도식화하면 그림 9–2와 같습니다.

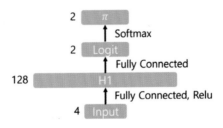

| 그림 9–2 | 정책 네트워크의 뉴럴넷의 구조

길이 4인 상태 벡터가 인풋으로 들어가 2개의 액션에 대한 확률값을 리턴하는
네트워크입니다. train_net 함수에서는 실제로 네트워크를 학습하는 코드가 구
현되어 있습니다. loss = −torch.log(prob) * R 부분이 바로 앞에서 배웠던 수
식 $-G_t * log\pi_\theta(s_t, a_t)$에 해당합니다. 앞서 main 함수에서 저장해뒀던 데이터를
이용해 업데이트가 이루어집니다. 먼저 prob 변수에는 $\pi_\theta(s_t, a_t)$ 값이 담겨있기
때문에 prob에 log를 씌우고, 그 앞에 −R을 곱하여 loss를 계산합니다. 여기서
R이 왜 리턴에 해당하는지 처음에는 바로 이해가 가지 않을 수 있습니다. 이를
이해하기 위해서는 for loop이 진행되는 방식을 살펴보아야 합니다. for loop은
하나의 에피소드 데이터에 대해 맨 뒤의 데이터부터 순서대로 보면서 각 틱의
보상을 R이라는 변수에 누적하여 더하고 있습니다. 그래서 순간마다 R이라는
변수에는 해당 틱부터 시작하여 게임 끝까지 받은 보상의 합이 저장되어 있고,
이 값이 곧 리턴입니다.

이렇게 모든 데이터에 대해 loss를 계산하여 backward 함수를 호출하면 loss에 대한 그라디언트가 계산되어 계속해서 더해집니다. for loop가 끝나고 비로소 optimizer.step이 실행되면 그제야 비로소 축적된 그라디언트를 이용해 뉴럴 넷의 파라미터가 업데이트됩니다. 이것이 REINFORCE 알고리즘의 전부입니다. 전체 코드를 확인해 보면 실제 길이가 시뮬레이션과 학습 부분을 모두 포함하여 65줄밖에 되지 않습니다. 참 간단하죠? 이렇게 우리의 첫 번째 policy gradient 알고리즘의 구현이 끝났습니다. 이제 조금 심화된 내용으로 넘어가보겠습니다.

9.3 액터-크리틱

이번에는 정책 네트워크와 밸류 네트워크를 함께 학습하는 액터-크리틱 방법론에 대해 배워봅니다. 그중에서도 가장 간단한 Q 액터-크리틱부터 시작하여 어드밴티지 액터-크리틱, TD 액터-크리틱까지 총 3가지 액터-크리틱 방법론을 살펴보겠습니다. 마지막에는 TD 액터-크리틱을 실제로 구현해 보겠습니다.

Q 액터-크리틱

Q 액터-크리틱은 정말 간단합니다. 사실 이미 배운것과 다름 없습니다. 기존의 policy gradient 식을 떠올려 보겠습니다.

$$\nabla_\theta J(\theta) = \mathbb{E}_{\pi_\theta} \big[\nabla_\theta log \pi_\theta(s, a) * Q_{\pi_\theta}(s, a) \big]$$

REINFORCE 알고리즘은 여기서 $Q_{\pi_\theta}(s, a)$ 자리에 그 샘플인 리턴 G_t를 사용했습니다. 하지만 꼭 $Q_{\pi_\theta}(s, a)$를 리턴 G_t로 대체할 필요는 없습니다. 그대로 $Q_{\pi_\theta}(s, a)$를 사용하면 그게 곧 Q 액터-크리틱입니다. 물론 여기서 $Q_{\pi_\theta}(s, a)$는 미지의 함수이기 때문에, w로 파라미터화된 뉴럴넷 $Q_w(s, a) \approx Q_{\pi_\theta}(s, a)$를 도입해야 합니다. 결국 θ로 파라미터화된 정책 네트워크 π_θ와 w로 파라미터화 된 밸류 네트워크 Q_w 이렇게 2개의 뉴럴넷을 함께 학습해야 합니다. π_θ는 실행할 액션 a를 선택하는, 즉 행동하는 **액터**actor 역할을 담당하고, Q_w는 선택된 액션 a의 밸류를 평가하는 **크리틱**critic 역할을 담당합니다. 이렇게 에이전트의 학습 과정에서 정책 π와 밸류 Q를 모두 학습하는 방식을 액터-크리틱이라고 합니다. 크리틱은 현재의 정책 함수 π의 가치를 학습하는 방향으로 업데이트되고, 액터는 Q의 평가를 통해 결과가 좋았으면 강화하고, 결과가 안 좋았으면 약화하는 방식으로 학습합니다. 크리틱 Q가 학습되는 방식은 챕터 8에서 배웠던 MC나 TD 기반 방법론들 중에 무엇이든 사용할 수 있습니다. 액터는 위 그라디언트 식을 이용해 학습하고, 이렇게 학습되는 방식을 **Q 액터-크리틱**이라고 합니다. Q 액터-크리틱의 pseudo code를 함께 살펴보겠습니다.

Q Actor-Critic pseudo code

1. 정책, 액션-밸류 네트워크의 파라미터 θ와 w를 초기화

2. 상태 s를 초기화

3. 액션 $a \sim \pi_\theta(a|s)$를 샘플링

4. 스텝마다 다음(A~E)을 반복

   A a를 실행하여 보상 r과 다음 상태 s'을 얻음

   B θ 업데이트 : $\theta \leftarrow \theta + \alpha \nabla_\theta log \pi_\theta(s,a) * Q_w(s,a)$

   C 액션 $a' \sim \pi_\theta(a'|s')$를 샘플링

   D w 업데이트 : $w \leftarrow w + \beta(r + \gamma Q_w(s',a') - Q_w(s,a)) \nabla_w Q_w(s,a)$

   E $a \leftarrow a', s \leftarrow s'$

정책 네트워크 π_θ와 밸류 네트워크 Q_w가 함께 학습되는 것을 확인할 수 있습니다. 여기서 재미있는 점은 θ를 업데이트할 때 실제 보상 값이 전혀 쓰이지 않고 오로지 크리틱 Q_w에 의존하여 학습이 이루어진다는 점입니다. $Q_w(s,a)$는 처음에 랜덤으로 초기화되어 있기 때문에 보상과 전혀 관계없는 값을 출력할 텐데요, 그래도 학습이 된다는 것이 신기하게 느껴집니다. 그래도 괜찮은 이유는 처음에는 π_θ 또한 랜덤으로 초기화되어 있기 때문에 더 이상 나빠질 여지도 없는 덕분입니다. 이렇게 하여 가장 간단한 액터-크리틱 알고리즘인 Q 액터-크리틱에 대해 살펴보았습니다. 이제 알고리즘을 조금씩 발전시켜 보겠습니다.

어드밴티지 액터-크리틱

이제 Policy gradient 식을 살펴봅니다.

$$\nabla_\theta J(\theta) = \mathbb{E}_{\pi_\theta}\left[\nabla_\theta log\pi_\theta(s,a) * Q_{\pi_\theta}(s,a)\right]$$

여기서 $\nabla_\theta log\pi_\theta(s,a)$은 벡터이고, 뒤에 곱해지는 $Q_{\pi_\theta}(s,a)$는 숫자 값입니다. 이 값이 의미하는 바는 상태 s에서 액션 a를 하고 얻게 되는 리턴의 기댓값입니다. 한가지 생각해볼 부분은 운 좋게 에이전트가 밸류가 아주 높은 상태 s'에 도달했다고 가정하여 살펴봅니다. 애초에 s'이 너무나 좋은 상태이기 때문에 s'에서 어떤 액션을 택하든 이후에 얻게 되는 리턴이 높은 상황입니다. 예를 들어 s'에서 a_0를 선택하면 1000의 리턴을 얻고, a_1을 선택하면 1050의 리턴을 얻습니다. $Q(s',a_0) = 1000$, $Q(s',a_1) = 1050$인 상황입니다. 결국 위 policy gradient 식을 이용해 업데이트하면 a_0가 선택된 순간에는 a_0가 1000만큼 강화될 것이고, a_1이 선택된 순간에는 a_1이 1050만큼 강화됩니다. 둘 다 비슷하게 강화되는데 a_1이 근소하게 더 강화되어 둘이 확률 차이가 발생하긴 하겠지만 그러기 위해서는 수많은 샘플을 필요로 합니다. 위 방법은 분명 옳은 방법론입니다. 샘플을 무한히 많이 모아서 계산하면 분명 올바른 그라디언트 값을 계산해 줄 것입니다. 하지만 지금 우리는 이 방법이 과연 "효율적인가"하는 부분에서 의문을 제기하고 있는 것입니다.

정리하면 분명 s'에서는 a_0보다 a_1이 더 좋은 액션인데 둘 다 강화됩니다. 이런 업데이트 방식이 자연스럽게 느껴지시나요? 아예 처음부터 a_0가 뽑히면 약화를 하고, a_1이 뽑히면 강화를 할 수는 없을까요? 지금 이 두 액션이 모두 강화되는 이유는 태초에 s'의 밸류가 너무 높기 때문입니다. 근데 s'에 도착한 것은 이미 과거의 일입니다. 거기서부터 어떤 액션을 강화할지는 미래를 보고 결정해야 하는데, s'이 너무 좋은 상태여서 s'의 밸류가 업데이트의 양상에 영향을 주는 것입니다. 그래서 우리는 다음과 같은 대안을 생각해볼 수 있습니다.

$$\nabla_\theta J(\theta) = \mathbb{E}_{\pi_\theta}\left[\nabla_\theta log\pi_\theta(s,a) * \{Q_{\pi_\theta}(s,a) - V_{\pi_\theta}(s)\}\right]$$

위와 같이 모든 상태에서 업데이트할 때, 각 상태의 밸류인 $V_{\pi_\theta}(s)$를 빼 주고자 합니다. 이렇게 마음대로 빼도 되는지는 잠깐 뒤로하고, 일단 $V_{\pi_\theta}(s)$를 빼면 어떤 의미가 되는지부터 살펴보겠습니다. $Q_{\pi_\theta}(s,a)$는 상태 s에서 액션 a를 실행하는 것의 밸류이고, $V_{\pi_\theta}(s)$는 상태 s의 밸류입니다. 따라서 $Q_{\pi_\theta}(s,a) - V_{\pi_\theta}(s)$의 의미는 자연스레 상태 s에 있는 것보다 액션 a를 실행함으로써 "추가로" 얼마의 가치를 더 얻게 되느냐 하는 것입니다. 그래서 이 값을 **어드밴티지**advantage $A_{\pi_\theta}(s,a)$라고 부릅니다.

$$A_{\pi_\theta}(s,a) \equiv Q_{\pi_\theta}(s,a) - V_{\pi_\theta}(s)$$

여기서 $V_{\pi_\theta}(s)$를 **기저**baseline라고 부릅니다. 생각해보면 s에서 선택한 액션 a의 확률을 수정함에 있어서 s의 가치는 고려되면 안됩니다. 마치 마트에 장을 보러 가서 양파를 살지 마늘을 살지 고민할 때에 얼마큼의 시간을 소비했는지를 고려하는 것과 같은 행동입니다. 마트에 온 것은 이미 벌어진 일이고, 이 곳에서 어떤 액션을 선택할 지는 마트에 온 것 자체의 가치와는 아무런 관련이 없습니다. 마찬가지로 상태 s에 도착하는 사건은 이미 벌어진 일이기 때문에 주어진 것으로 받아들이고 거기서 액션 a를 했을 때 미래에 어떻게 되느냐, 현재보다 미래가 더 좋아지느냐 덜 좋아지느냐를 가지고 액션 a의 확률을 수정하는 것이 더 좋습니다. 보다 수학적으로는 어드밴티지 $A_{\pi_\theta}(s)$를 곱해줌으로써 위 그라디언트 추정치의 변동성이 작아집니다. 상태의 가치가 야기하는 변동성만큼을 빼주고 고려하기 때문입니다. 액션으로 인해 생기는 추가 이득만 고려할 수 있습니다. 그래서 학습의 성능 향상에도 도움이 됩니다.

그러면 가장 중요한 문제로 돌아와 $V_{\pi_\theta}(s)$를 빼도 되는지를 알아보겠습니다. 이렇게 마음대로 기존 수식에서 $V_{\pi_\theta}(s)$를 빼줘도 원 수식의 기댓값이 변하지 않을까요? 즉, 우리가 맘편히 $V_{\pi_\theta}(s)$를 뺄 수 있으려면 다음이 성립해야 합니다.

$$\mathbb{E}_{\pi_\theta}[\nabla_\theta log\pi_\theta(s,a) * Q_{\pi_\theta}(s,a)] = \mathbb{E}_{\pi_\theta}[\nabla_\theta log\pi_\theta(s,a) * \{Q_{\pi_\theta}(s,a) - V_{\pi_\theta}(s)\}]$$
$$= \mathbb{E}_{\pi_\theta}[\nabla_\theta log\pi_\theta(s,a) * Q_{\pi_\theta}(s,a)] - \mathbb{E}_{\pi_\theta}[\nabla_\theta log\pi_\theta(s,a) * V_{\pi_\theta}(s)]$$
$$\text{즉, } \mathbb{E}_{\pi_\theta}[\nabla_\theta log\pi_\theta(s,a) * V_{\pi_\theta}(s)] = 0$$

위 식이 성립한다면 자유롭게 $V_{\pi_\theta}(s)$를 뺄 수 있습니다. 이제 증명해 보겠습니다. 다음 증명을 건너 뛰어도 이후 내용을 이해하는데 문제는 없으니, 혹시 난이도가 있게 느껴진다면 잠시 건너뛰고 다음 내용으로 넘어가셔도 좋습니다.

증명

자! 그러면 지금부터 증명을 시작하겠습니다. 사실 $V_{\pi_\theta}(s)$를 빼도 괜찮을 뿐만 아니라 상태 s에 대한 그 임의의 함수를 빼줘도 됩니다. 그 함수가 액션 a에 대한 함수가 아니기만 하면 됩니다. 그래서 상태 s에 대한 임의의 함수를 $B(s)$라고 표기하겠습니다. $B(s)$는 쉽게 말해 상태 s를 넣어주면 숫자 값 하나를 리턴해 주는 아무 함수나 가져다 써도 됩니다. $V_{\pi_\theta}(s)$는 $B(s)$의 특별한 경우인 것입니다. 그래서 지금부터 다음 내용을 증명하고자 합니다.

상태 s에 관한 임의의 함수 $B(s)$에 대해 다음이 성립

$$\mathbb{E}_{\pi_\theta}[\nabla_\theta log\pi_\theta(s,a) * B(s)] = 0$$

이 증명을 위해 먼저 **상태 분포**^{state distribution} $d_\pi(s)$를 정의하겠습니다. 상태 분포라는 개념을 설명하는 이유는 이 개념을 이해하면 이후 증명을 쉽게 할 수 있기 때문입니다. 상태 분포는 정책 π를 따라서 움직이는 에이전트가 각 상태에 평균적으로 머무는 비율을 나타내는 분포입니다. 따라서 표기에서 볼 수 있듯이 정책 π가 정해져야 정의될 수 있는 분포입니다. 좀 더 쉽게 설명하기 위해 다음 그리드 월드의 예시를 함께 살펴보겠습니다.

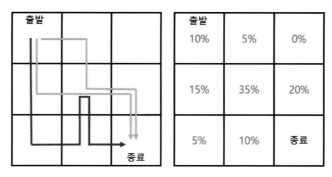

| 그림 9-3 | π를 이용해 샘플링 한 세 가지 에피소드와 π의 상태 분포

그림 9-3은 어떤 정책 π를 이용해 움직이는 에이전트를 출발점에 놓고 종료 상태에 도착할 때까지 그 경로를 총 3번 그려본 것입니다. 그러면 정가운데처럼 여러 번 방문하는 상태가 있고, 맨 윗쪽 오른편 귀퉁이처럼 거의 방문하지 않는 상태도 있습니다. 이때 상태별 방문 빈도를 나타낸 것이 바로 $d_\pi(s)$입니다. 다른 말로는 어느 순간 에이전트가 각 상태에 있을 확률이라 표현할 수도 있습니다. π에 따라 각 상태에 머무를 확률 분포가 정의되는 것이죠. 이제 이 상태 분포 $d_\pi(s)$를 이용해 기존에 구했던 기댓값을 풀어서 쓸 수 있습니다(참고로 이 $d_\pi(s)$가 앞서 배웠던 1-스텝 MDP의 $d(s)$와 표기가 같은 것은 우연이 아닙니다. 1-스텝에서는 시작하는 상태에서 바로 종료 상태로 가기 때문에 시작하는 상태의 분포가 곧 $d_\pi(s)$입니다).

$$\mathbb{E}_{\pi_\theta}[\nabla_\theta log\pi_\theta(s,a) * B(s)] = \sum_{s \in S} d_{\pi_\theta}(s) \sum_{a \in A} \pi_\theta(s,a)\nabla_\theta log\pi_\theta(s,a) * B(s)$$

이처럼 기댓값 연산자를 풀어서 써 봅니다. 존재하는 모든 상태에 대해 각 상태에 있을 확률과 각 상태에서 어떤 액션을 선택할 확률을 곱하여 더해주면 그게 곧 기댓값입니다. 여기서 기댓값 연산자를 풀어 쓰는 순간 우변의 값을 실제로 계산할 수는 없게 됩니다. 앞서 잠깐 언급했던 것과 같이, 상태의 개수가 무한히 많기 때문이며 $d_{\pi_\theta}(s)$를 실제로 구하기도 어렵습니다. 하지만 구태여 기댓값 연산자를 풀어서 쓰는 이유는 증명을 위해서입니다. 이제 이후의 내용은 쉽습니다.

$$
\begin{aligned}
\sum_{s \in S} d_{\pi_\theta}(s) \sum_{a \in A} \pi_\theta(s,a)\nabla_\theta log\pi_\theta(s,a) * B(s) &= \sum_{s \in S} d_{\pi_\theta}(s) \sum_{a \in A} \pi_\theta(s,a)\frac{\nabla_\theta\pi_\theta(s,a)}{\pi_\theta(s,a)} * B(s) --❶\\
&= \sum_{s \in S} d_{\pi_\theta}(s) \sum_{a \in A} \nabla_\theta\pi_\theta(s,a) * B(s)\\
&= \sum_{s \in S} d_{\pi_\theta}(s)B(s) \sum_{a \in A} \nabla_\theta\pi_\theta(s,a) -----❷\\
&= \sum_{s \in S} d_{\pi_\theta}(s)B(s)\nabla_\theta \sum_{a \in A} \pi_\theta(s,a)\\
&= \sum_{s \in S} d_{\pi_\theta}(s)B(s)\nabla_\theta 1 = 0 --------❸
\end{aligned}
$$

$$\therefore \mathbb{E}_{\pi_\theta}[\nabla_\theta log\pi_\theta(s,a) * B(s)] = 0$$

❶ 앞서 나왔던 $\nabla_\theta log\pi_\theta(s,a) = \dfrac{\nabla_\theta \pi_\theta(s,a)}{\pi_\theta(s,a)}$ 임을 이용

❷ $B(s)$는 액션 a와 관련없는 값이기 때문에 시그마 바깥으로 빠져 나옴

❸ $\displaystyle\sum_{a \in A} \pi_\theta(s,a) = 1$, 및 1을 θ에 대해 미분하면 0임을 이용

이렇게 하여 증명이 끝났습니다. 실제로 기댓값 연산자 안에서 $V_{\pi_\theta}(s)$를 빼도 기댓값이 변하지 않는 것을 확인하였습니다. 따라서 우리는 이제 기존의 policy gradient 수식에서 $V_{\pi_\theta}(s)$를 빼줄 수 있습니다. 이를 이용한 어드밴티지 액터-크리틱의 policy gradient는 다음과 같습니다.

$$\nabla_\theta J(\theta) = \mathbb{E}_{\pi_\theta}\big[\nabla_\theta log\pi_\theta(s,a) * A_{\pi_\theta}(s,a)\big]$$
$$A_{\pi_\theta}(s,a) = Q_{\pi_\theta}(s,a) - V_{\pi_\theta}(s)$$

이처럼 어드밴티지를 사용하여 policy gradient를 계산하면 분산이 줄어들어 훨씬 안정적인 학습이 가능합니다. 하지만 이를 실제 학습 알고리즘으로 변환하려면 마찬가지로 다음과 같은 근사가 필요합니다.

$$Q_{\pi_\theta} \approx Q_w, V_{\pi_\theta} \approx V_\phi(s)$$

실제 가치 함수를 알 수 없기 때문에 뉴럴넷을 이용하여 근사하였습니다. 정리하면 우리는 다음과 같은 3개의 뉴럴넷을 필요로 합니다.

- 정책 함수 $\pi_\theta(s,a)$의 뉴럴넷 θ
- 액션-가치 함수 $Q_w(s,a)$의 뉴럴넷 w
- 가치 함수 $V_\phi(s)$의 뉴럴넷 ϕ

결국 3쌍의 뉴럴넷의 파라미터 θ, w, ϕ를 모두 학습해야 합니다. Pseudo code 를 함께 살펴 보겠습니다.

어드밴티지 Actor-Critic pseudo code

1. 3쌍의 네트워크 파라미터 θ, w, ϕ를 초기화

2. 상태 s를 초기화

3. 액션 $a \sim \pi_\theta(a|s)$를 샘플링

4. 스텝마다 다음(A~F)을 반복

    A a를 실행하여 보상 r과 다음 상태 s'을 얻음

    B θ 업데이트 : $\theta \leftarrow \theta + \alpha_1 \nabla_\theta log\pi_\theta(s, a) * \{Q_w(s, a) - V_\phi(s)\}$

    C 액션 $a' \sim \pi_\theta(a'|s')$를 샘플링

    D w 업데이트 : $w \leftarrow w + \alpha_2(r + \gamma Q_w(s', a') - Q_w(s, a))\nabla_w Q_w(s, a)$

    E ϕ 업데이트 : $\phi \leftarrow \phi + \alpha_3 (r + \gamma V_\phi(s') - V_\phi(s)) \nabla_\phi V_\phi(s)$

    F $a \leftarrow a', s \leftarrow s'$

정책 네트워크 π_θ와 밸류 네트워크 V_ϕ와 액션-밸류 네트워크 Q_w가 함께 학습되는 것을 확인할 수 있습니다. 밸류 네트워크는 모두 TD 방식으로 학습하였습니다. 이렇게 하여 한 단계 발전한 어드밴티지 액터-크리틱 알고리즘에 대해 알아보았습니다.

TD 액터-크리틱

드디어 액터-크리틱의 최종 단계에 왔습니다. Q 액터-크리틱에 비해 어드밴티지 액터-크리틱은 그라디언트 추정치의 변동성을 줄여줌으로써 학습 효율에 이점이 있었습니다. 하지만 어드밴티지 액터-크리틱에도 치명적인 단점이 하나 있습니다. 바로 π_θ, V_ϕ, Q_w 이렇게 3쌍의 뉴럴넷을 필요로 한다는 점입니다. 하지만 지금부터 배울 아이디어를 사용하면 더 이상 Q_w가 필요 없게 됩니다. 기존의 어드밴티지를 사용하면서도 말이죠. 바로 시작하겠습니다. 먼저 가치 함수 $V(s)$의 TD 에러 δ를 생각해 보겠습니다. δ는 다음과 같습니다.

$$\delta = r + \gamma V(s') - V(s)$$

이제 상태 s 어떤 액션 a를 실행했을 때 δ의 기댓값을 구해보겠습니다.

$$\begin{aligned} \mathbb{E}_\pi[\delta|s, a] &= \mathbb{E}_\pi[r + \gamma V(s') - V(s)|s, a] \\ &= \mathbb{E}_\pi[r + \gamma V(s')|s, a] - V(s) \\ &= Q(s, a) - V(s) = A(s, a) \end{aligned}$$

놀랍게도 TD 에러인 δ의 기댓값이 어드밴티지 $A(s,a)$입니다. 다른 말로 δ는 $A(s,a)$의 **불편 추정량**^{unbiased estimate}입니다. δ값은 같은 상태 s에서 같은 액션 a 를 선택해도 상태 전이가 어떻게 일어나느냐에 따라 매번 다른 값을 얻게 됩니다. 이 값을 여러 개 모아서 평균내면 그 값이 $A(s,a)$로 수렴한다는 뜻입니다. 이전에 REINFORCE 알고리즘을 배울 때, 리턴 G_t가 $Q_\pi(s,a)$의 샘플이어서 $Q_\pi(s,a)$ 대신에 G_t를 사용하여 업데이트해도 괜찮았던 것 기억하시나요? 마찬가 지로 $A(s,a)$ 대신 δ를 이용해 업데이트해도 괜찮다는 의미입니다. 그래서 기존 어드밴티지 액터-크리틱에서의 policy gradient 수식을 다음과 같이 변형할 수 있습니다.

$$\nabla_\theta J(\theta) = \mathbb{E}_{\pi_\theta}[\nabla_\theta log\pi_\theta(s,a) * \delta]$$

식이 매우 간단해졌죠? 게다가 여기서 놀라운 점은 δ는 상태 가치 함수 V만 있 으면 계산할 수 있는 값이라는 점입니다. 똑같이 어드밴티지 기반의 액터-크리 틱이면서도 Q가 없어도 계산할 수 있습니다. 덕분에 pseudo code도 다음과 같 이 한층 간결해졌습니다.

TD Actor-Critic pseudo code

   1. 정책, 밸류 네트워크의 파라미터 θ와 ϕ를 초기화
   2. 액션 $a\sim\pi_\theta(a|s)$를 샘플링
   3. 스텝마다 다음(A〜E)을 반복

   A a를 실행하여 보상 r과 다음 상태 s'을 얻음

   B δ를 계산 : $\delta \leftarrow r + \gamma V_\phi(s') - V_\phi(s)$

   C θ 업데이트 : $\theta \leftarrow \theta + \alpha_1 \nabla_\theta log\pi_\theta(s,a) * \delta$

   D ϕ 업데이트 : $\phi \leftarrow \phi + \alpha_2 \delta \nabla_\phi V_\phi(s)$

   E $a \leftarrow a', s \leftarrow s'$

이렇게 이번 챕터에서 가장 발전된 알고리즘인 TD 액터-크리틱의 pseudo code 까지 배워 보았습니다. 이제 실제 pytorch를 이용한 구현으로 넘어가겠습니다. 마찬가지로 OpenAI GYM의 카트폴 예제로 살펴보겠습니다.

TD Actor-Critic 구현

■ 라이브러리 import 및 하이퍼 파라미터 정의

```
import gym
import torch
import torch.nn as nn
import torch.nn.functional as F
import torch.optim as optim
from torch.distributions import Categorical

#Hyperparameters
learning_rate = 0.0002
gamma         = 0.98
n_rollout     = 10
```

늘 그렇듯 라이브러리 import와 하이퍼 파라미터를 정의하는 것부터 시작합니다. 이번에는 새로운 하이퍼 파라미터 n_rollout을 추가했습니다. 밸류 네트워크가 평가를 대신해 주기 때문에 액터-크리틱 기반 방법론은 학습할 때 리턴을 필요로 하지 않습니다. 따라서 리턴을 관측할 때까지 기다릴 필요 없이 하나의 데이터가 생기면 바로 네트워크를 업데이트 할 수 있습니다. 여기서 한 틱의 데이터만 보고 업데이트할 수도 있고, n틱의 데이터를 쌓아서 업데이트할 수도 있습니다. 바로 n_rollout이 몇 틱의 데이터를 쌓아서 업데이트 할지를 나타내는 변수입니다. 본 예제에서는 그 값을 10으로 설정하여 총 10번의 상태 전이를 모아서 업데이트합니다.

■ 메인 함수

```
def main():
    env = gym.make('CartPole-v1')
    model = ActorCritic()
    print_interval = 20
    score = 0.0

    for n_epi in range(10000):
        done = False
        s = env.reset()
```

```
    while not done:
        for t in range(n_rollout):
            prob = model.pi(torch.from_numpy(s).float())
            m = Categorical(prob)
            a = m.sample().item()
            s_prime, r, done, info = env.step(a)
            model.put_data((s,a,r,s_prime,done))

            s = s_prime
            score += r

            if done:
                break

        model.train_net()

    if n_epi%print_interval==0 and n_epi!= 0:
        print("# of episode :{}, avg score : {:.1f}".format(n_epi, score/
        print_interval))
        score = 0.0
env.close()
```

본질적으로 경험을 쌓고, 데이터를 모으는 일을 하는 코드이기 때문에 메인 함수는 앞서 보았던 REINFORCE와 대체로 비슷합니다. 가장 먼저 ActorCritic 클래스의 인스턴스인 model을 선언하며 시작됩니다. ActorCritic 클래스는 그 안에 정책 함수 pi도 있고, 가치 함수 v도 있습니다. 가치 함수는 학습에만 사용되기 때문에 메인 함수에서는 가치 함수가 호출될 일은 없습니다. 정책 함수인 model.pi를 이용하여 액션을 뽑고, 액션을 환경에 던져주고, 상태 전이와 보상을 관찰합니다. 이 값들을 model.put을 이용하여 잠시 저장해 둡니다. 위 코드에서 확인할 수 있듯 n_rollout 만큼의 for loop을 진행한 후에 model.train_net을 호출하여 학습을 진행합니다.

■ 액터 크리틱 클래스

```python
class ActorCritic(nn.Module):
    def __init__(self):
        super(ActorCritic, self).__init__()
        self.data = []

        self.fc1 = nn.Linear(4, 256)
        self.fc_pi = nn.Linear(256, 2)
        self.fc_v = nn.Linear(256, 1)
        self.optimizer = optim.Adam(self.parameters(), lr=learning_rate)

    def pi(self, x, softmax_dim = 0):
        x = F.relu(self.fc1(x))
        x = self.fc_pi(x)
        prob = F.softmax(x, dim=softmax_dim)
        return prob

    def v(self, x):
        x = F.relu(self.fc1(x))
        v = self.fc_v(x)
        return v

    def put_data(self, transition):
        self.data.append(transition)

    def make_batch(self):
        s_lst, a_lst, r_lst, s_prime_lst, done_lst = [], [], [], [], []
        for transition in self.data:
            s,a,r,s_prime,done = transition
            s_lst.append(s)
            a_lst.append([a])
            r_lst.append([r/100.0])
            s_prime_lst.append(s_prime)
            done_mask = 0.0 if done else 1.0
            done_lst.append([done_mask])

        s_batch, a_batch, r_batch, s_prime_batch, done_batch = torch.tensor
        (s_lst, dtype=torch. float), torch.tensor(a_lst),  torch.tensor(r_lst),
        dtype=torch.float), torch.tensor(s_prime_lst, dtype=torch. float),
        torch.tensor(done_lst, dtype=torch. float)
        self.data = []
        return s_batch, a_batch, r_batch, s_prime_batch, done_batch
```

```
def train_net(self):
    s, a, r, s_prime, done = self.make_batch()
    td_target = r + gamma * self.v(s_prime) * done
    delta = td_target - self.v(s)

    pi = self.pi(s, softmax_dim=1)
    pi_a = pi.gather(1,a)
    loss = -torch.log(pi_a) * delta.detach() + F.smooth_l1_loss(self.v(s),
    td_target.detach())

    self.optimizer.zero_grad()
    loss.mean().backward()
    self.optimizer.step()
```

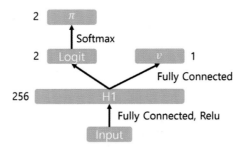

| 그림 9-4 | 하단부를 공유하는 액터-크리틱 네트워크 구조도

가장 중요한 ActorCritic 클래스입니다. 정책 네트워크와 밸류 네트워크를 정의할 것이기 때문에 파이토치의 nn.Module 클래스를 상속받아 정의하였습니다. pi 함수와 v 함수는 각각 정책 네트워크와 밸류 네트워크에 해당합니다. 두 뉴럴넷은 그림 9-4처럼 맨 아래 하나의 레이어를 공유하도록 구현했습니다. 따라서 맨 아래 H1 레이어는 정책 네트워크를 업데이트할 때도, 밸류 네트워크를 업데이트할 때도 항상 업데이트됩니다.

다음으로 make_batch 함수는 챕터 8의 딥 Q러닝 구현에서 보았던 것과 거의 유사한 함수입니다. n_rollout(10틱)동안 모였던 데이터를 s끼리, a끼리, r끼리, s'끼리, done끼리 따로따로 모아서 미니 배치를 만들어 주는 함수입니다. 이렇게 만들어진 미니 배치를 바탕으로 train_net 함수를 이용해 실제 학습이 이루어집니다. loss텀에는 정책 네트워크의 손실 함수와 밸류 네트워크의 손실 함수를 더하여 한 번에 업데이트를 진행하는 방식으로 구현했습니다. 앞의 항인 −torch.log(pi_a) * delta.detach()가 정책 네트워크의 손실 함수인 $-log\pi_\theta(s, a) * \delta$에 해당합니다. delta에 detach()가 붙어있는 이유는 delta를 상수 취급하기 위함입니다. detach 함수가 호출되는 순간 그라디언트를 계산할 때 해당 값은 상수로 취급합니다. 왜냐하면 해당 값을 계산하기까지 필요했던 모든 그래프의 연산들을 **떼어내기**[detach] 때문입니다. 그래야 백 프로파게이션 단계에서 그라디언트가 뒤로 흘러가지 않게 됩니다. 만일 이렇게 detach를 해주지 않는다면, 업데이트시 delta의 값을 계산하는데 쓰였던 밸류 네트워크의 파라미터들 또한 함께 변해버릴 것입니다. 그렇기 때문에 detach 함수는 매우 중요합니다. 마이너스 부호가 앞에 붙는 것은 REINFORCE때와 마찬가지로 optimizer. step을 호출하면 자동으로 gradient descent 방향으로 업데이트가 되기 때문에 gradient ascent를 사용하기 위해서는 마이너스 부호를 앞에 붙여줘야 합니다.

밸류 네트워크의 loss는 TD 방식을 이용해 계산했습니다. td_target과 가치 네트워크의 아웃풋인 v(s) 사이 차이를 loss로 정의했습니다. td_target 또한 detach를 해준 이유는 마찬가지로 td_target을 상수 취급하기 위함입니다. 앞에서 챕터 8에서 DQN 코드에서 TD 타깃을 상수 취급했던 것과 같은 이유로 정답은 그 자리에 가만히 있고 예측치가 변하도록 하기 위함입니다.

총 n_rollout만큼, 즉 10틱의 데이터에 대해 각각의 데이터마다 loss가 구해질텐데요, 이 10개의 loss의 평균을 최종 loss로 정의하였습니다. 그리고 이에 대해 backward 함수를 호출하여 그라디언트를 계산하도록 하였습니다. 이렇게 하면 TD 액터-크리틱의 구현이 끝났습니다. 실제 실행 결과를 보겠습니다.

```
# of episode : 20, avg score : 25.0

# of episode : 40, avg score : 27.1

# of episode : 60, avg score : 31.2

# of episode : 80, avg score : 28.2

# of episode : 100, avg score : 39.4

# of episode : 120, avg score : 40.2

# of episode : 140, avg score : 45.5

# of episode : 160, avg score : 44.5

# of episode : 180, avg score : 51.7

# of episode : 200, avg score : 44.0

# of episode : 220, avg score : 68.1

# of episode : 240, avg score : 71.8

# of episode : 260, avg score : 84.4

# of episode : 280, avg score : 87.5

# of episode : 300, avg score : 114.5

# of episode : 320, avg score : 142.2

# of episode : 340, avg score : 159.2

# of episode : 360, avg score : 181.1

# of episode : 380, avg score : 193.4

# of episode : 400, avg score : 273.1

# of episode : 420, avg score : 278.9

# of episode : 440, avg score : 248.6

# of episode : 460, avg score : 209.8

# of episode : 480, avg score : 367.1
```

20 에피소드마다 가장 최근 20 에피소드의 평균 점수를 출력하도록 하였습니다. 위와 같이 500 에피소드가 되기도 전에 평균 점수가 360점을 넘는 것을 확인할 수 있습니다. 실제 코드는 돌릴 때마다 어느 액션이 샘플링되어, 어느 상태를 방문하느냐에 따라 학습 양상에 변동성이 있겠지만 매우 학습이 잘 되는 것을 확인할 수 있습니다.

이번 챕터에서 배운 다양한 policy gradient 알고리즘을 정리해보면 다음과 같습니다.

$$
\begin{aligned}
\nabla_\theta J(\theta) &= \mathbb{E}_{\pi_\theta}[\nabla_\theta log\pi_\theta(s,a) * Q_{\pi_\theta}(s,a)] && \text{\# } Policy\ Gradient\ Theorem \\
&= \mathbb{E}_{\pi_\theta}[\nabla_\theta log\pi_\theta(s,a) * G_t] && \text{\# } REINFORCE \\
&= \mathbb{E}_{\pi_\theta}[\nabla_\theta log\pi_\theta(s,a) * Q_w(s,a)] && \text{\# } Q\ Actor\ Critic \\
&= \mathbb{E}_{\pi_\theta}[\nabla_\theta log\pi_\theta(s,a) * A_w(s,a)] && \text{\# } Advantage\ Actor\ Critic \\
&= \mathbb{E}_{\pi_\theta}[\nabla_\theta log\pi_\theta(s,a) * \delta] && \text{\# } TD\ Actor\ Critic
\end{aligned}
$$

앞의 $\nabla_\theta log\pi_\theta(s,a)$까지는 같고 뒤에 어떤 값이 곱해지느냐에 따라 차이가 있습니다. 실제 가치 함수인 Q_{π_θ}를 사용하여 계산하면 그것이 곧 목적 함수 $J(\theta)$의 그라디언트와 같다는 것이 policy gradient 정리였습니다. 여기서 리턴 G_t가 Q_{π_θ}의 샘플이었기 때문에 G_t를 대신 사용해도 괜찮습니다. REINFORCE라는 알고리즘이었죠. Q_{π_θ} 자리에 뉴럴넷을 이용해 학습한 Q_w를 사용하면 Q 액터-크리틱이 되었고, 그라디언트 추측치의 분산을 줄이고자 어드밴티지 A_w를 사용한 것이 곧 어드밴티지 액터-크리틱이었습니다. 마지막으로 δ가 어드밴티지의 샘플임을 이용하여 δ를 곱해주는 TD 액터-크리틱으로 발전하였습니다. TD 액터-크리틱의 경우 학습에 Q_w가 쓰이지 않는다는 장점이 있었습니다. 이렇게 이 책에서 가장 심화된 내용이 등장했던 정책 기반 에이전트에 대한 챕터가 끝났습니다. 이번 챕터가 이론적 내용에 중점을 뒀다면, 뒤의 내용은 응용에 관한 것이므로 아마 쉽게 읽으실 수 있을 것입니다.

알파고와 MCTS

인류 최고의 바둑 기사를 이긴 AI를 만드는 과정도 분해해서 생각
하면 간단한 방법론들의 조합입니다. 이제 한 걸음만 더 가면 알파고
를 완전히 이해할 수 있습니다. 이번 챕터에서는 그 마지막 한 조각인
MCTS를 소개하고, 이를 통해 알파고를 낱낱이 분해해 봅니다.

CHAPTER **10**

알파고와 MCTS

총 9개 챕터에 걸쳐 강화 학습 전반에 관한 내용을 살펴 보았습니다. 지금까지 배운 내용을 잘 이해했다면 무려 알파고를 "거의" 만들 수 있습니다. "거의"라고 표현한 이유는 추가로 MCTS라는 개념을 하나 더 배워야 하기 때문입니다. 그래서 이번 챕터에서는 알파고에 쓰인 강화 학습 알고리즘과 원리, 그에 더해 MCTS에 대해서 배울 예정입니다. 이번 챕터의 내용을 잘 따라간다면 알파고의 처음부터 끝까지 완전한 흐름을 이해할 수 있습니다. 인공 지능의 최첨단에 있는 연구를 지금까지 배운 내용만 가지고 이해할 수 있다니 믿기지 않으실 텐데요, 바로 알파고의 학습 과정과 원리를 살펴 보겠습니다. 먼저 알파고에 대해 배우고, 그 후속 연구인 알파고 제로의 내용까지 함께 살펴보겠습니다.

10.1 알파고

우선 알파고에 여러 버전이 있기 때문에 본 챕터에서 다룰 "알파고"가 무엇을 가리키는지 명확하게 정하고 넘어가겠습니다. 여기서 알파고라 불리는 것은 2016년에 3월 이세돌과 바둑을 뒀던 버전을 가리키는 것으로 해당 논문[15]에 나온 내용을 보다 쉽게 재구성하여 다뤄봅니다.

---

15 Silver, David, et al. "Mastering the game of Go with deep neural networks and tree search." nature 529.7587 (2016): 484.

알파고를 이해할 때 **학습**learning과 **실시간 플래닝**decision-time planning이라는 2단계로 나누어서 접근하면 좀 더 쉽게 이해할 수 있습니다. 이세돌과의 대국을 예로 들어보면, 학습 단계는 알파고가 이세돌을 만나기 전에 이루어지는 과정으로, 이후 단계에서 사용될 재료들을 미리 만들어 두는 과정입니다. 반면 실시간 플래닝은 문자 그대로 이세돌과의 대국 도중에 실시간으로 이루어지는 과정입니다. 이세돌이 한 수를 두고 이제 알파고 차례가 되었을 때, 알파고가 어디에 바둑알을 놓을지 고민하는 바로 그 과정입니다. 실시간으로 다양한 수를 머릿속에서(컴퓨터 속에서) 시뮬레이션을 하기 때문에 이를 실시간 플래닝이라 일컫습니다. 알파고는 실시간 플래닝 알고리즘으로 **MCTS**Monte Carlo Tree Search를 사용합니다. 따라서 본 설명도 학습 단계와 MCTS 단계를 구분지어 설명하도록 하겠습니다. 먼저 학습 단계입니다.

학습 단계

앞서 말한 바와 같이 학습 단계는 실시간 플래닝, 즉 MCTS에서 쓰일 재료들을 만드는 과정입니다. MCTS는 크게 4가지 준비물을 필요로 합니다. 바로 사람의 기보를 이용해 지도 학습한 정책 π_{sl}, 롤아웃 정책 π_{roll}, 스스로 대국하며 강화 학습한 정책 π_{rl}, 밸류 네트워크 v_{rl}입니다. 요약하면 총 3개의 정책 네트워크와 1개의 밸류 네트워크를 필요로 합니다. 이렇게 4가지 준비물의 관계를 도식화해보면 아래 그림 10-1과 같습니다.

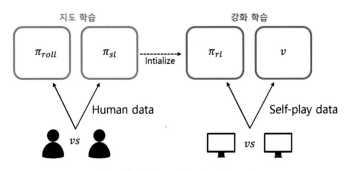

| 그림 10-1 | MCTS를 위한 4가지 준비물

지금부터 이 4개가 각각 무엇인지, 또 학습이 어떻게 이루어지는지에 대해 알아보겠습니다.

■ 지도 학습 정책 π_{sl}

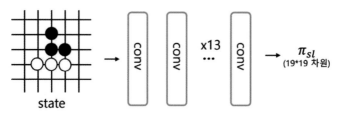

| 그림 10-2 | π_{sl}의 구조도

알파고의 모든 과정은 바둑 기사의 기보 데이터를 활용해 π_{sl}이라는 뉴럴넷을 학습시키는 것으로부터 시작합니다. 학습에 사용된 데이터는 KGS바둑 서버에서 가져왔으며, 고수의 기보만 사용하기 위해 6단 이상의 기사가 플레이한 데이터만 사용했습니다. 각 데이터는 바둑판의 상태와 해당 상태에서 실제로 바둑알을 둔 곳의 위치의 쌍으로 이루어지며, 총 3천만 개의 데이터를 사용했습니다.

학습 과정은 우선 π_{sl}을 초기화하는 것부터 시작됩니다. π_{sl}은 그림 10-2와 같이 바둑판의 상태 정보 s가 인풋으로 들어오면 총 19*19 = 361개의 바둑 칸들 중 현재 둘 수 있는 곳에 대해 실제로 돌을 내려놓을 확률을 리턴합니다. 말하자면 최대 총 361개의 클래스가 있고 그 중에 하나로 **분류**classification해주는 네트워크라고 할 수 있습니다. 예컨대 바둑판의 특정 상태에서 바둑기사가 (16, 14)에 돌을 두었다고 한다면 이를 정답으로 보고, 정답과 현재 뉴럴넷의 예측값 사이 차이를 손실 함수로 정의하여 이를 줄이는 방향으로 π_{sl}의 파라미터를 업데이트합니다. 이렇게 학습을 한다면 3천만 개의 데이터 안에 있는 "평균 전략"을 학습할 수 있습니다.

조금 더 디테일한 내용으로 들어가보자면 π_{sl}의 뉴럴넷은 13층의 **컨볼루션 레이어**convolutional layer를 쌓아 올려서 구성하였습니다. 딥러닝이 익숙하지 않은 분들을 위해 간단히 설명해보면, 컨볼루션 레이어는 인풋에 공간적인 정보가 담겨 있는 경우 이를 표현하기 위해 여러 개의 필터를 통해 정보를 인코딩하는 방식입니다. 바둑판은 2차원 배열이기 때문에 각 값들이 위치에 따라 관계를 만들며 컨볼루션 레이어를 이용하면 이를 잘 포착할 수 있습니다. 이런 레이어를 총

13개의 층을 쌓아서 깊은 네트워크를 만들었다고 생각하면 됩니다. 이 네트워크에 들어가는 인풋은 현재 바둑판 상황을 있는 그대로 넣은 것은 아니라 바둑판의 정보를 토대로 사람의 지식을 이용하여 만든 feature를 총 48겹을 쌓아서 인풋으로 제공하였습니다. 마치 이미지에서의 RGB 채널처럼 다양한 feature 정보를 채널 형태로 겹겹이 쌓아서 만든 것입니다. 결국 인풋의 최종 사이즈는 19×19×48입니다.

학습 결과 π_{sl}은 주어진 데이터에 대해 57%의 정답률을 기록했습니다. 이 말은 각 데이터의 정답을 가려놓고 π_{sl}에게 "자, 여기서 사람은 어디다 둘 것 같아?" 하고 물어봤을 때 57%의 확률로 정답을 맞힌다는 뜻입니다. 50개의 GPU를 사용하여 총 3주간 학습하였으며 해당 기간 뉴럴넷의 업데이트가 3억 4천만 번 이루어 졌습니다. 비록 6단에서 9단 사이 데이터만 가지고 학습하였지만 이렇게 학습된 결과물인 π_{sl}의 실력은 아쉽게도 5단 정도에 머물렀습니다. 워낙 다양한 플레이어의 전략이 뒤섞여 있는 데이터를 가지고 학습했기 때문에 학습된 전략만으로 실제 플레이어의 실력을 정확히 재현하기란 어렵습니다. 이렇게 첫 번째 준비물인 π_{sl}의 준비가 끝났습니다. π_{sl}이 정확히 어디에 쓰일지는 차후에 MCTS 부분에서 다시 설명하도록 하겠습니다.

② 롤아웃 정책 π_{roll}

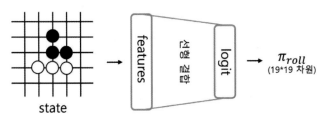

| 그림 10-3 | π_{roll}의 구조도

롤아웃 정책 π_{roll}은 π_{sl}의 "가벼운 버전"이라고 생각하면 됩니다. 마찬가지로 바둑판의 상태 s를 인풋으로 받아서 어디에 둘지 각 액션의 확률 분포를 리턴하며, 사람의 기보 데이터를 이용해 지도 학습으로 만들었습니다. 대신 사용된 뉴럴넷이 훨씬 작고 가벼운 네트워크입니다. π_{sl}은 13층의 컨볼루션 레이어를 사용한 반면 π_{roll}은 사람 지식을 이용하여 만든 수많은 feature에 대해 선형 결

합 레이어가 하나 있을 뿐입니다. 그만큼 계산 속도가 매우 빠릅니다. π_{sl}은 하나의 액션을 뽑는데 3ms(0.003초)의 시간이 필요한 반면 π_{roll}은 2μs(0.000002초)면 충분합니다. 한 수를 두기까지 π_{sl}이 π_{roll}보다 1500배의 시간을 필요로 합니다.

π_{roll}은 무척 가벼운 대신 성능은 조금 부족합니다. 주어진 사람 데이터에 대해 π_{sl}의 정확도가 57%이지만, π_{roll}의 정확도는 24.2%에 불과합니다. 그럼에도 π_{roll}이 필요한 이유는 π_{sl}보다 계산 속도가 훨씬 빠르기 때문에 나중에 MCTS 단계에서 같은 시간 동안 더 많은 수를 시뮬레이션 해볼 수 있고, 결국 MCTS의 성능을 올려 주기 때문입니다. 이는 이후에 더 자세히 다루도록 하겠습니다. 요약하자면 π_{sl}은 무겁고 강한 대검을, π_{roll}은 가볍고 빠른 나이프를 연상한다면 적절할 것입니다. 이렇게 하면 사람 데이터를 이용한 지도 학습 파트가 끝났고, 이제 강화 학습 파트로 넘어가도록 하겠습니다.

③ 강화 학습 정책 π_{rl}

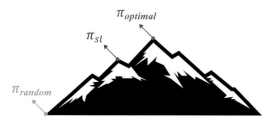

| 그림 10-4 | π_{sl}을 이용한 학습

강화 학습을 통해 강화되는 정책을 π_{rl}라고 하겠습니다. π_{rl}은 π_{sl}과 완벽히 똑같이 생긴 뉴럴 네트워크이고, π_{rl}의 파라미터들은 π_{sl}의 파라미터를 이용해 초기화합니다. 초기에는 π_{rl}과 π_{sl}이 완전히 같은 네트워크입니다. 하지만 π_{rl}은 self-play를 통해 계속해서 강화됩니다. π_{sl}을 이용해 네트워크를 초기화하는 것은 아주 영리한 방법입니다. 만일 완전한 랜덤부터 학습을 시작한다면 초기 정책은 바둑판 위의 랜덤한 위치에 마구잡이로 돌을 놓을 것입니다. 원숭이가 바둑을 두는 것과 다를 바 없습니다. 그만큼 의미있는 경험을 쌓기 힘들겠죠. 서로가 치열한 경기 안에서 어떤 행동이 좋았고, 어떤 행동이 안 좋았는지를 배워야 효과적으로 실력을 강화할 수 있습니다. π_{sl}로 초기화된 정책끼리의

대결은 훨씬 고품질의 경기를 생산합니다. 말하자면 그림 10-4처럼 높은 산을 오르는데 산의 중간부터 오르는 것이라고 비유할 수 있습니다.

이렇게 π_{sl}로 초기화된 π_{rl}은 자기 자신과의 경기를 시작합니다. 이를 self-play 라고 부릅니다. 수백, 수천 대의 컴퓨터에 자신의 복제본을 띄워 놓고 스스로 경기를 하면서 아주 빠른 속도로 경험을 모으는 것입니다. 조금 더 자세히 설명 해보자면, 자기 자신과의 경기라고 표현했지만 더 정확하게는 자신의 과거 모델 들을 이용해 풀을 만들고, 풀에서 랜덤하게 하나를 뽑아와서 경기를 펼치는 방 식입니다.

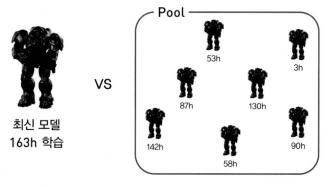

| 그림 10-5 | AlphaStar와 AlphaGo에서 사용된 self-play

그림 10-5처럼 현재 학습을 받고 있는 가장 최신 모델이 있습니다. 이 모델이 163시간 동안 학습되었다고 가정해 봅니다. 그렇다면 이 모델의 3시간 학습된 비교적 초기 모델부터 142시간 학습된 비교적 최신 모델까지 다양한 모델들의 풀이 있을 겁니다. 어느 특정 상대가 아닌 이 풀 전체를 상대로 강화가 됩니다. 그만큼 어느 상대가 만나더라도 대처할 수 있는 보편적으로 강한 전략이 학습 될 것입니다. 알파고는 학습을 받고 있는 네트워크가 500번 업데이트 될 때마 다 해당 모델을 풀에 넣어주었다고 합니다. 보다 최신 연구인 알파 스타[16]에서 도 스타크래프트라는 실시간 전략 시뮬레이션 게임을 정복하는 에이전트를 학 습할 때 비슷한 방식을 사용하였습니다.

16 Vinyals, Oriol, et al. "AlphaStar: Mastering the real-time strategy game StarCraft II." DeepMind Blog (2019).

네트워크를 초기화했고, self-play에서의 상대방도 정해졌으니 본격적으로 데이터를 모아 강화 학습을 진행할 차례입니다. 알파고에서 보상 함수는 경기를 이기면 1, 지면 −1로 하였고, 그 외의 중간 보상은 전혀 없습니다. 또 policy gradient 방법론을 사용하였고 그중에서도 리턴만 있으면 학습할 수 있는 알고리즘인 REINFORCE를 사용하였습니다. 챕터 9 초반에 배웠던 바로 그 알고리즘입니다. 비교적 간단한 알고리즘이 인공지능의 첨단 알파고에 사용되었습니다. REINFORCE의 그라디언트 수식은 다음과 같습니다.

$$\nabla_\theta J(\theta) = \mathbb{E}_{\pi_\theta}[\nabla_\theta log\pi_\theta(s, a) * G_t]$$

여기서 중간 보상이 없고, 리턴을 계산할 때 쓰이는 γ값은 1.0으로 설정했습니다. 그러니 한 경기 안의 모든 시점에 대해 같은 값의 리턴을 갖게 됩니다. 이긴 경기는 +1, 진 경기는 −1이죠. 다른 말로는 이긴 경기에서 발생한 모든 액션의 확률을 동등하게 증가시켜주고, 진 경기에서 발생한 모든 액션의 확률을 동등하게 감소시켜주는 방법인 것입니다. 무척 직관적이라 할 수 있습니다.

GPU 50대를 이용해 1일간 학습하였고, 128경기의 데이터를 이용해 1개의 미니 배치를 구성하였다고 합니다. 미니 배치가 매우 크기 때문에 그만큼 안정적인 그라디언트 계산이 가능할 것입니다. 이렇게 학습이 끝난 π_{rl}을 π_{sl}과 붙여보면 어떻게 될까요? π_{sl}에서 발전한 버전이니 당연히 π_{rl}의 실력이 더 좋겠죠? 그 결과는 100판을 붙이면 약 80%의 승률로 π_{rl}이 π_{sl}을 이겼다고 합니다. 이렇게 하여 self-play를 통한 강화 학습 정책 π_{rl}이 준비되었습니다. 사실 아이러니하게도 MCTS 과정에서 π_{rl}이 직접적으로 사용되지는 않습니다. π_{rl}은 다음 재료인 v_{rl}을 구하는데 핵심 역할을 할 뿐입니다.

4 밸류 네트워크 v_{rl}

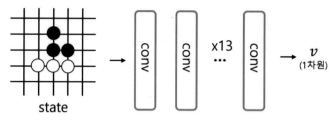

| 그림 10-6 | v_{rl}의 구조도

이제 마지막 준비물인 가치 함수 v_{rl}를 학습할 차례입니다. v_{rl}의 신경망 구조는 아랫단은 π_{sl}, π_{rl}과 동일하지만 아웃풋이 19×19가 아니라 1개의 값입니다. 각 상태의 밸류를 리턴하는 네트워크이니 당연하겠죠? v_{rl}을 더 정확하게 표기하면 $v_{\pi_{rl}}(s)$이며, 이는 주어진 상태 s부터 시작해서 π_{rl}을 이용하여 플레이 했을 때 이길지 여부를 예측하는 함수입니다. 원래 가치 함수의 정의는

$$v_{\pi_{rl}}(s) = \mathbb{E}_{\pi_{rl}}[G_t|s_t = s]$$

입니다. 그런데 γ=1.0이고 중간 보상이 없기 때문에 결국 s에서 시작하여 1을 받을지, −1을 받을지 예측하는 함수, 즉 승자를 예측하는 함수가 되는 것입니다. v_{rl}을 학습할 때의 손실 함수는 해당 경기에서의 승패 여부와 네트워크 아웃풋 사이 **MSE**^mean squared error로 정의했습니다. 총 3천만 개의 각기 다른 게임에서 나온 상태를 가지고 데이터 셋을 만들었고, 해당 데이터 셋을 이용해 GPU 50개로 총 1주일간 학습을 하였습니다. 이렇게 가치 함수 $v_{rl}(s)$가 학습되고 나면 이제 임의의 상태를 인풋으로 넣었을 때 해당 경기의 승자가 누가 될지 그 결과를 가늠할 수 있게 됩니다. 이 함수는 MCTS에서 특별히 중요한 역할을 수행합니다.

이제 4가지 준비물이 완성되었으니 본격적으로 MCTS로 넘어가겠습니다.

Monte Calro Tree Search(MCTS)

MCTS에 필요한 재료의 준비가 끝났으니 이제 당장 진행할 수 있습니다. 그전에 MCTS가 무엇인지 간략히 설명해 보겠습니다. MCTS는 주어진 상황에서 시작하여 "그냥 많이 둬 보는" 방법론입니다. 거창한 이름에 비해 본질은 매우 간단하죠? 그냥 냅다 둬 보는 것입니다. 예를 들어 주어진 상태에서 시작해서 내가 이길지 질지 알고 싶다고 해 봅시다. 그러면 주어진 상태에서 시작하여 한 판을 둬 봅니다. '어라 졌네요?' 그러면 질 것이다!하고 예측해 볼 수 있겠죠. 그런데 한 판이 아니라 1억 판을 둬 본다면 어떨까요? 1억 판 중에 8천만 판을 졌다면 더 확신을 갖고 지금 불리한 형국에 있다는 것을 알 수 있습니다. 이처럼 MCTS는 주어진 상황에 특화된 해를 찾는데 쓰이는 **플래닝**planning 알고리즘입니다. 수많은 게임을 머릿속에서 시뮬레이션을 해 보는 것이죠.

바둑의 상태가 너무나 많기 때문에 많은 시뮬레이션이 필요합니다. 바둑은 가능한 상태의 수가 10^{170}에 이를 정도로 상태의 개수가 많습니다. 모든 상태에서 최적의 해를 미리 알고 있다면야 좋겠지만 그러기엔 현실적으로 매우 어렵습니다. 알파고에서 앞서 학습했던 정책 중에 가장 강한 π_{rl}조차 프로 바둑기사에 비하면 조악한 수준입니다. 그래서 일종의 편법을 써서, 어떤 상황이 주어졌을 때 그 상황에 특화된, 그 상황에서만 쓸 수 있는, 그 상황에 딱 맞는 최적 액션을 무수히 많은 시뮬레이션을 통해 찾고자 하는 것입니다. 어느 특정 상황에서 진행한 MCTS는 다른 일반적인 상황에서는 재사용하기 어렵습니다. 그만큼 현재 주어진 상태에 대한 맞춤 전략인 것입니다.

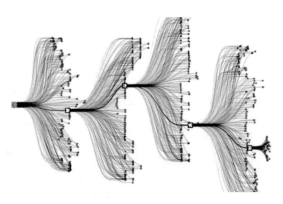

| 그림 10-7 | MCTS의 개념도

이렇게 무수히 많은 시뮬레이션을 진행하는 것을 그림으로 표현하면 그림 10-7과 같습니다. 주어진 상황을 s라 하면 s부터 시작하여 주어진 시간 안에 최대한 많은 게임을 시뮬레이션해보는 것입니다. s에서 할 수 있는 액션 a_1도 해 보고, a_2도 해보고, …, a_{180}까지 할 수 있는 액션을 최대한 다양하게 해봅니다. 그러면 그림 10-7처럼 s에서 시작하여 다양한 가능성의 가지들이 생깁니다. 그렇게 액션을 하나 고르면 다음 상태에 도착하게 되고, 해당 상태에서 또 그만큼의 가지가 뻗어 나갑니다. 존재하는 모든 가지를 다 실행해볼 수는 없지만 그래도 안 해보는 것보다는 훨씬 좋을 것이고, 많이 하는 만큼 더더욱 좋아질 것입니다. 이처럼 다양한 액션을 해 보고 결과가 가장 좋았던 액션을 실제로 선택하는 방법이 MCTS입니다. 주어진 정책 π_{rl}로 바로 결정을 내리는 것보다 좋을 수밖에 없습니다. 실제로 알파고를 포함한 대부분의 바둑 AI들은 MCTS의 덕을 톡톡히 누렸습니다. 프로 바둑기사의 수준에 근접한 AI는 모두 MCTS를 사용하였다 해도 과언이 아니죠.

그렇게 MCTS가 만능이면 항상 MCTS를 쓰면 되는 것 아닌가하고 생각할 수 있지만 MCTS를 사용하기 위해서는 몇 가지 까다로운 조건이 필요합니다. 첫 번째로는 MDP의 모델을 알아야 합니다. 모델이란 상태 전이 확률 $P_{ss'}^a$와 보상 함수 R_s^a를 일컫습니다. 이 둘을 알면 "MDP를 안다"고 표현했습니다. 앞에서 배운 챕터 5부터 9까지의 내용은 모두 모델을 모를 때, 즉 모델 프리 강화 학습에 대한 내용이었습니다. 그만큼 모델을 정확히 알 수 있는 경우는 많지 않습니다. 하지만 바둑의 경우는 바둑의 규칙을 알고 있으며, 이는 모델을 안다는 것과 같은 뜻입니다. 예컨대 (13, 15)에 돌을 둔다면 그 다음 상태가 어떻게 될지 바둑의 규칙에 따라 우리는 미리 정확하게 알 수 있습니다. 우선 확률적인 요소 없이 (13, 15)에 돌이 놓여 질 것이고, 돌을 놓음으로써 경기가 종료된다면 보상까지 받습니다. 경기가 종료되는 조건 여부는 역시 바둑 규칙에 의해 정해집니다. 요컨대 액션을 하고 나면 다음 상태가 어떻게 될 지와 얼만큼의 보상을 받을지를 액션을 해보기도 전에 정확하게 알고 있는 것입니다. 그렇기에 컴퓨터의 머릿속에서 시뮬레이션을 돌려볼 수 있습니다. 액션 a를 하면 다음 상태가 s'이 되고, 거기서 액션 a'를 하면 그 다음 상태는 s''이 되고, 이런 상태 전이를 모두 시뮬레이션 해볼 수 있습니다. 이처럼 모델을 알 때, 이런 정보를 이용해서 더 나은 정책을 만드는 과정을 **플래닝**planning이라고 합니다. 말하자면 머릿속에서 이것 저것 해보면서 더 나은 계획을 짜는 것이기에 플래닝이라는 이름이 잘 어울리는 것 같습니다.

MCTS를 사용하기 위한 두 번째 조건은 게임 중간마다 시간적 틈이 있어야 한다는 점입니다. 바둑은 한 판 안에 사용할 수 있는 1시간이라는 제한 시간이 있고, 제한 시간을 다 사용해도 "초읽기"라 해서 한 수마다 1분의 시간을 생각에 사용할 수 있습니다. 바로 이 시간이 MCTS가 실행되는 귀중한 시간입니다. 반면에 스타크래프트와 같은 실시간 전략 시뮬레이션 게임의 경우 프로게이머는 1초 안에 평균 5번의 명령을 내릴만큼 액션 사이 시간 간격이 짧습니다. 평균적으로 0.2초마다 액션을 선택해야 한다는 뜻인데, 그 사이에 시뮬레이션을 돌려봐야 해볼 수 있는 게임 수가 너무 적어서 그 효과가 미미합니다. 이와 같은 이유 때문에 바둑은 MCTS를 사용하기에 그야말로 최적의 환경이며 그래서 MCTS가 바둑에서 활약할 수 있었습니다.

지금까지 MCTS의 의미와 MCTS를 사용하기 위한 조건을 알아보았습니다. 이제 본격적으로 알파고에서 MCTS가 어떻게 작동하는지 그 원리를 살펴보겠습니다. 앞서 설명한대로 주어진 상황부터 시작한다 하더라도 존재하는 많은 수를 다 시뮬레이션 해볼 수는 없습니다. 따라서 좀 "똑똑하게" 둬 봐야 합니다. 지금부터 그 방법에 대해 배워봅니다.

알파고에서의 MCTS는 선택, 확장, 시뮬레이션, 백 프로파게이션 이렇게 4단계로 구성되어 있습니다. 1단계부터~4단계까지 한 바퀴를 돌면 트리에 새로운 **노드**node 하나가 매달립니다. 여기서 노드는 바둑판의 한 상태에 대응됩니다. 노드에서 뻗어나가는 **엣지**edge는 액션에 해당합니다. MCTS는 이러한 과정을 여러 번 반복하여 트리에 주렁주렁 노드를 매달아 가는 과정입니다. 한 바퀴 돌 때마다 새로운 상태 1개를 방문하게 되고, 해당 노드를 나름의 방법으로 평가하여 그 노드에 오기까지 거쳐온 경로의 모든 엣지(액션)의 가치를 업데이트합니다. 해당 노드가 좋은 노드이면 엣지의 가치가 다같이 조금씩 올라가고, 안좋은 노드이면 엣지의 가치가 조금씩 줄어듭니다. 이렇게 평가가 누적되면 각 액션에 대한 평가는 점점 정확해지며, 다음에 액션을 선택할 때는 이 평가를 바탕으로 하여 좋았던 액션을 선택합니다. 자연스럽게 시뮬레이션 결과가 좋았던 수를 더 많이 해보게 됩니다. 이 과정을 반복하면 계속해서 새로운 노드가 매달리게 되고, 트리는 풍성해지며, 엣지의 가치, 즉 액션의 가치는 점점 더 정확해집니다. 자세히 살펴보겠습니다.

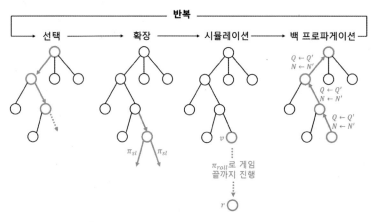

| 그림 10-8 | 알파고에서 진행 되는 MCTS의 개요도

1 선택

선택 단계는 루트 노드에서 출발하여 **리프 노드**(leaf node)(자식이 없는 노드)까지 가는 과정입니다. 그림 10-8의 선택 단계에서는 루트 노드에서 출발하여 총 3번의 액션을 선택하여 점선으로 되어 있는 리프 노드에 도달했습니다. 그 순간 다음 단계인 확장 단계로 넘어가게 됩니다. 그런데 각 노드에서 이루어진 3번의 선택은 어떤 기준으로 이루어졌을까요? 앞서 말씀드렸던 것처럼 기존에 평가해놓은 각 액션의 밸류를 높은 액션을 선택하도록 기준을 세워야 합니다. 그 결과 이를 위해 다음 $Q+u$의 값이 가장 큰 액션을 선택합니다.

$$a_t = \underset{a}{\mathrm{argmax}}(Q(s_t, a) + u(s_t, a))$$

$Q(s_t, a)$: 시뮬레이션 실행 후 얼마나 좋은지

$u(s_t, a)$: 시뮬레이션 실행 전에 얼마나 좋을 것이라 추측하는지(prior)

이 둘을 조화하여 액션을 선택합니다. 시뮬레이션을 진행하며 경험이 쌓일수록 $Q(s, a)$의 영향력은 커지고, $u(s, a)$의 영향력은 줄어듭니다. 이러한 의미가

어떻게 수식을 통해 구현되었는지 Q와 u 각각에 대해 살펴보겠습니다.

$Q(s, a)$는 s에서 a를 하는 것의 밸류를 뜻하며, s에서 a를 선택한 이후 도달한 리프 노드들의 평균을 통해 계산합니다. $Q(s, a)$는 처음에는 0으로 초기화되어 있습니다. 그러다가 s에서 a를 실제로 선택한 경험이 발생하는 순간 $Q(s, a)$의 값이 조금씩 업데이트 됩니다. a를 선택한 이후 최종적으로 도달한 리프 노드의 밸류가 높으면 $Q(s, a)$의 값이 증가하고, 리프 노드의 밸류가 낮으면 $Q(s, a)$의 값이 감소합니다. 예를 들어 보겠습니다. 시뮬레이션 도중 어떤 상태 s_{78}에서 액션 a_{33}를 선택하는 경험을 총 100번 경험했다고 가정해 봅시다. 그 100번의 경험마다 리프 노드에 도달할 것이고, 각각의 리프 노드를 $s_L^1, \cdots, s_L^{100}$이라 하겠습니다. 그러면 $Q(s_{78}, a_{33})$는 다음과 같습니다.

$$Q(s_{78}, a_{33}) = \frac{1}{100} \sum_{i=1}^{100} V(s_L^i)$$

다시 말해 (s_{78}, a_{33})을 지나서 도달한 리프 노드의 평균 밸류입니다. 여기서 주어진 리프 노드 s_L^i의 밸류 $V(s_L^i)$를 어떻게 계산하는지는 시뮬레이션 단계에서 다루겠습니다.

Q에 대한 설명을 마쳤으니 이제 u에 대한 설명으로 넘어가겠습니다. 수식으로 표현해보면 $u(s, a)$는 다음과 같습니다.

$$u(s_t, a) \propto \frac{P(s, a)}{1 + N(s, a)}$$

여기서 $P(s, a)$는 **사전 확률**prior probability로, 시뮬레이션 해보기 전에 각 액션에 확률을 부여합니다. $P(s, a)$는 앞서 사람 기보를 이용해 학습해두었던 $\pi_{sl}(a|s)$를 사용하여 정의합니다. 즉, $P(s, a) = \pi_{sl}(s, a)$입니다. 인간이라면 두었을 법한 수에 높은 확률을 부여하는 것입니다. $N(s, a)$는 시뮬레이션 도중 엣지 (s, a)를 지나간 횟수입니다. $N(s, a) = 0$에서 시작하여 한 번 지나갈 때마다 1씩 더해집니다(실제 $N(s, a)$값의 업데이트는 백 프로파게이션 단계에서 이루어집니다). $N(s, a)$가 0일 때는 분모가 1이되어 온전히 π_{sl}을 이용해 액션을 선택하지만, 점점 분모가 커지면서 사전 확률의 영향력은 줄어들 것입니다. 여기서 더 잘 두는

π_{rl} 대신 π_{sl}을 사전 확률로 사용한 이유는 논문에 따르면 π_{sl}이 π_{rl}보다 더 다양한 액션을 시도하는 정책이었기 때문에 π_{sl}로 사전 확률을 초기화 해주면, 그만큼 시뮬레이션 도중 다양한 수를 시도하여 다양한 경험을 쌓을 수 있습니다.

지금까지 Q와 u에 대해 알아보았습니다. Q와 u의 값은 이미 계산되어 각 엣지에 저장되어 있으니 헷갈리면 안됩니다. 선택 단계에서는 엣지별로 이 둘을 더해 큰 액션을 선택하기만 하면 됩니다. Q와 u는 시뮬레이션, 백 프로파게이션 단계에서 업데이트됩니다. 이렇게 루트 노드부터 시작하여 액션을 선택하며 리프 노드까지 진행합니다. 리프 노드에 도달하는 순간 확장 단계로 넘어갑니다.

② 확장(Expansion)

확장 단계는 간단합니다. 방금 도달한 리프 노드를 실제로 트리에 매달아 주는 과정입니다. 또한 이 노드에서 뻗어나가는 엣지들의 다양한 정보를 초기화해 줍니다.

$$P(s, a) \leftarrow \pi_{sl}(s, a)$$
$$N(s, a) \leftarrow 0$$
$$Q(s, a) \leftarrow 0$$

위 3가지 값이 정의되었기 때문에 이제 새로 추가된 노드에서 실행 가능한 각 액션에 대해서도 $Q(s, a) + u(s, a)$의 값을 계산할 수 있게 되었습니다. 따라서 이제 이 노드에서도 액션을 선택할 수 있으므로 이 노드는 더 이상 리프 노드가 아닙니다. 여기까지 마치면 본 리프 노드를 실제 트리의 노드로 확장한 것입니다.

③ 시뮬레이션(Simulation)

이 리프 노드가 트리의 정식 노드가 되었기 때문에 이 노드의 가치를 평가해 주어야 합니다. 앞서 보았던 $V(s_L)$를 계산하고자 하는 것입니다. MCTS에서는 노드의 밸류를 어떻게 계산할까요? 밸류를 계산하는 방법으로는 크게 두 가지 방법이 있고, 알파고에서는 이 방법들을 반반씩 섞어서 활용하였습니다.

첫 번째 방법은 바로 시뮬레이션해 보는 것입니다. 리프 노드 s_L부터 시작하여 게임이 끝날 때까지 빠르게 시뮬레이션해 봅니다. 여기서 "빠르게" 라고 표현한 이유는 이 시뮬레이션이 롤아웃 정책인 π_{roll}을 이용하여 진행하기 때문입니다. π_{roll}은 실력은 조금 떨어지지만 빠른 연산이 가능한 뉴럴넷입니다. π_{roll}을 이용하여 번갈아 두면서 게임 끝까지 갔을 때 이겼으면 +1, 지면 −1이 됩니다. 이렇게 얻은 시뮬레이션 경기의 결과 값을 z_L이라고 표기하겠습니다. 여기서 시뮬레이션은 딱 한 번만 진행되며, z_L값을 s_L의 밸류로 활용할 수 있습니다.

두 번째 방법은 우리가 준비해 뒀던 재료 중 하나인 밸류 네트워크 $v_{rl}(s)$를 활용하는 것입니다. $v_{rl}(s)$은 상태 s부터 π_{rl}로 플레이 했을 때 누가 이길지 예측해주는 함수였습니다. 시뮬레이션을 해볼 것도 없이 이 함수에 리프 노드 s_L을 인풋으로 넣어 주면 s_L의 밸류를 바로 알 수 있습니다. 그 값은 $v_{rl}(s_L)$입니다.

이렇게 2가지 방법을 통해 $V(s_L)$을 계산할 수 있습니다. 둘 중 한 가지만 사용해도 되지만 알파고에서는 이 둘을 섞었습니다. 섞는 방법은 간단합니다. 두 값을 반씩 섞어 주는 것입니다.

$$V(s_L) = \frac{1}{2} v_{rl}(s_L) + \frac{1}{2} z_L$$

두 값의 평균이라 해도 좋겠네요. 논문에 따르면 리프 노드를 평가할 때 z_L만 사용한 경우와 $v_{rl}(s_L)$만 사용한 경우보다 위와 같이 반반 섞어주는 쪽이 실제로 결과가 가장 좋았다고 합니다. 트리에 새롭게 추가된 리프 노드 s_L의 평가까지 마쳤습니다. 이제 이 값을 백 프로파게이션을 통해 뒤로 전파해줄 차례입니다.

4 백 프로파게이션(Back propagation)

앞서 Q(s, a) 값은 해당 엣지를 지나서 도달한 리프 노드 밸류의 평균이라고 했었는데요, 백 프로파게이션은 바로 그 평균값을 실제로 계산해주는 과정입니다. 더 정확히는 이미 계산된 평균값이 있고, 새롭게 도달한 리프 노드의 밸류를 평균값에 반영하기 위해 평균값 Q(s, a)를 업데이트해 주는 과정입니다. 그림 10-8처럼 리프 노드에 도달하기까지 지나온 모든 엣지에 대해 Q(s, a) 값과 N(s, a) 값을 업데이트해 줄 것입니다. 구체적인 업데이트 수식은 다음과 같습니다.

$$N(s,a) \leftarrow N(s,a) + 1$$

$$Q(s,a) \leftarrow Q(s,a) + \frac{1}{N(s,a)}(V(s_L) - Q(s,a))$$

지나온 모든 엣지에 대해 카운터의 값은 1 증가시켰고, $Q(s,a)$ 값은 $V(s_L)$의 방향으로 조금 업데이트 했습니다. 리프 노드가 좋은 노드였다면 경로의 액션들을 평가 절상한 것이고, 리프 노드가 안 좋은 노드였다면 해당하는 액션들을 평가 절하한 것입니다. 이 모든 과정은 리프 노드의 밸류 $V(s_L)$이 경로의 엣지들에 "전파"된다고 볼 수도 있습니다. 값이 리프 노드로부터 루트 노드로 전파된 것이니 "역전파(백 프로파게이션)"라고 부릅니다. 이와 같은 업데이트를 반복 진행하다 보면 결국 Q(s, a)는 액션의 실제 밸류로 수렴합니다.

이렇게 선택, 확장, 시뮬레이션, 백 프로파게이션 과정을 한 번 진행하면 하나의 노드가 새롭게 매달립니다. 이 과정을 무수히 반복하면 루트 노드로부터 시작되는 커다란 나무가 자랄 것입니다. 참고로 알파고의 경우 48개의 CPU와 8개의 GPU를 이용한 병렬 연산을 통해 굉장히 빠른 속도로 MCTS를 돌렸다고 합니다. 이렇게 거대한 연산량을 이용해 트리를 만들고 나면 이를 이용해 좋은 액션을 선택해야 합니다. 그렇다면 어떤 액션을 선택해야 할까요? 그림 10-9와 같이 루트 노드에서 선택할 수 있는 3개의 액션 a_1, a_2, a_3가 있다고 해 봅시다.

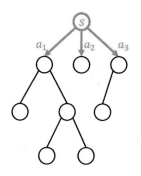

| 그림 10-9 | MCTS가 끝나고 최종 액션을 고르는 방법

결국 이 모든 과정은 루트 노드 s에 특화된 액션 하나를 뽑는 것이 목적이었다는 것을 잊어서는 안 됩니다. s에서 어떤 액션이 가장 좋은 액션일까요? 언뜻 생각하기에 MCTS에서 계산했던 액션 밸류인 $Q(s,a)$가 가장 높은 액션이 제일

좋은 액션이라 생각할 수 있습니다. 하지만 알파고에서는 $Q(s,a)$ 대신 방문 횟수, 즉 $N(s,a)$가 가장 큰 액션을 선택합니다. 그림 10-9에서는 a_1 아래에 노드가 가장 많이 매달려 있는 것으로 보아 a_1이 s에서 가장 많이 선택된 액션입니다. 따라서 최종적으로 a_1이 선택될 것입니다.

방문 횟수가 많다는 것은 MCTS 도중 그 엣지가 그만큼 유망한 엣지였다는 뜻입니다. 결국 $Q+u$의 값으로 선택하는데, 방문 횟수가 많아질수록 u의 영향력은 줄어들고 Q의 영향력만 남게 되니, Q 값이 컸다는 의미입니다. Q가 크다는 것은 그 엣지를 지나서 도달했던 리프 노드의 가치가 높았다는 뜻이기 때문에 이는 합리적인 선택입니다.

그런데 왜 곧바로 Q값이 높은 것을 선택하지 않고 $N(s,a)$이 높은 액션을 선택할까요? 아마 이는 신뢰도를 함께 고려하기 위함입니다. 예컨대 여행가서 음식점을 고를 때 A와 B 두 음식점이 있다고 해 봅시다. A 음식점은 평점이 4.3점인데, 리뷰 개수가 2천 개입니다. B 음식점은 평점은 4.4점이지만, 리뷰 개수는 17개입니다. 어떤 음식점이 더 신뢰가 가시나요? 아마도 A 음식점일 것입니다. 평점은 B가 더 높지만 평가 개수가 적어 신뢰하기 어렵습니다. MCTS에서도 마찬가지입니다. 어떤 엣지는 딱 한 번만 방문되어 좋은 Q값을 기록했을 수 있겠지만 그것은 믿을만한 정보가 아닙니다. 그래서 $N(s,a)$을 가지고 액션을 선택하는 것입니다.

알파고는 방문 횟수가 가장 높은 액션 하나를 **결정론적**deterministic으로 선택하지만 꼭 그럴 필요는 없습니다. MCTS가 결정론적이 아니라 **확률적**stochastic으로 움직이게 할 수도 있죠. 제일 좋은 액션 하나 대신, 모든 액션에 대해 각 액션별 방문 횟수에 비례하는 확률 분포를 리턴하면 됩니다. 이 확률 분포를 π_{mcts}라고 표기하겠습니다. 예컨대 액션이 3개일 경우 π_{mcts}는 다음과 같습니다.

$$\pi_{mcts}(s, a_i) = \frac{N(s, a_i)}{N(s, a_1) + N(s, a_2) + N(s, a_3)} \,,\ i = 1,2,3$$

예컨대 3개의 액션 방문 횟수가 각각 (10, 60, 30)이었다면 π_{mcts}는 그림 10-10과 같습니다.

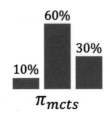

| 그림 10-10 | $\pi_{mcts}(s)$의 확률 분포

이처럼 확률 분포를 리턴하고, 그 확률 분포로부터 샘플링하여 액션을 뽑는 방법도 가능합니다. 그러면 MCTS를 마치고 난 뒤에도 루트 노드에서 실제로 선택하게 되는 액션은 매번 달라집니다. 이는 MCTS의 결과가 마치 정책 함수처럼 작동하는 것입니다. 알파고에서는 π_{mcts}를 사용하지 않지만, 뒤에서 나올 알파고 제로에서 π_{mcts}는 무척 중요한 역할을 하게 됩니다.

이렇게 MCTS에 대한 내용을 함께 살펴보았습니다. 요약하면 사전에 지도 학습과 강화 학습을 이용하여 MCTS에 쓰일 준비물을 만들고, 이세돌을 만난 순간 그 앞에서 MCTS를 돌리며 각 상황에서 최적의 액션을 탐색하여 바둑을 두는 것입니다. 이렇게 생각해보면 이런 알파고에게 1승을 한 이세돌이 정말 대단하게 느껴집니다. 알파고에 대해 알아봤으니 알파고를 조금 더 발전시킨 알파고 제로에 대한 이야기로 넘어가겠습니다.

10.2 알파고 제로

알파고의 흥분이 채 가시기도 전에 알파고의 개발사 딥마인드는 새로운 논문을 발표하였습니다. 그 논문의 이름은 "Mastering the Game of Go without Human Knowledge(David Silver et al., 2017 Nature)"입니다. 제목을 해석해 보면 사람의 지식을 배제하고도 바둑을 정복했다는 뜻입니다. 앞서 배운 것처럼 알파고는 인간의 도움을 많이 받았습니다. 인간 바둑기사의 기보 데이터를 활용해 지도 학습 기반의 2가지 정책 π_{sl}과 π_{roll}을 학습시켰습니다. 기보 데이터가 없었다면 이 둘은 존재할 수 없습니다. 그리고 이 둘은 MCTS에서 그야말로 핵심적인 역할을 수행합니다. π_{sl}은 아직 트리에 노드가 충분히 매달리기 전에 π_{sl}가 사전 확률을 제공하여 좋은 액션을 탐색하도록 도왔습니다. π_{roll}은 리프 노드를 평가할 때 재빠르게 경기 끝까지 시뮬레이션을 해 보는데 사용되었습니다. 상황이 이러하니 요컨대 알파고는 인류가 축적해온 지식 위에서 만들어졌다 해도 과언이 아닙니다. 그래서 사람이 전혀 생각할 수 없는 새로운 수를 기대하기에는 한계가 있었습니다.

그래서 진행된 후속 연구인 알파고 제로는 "Zero Human Knowledge"를 표방합니다. 그래서 이름도 **AlphaGo Zero(알파고 제로)**인 것이죠. 어떻게 기보 데이터의 도움 없이 학습이 가능했을까요? 기보 데이터가 없기 때문에 강화 학습을 진행하게 되면, 완전한 랜덤 정책에서 시작할 것입니다. 원숭이가 두는 것과 다를 바 없는 경기로부터 어떻게 의미 있는 경기를 생산해 낼 수 있었을까요? 그 모든 비결은 MCTS로부터 시작됩니다.

인간을 대신할 새로운 선생님, MCTS

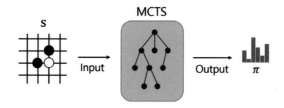

| 그림 10-11 | 상태에 특화된 정책 π를 내놓는 모듈로서의 MCTS

알파고의 작동 원리를 상기해보면 학습 단계에서는 MCTS가 전혀 쓰이지 않았습니다. 학습을 다 마치고, 실시간 대국 단계에서만 MCTS가 사용되었습니다. 하지만 알파고 제로는 알파고와 다릅니다. 알파고 제로의 핵심 아이디어를 한 줄로 표현하면 "학습 때도 MCTS를 활용하자"입니다. 어떻게 활용하는지 그림 10-11을 통해 살펴보겠습니다. MCTS를 그냥 현재 상태 s를 인풋으로 받아서 그에 특화된 정책 π(s)를 내놓는 모듈로 생각해 보겠습니다. 준비물 없이 MCTS를 돌리기 위해서는 MCTS 방식에 약간의 수정이 필요합니다. 그 디테일은 잠깐 미뤄두고, 지금은 일단 상태만 주어지면 해당 상태를 루트 노드로

하는 MCTS를 돌릴 수 있다고 생각하겠습니다. MCTS의 내부를 상자로 감싸 두면, 이 상자는 모든 상태에 대해 "정답 정책"을 알려주는 마술 상자와 같습니다. 그 정책이 비록 최적 정책은 아니겠지만, 손에 들고 있는 정책을 이용해 여러 번 시뮬레이션 해보고 얻은 결과이기 때문에 손에 들고 있는 정책보다 좋은 정책일 것입니다. 이를 정답으로 보고 학습합니다. 스텝마다 MCTS를 돌려서 각 상황에 따른 정답 확률 분포를 얻고, 그 분포와 현재 정책 네트워크의 아웃풋 사이 차이를 줄이는 방향으로 정책 네트워크를 업데이트합니다. 그 과정이 그림 10-12에 담겨 있습니다.

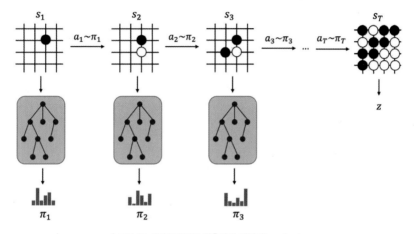

| 그림 10-12 | MCTS를 이용하여 진행되는 self-play

위 그림처럼 주어진 처음 상태 s_1에서 바로 MCTS를 돌립니다. 그러면 각 액션에 대한 확률 분포 $\pi_1(s_1)$을 얻습니다. 이 확률 분포에서 액션을 샘플링하여 a_1이 뽑혔다고 해봅시다. 그러면 a_1을 실제로 실행하고 상태 s_2에 도달합니다. s_2에서도 마찬가지로 MCTS를 돌립니다. 그러면 $\pi_2(s_2)$가 나오고 여기서 액션 a_2를 샘플링 하여 실제로 두고, 이 과정을 게임이 끝날 때까지 계속 반복합니다. 이렇게 하면 한 경기의 데이터가 생겼습니다. 같은 방식으로 반복하면 수백만 경기의 데이터를 얻을 수 있습니다. 이 데이터를 이용해 뉴럴넷을 학습합니다.

여기서 각각의 데이터는 (s_t, π_t, z_t) 꼴입니다. s_t는 t시점의 상태이고, π_t는 s_t에서 진행한 MCTS가 알려주는 정답 정책이고, z_t는 게임 결과값입니다. 만일 흑이 이겼다면 흑의 입장에선 $z_t = +1$, 백의 입장에선 $z_t = -1$이 됩니다. 이 데이터를 이용하여 뉴럴넷 f_θ를 학습합니다. f_θ는 정책 네트워크와 밸류 네트워크를 한 번에 계산해주는 네트워크입니다. 챕터 9의 TD 액터-크리틱을 구현했을 때처럼 뉴럴넷의 아랫단은 공유되며 윗단에서 갈라져 나와 액션의 확률 분포 p와 밸류 v를 리턴합니다. 즉, $f_\theta(s) = (p, v)$ 형태입니다.

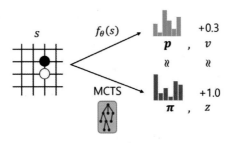

| 그림 10-13 | MCTS를 이용한 뉴럴넷의 학습

$f_\theta(s) = (p, v)$는 그림 10-13과 같은 방법으로 학습합니다. 데이터 1개 (s_t, π_t, z_t)가 주어졌다고 할 때 학습하는 방법에 대해 설명해보겠습니다. 상태 s_t를 f_θ에 인풋으로 넣어서 정책 네트워크의 아웃풋 p_t와 밸류 네트워크의 아웃풋 v_t를 계산합니다. p_t는 MCTS가 알려주는 확률 분포인 π_t와의 차이를 줄이는 방향으로 업데이트합니다. v_t는 경기 결과값인 z_t와의 차이를 줄이는 방향으로 업데이트합니다. 이를 손실 함수를 통해 적어보면 다음과 같습니다.

$$L(\theta) = (z_t - v_t)^2 - \pi_t log p_t$$

z_t와 v_t 사이 MSE와 π_t와 p_t 사이의 **크로스 엔트로피**cross-entropy를 더했습니다. $-\pi_t log p_t$는 π_t와 p_t 사이의 차이가 줄어들수록 값이 작아집니다. 이렇게 손실 함수 $L(\theta)$를 정의하고 나면 이를 줄이는 방향으로 뉴럴넷의 파라미터 θ를 업데이트하면 됩니다. 이를 말로 풀어보면 MCTS가 알려준 액션의 분포를 따라가도록 정책 네트워크를 업데이트하고, MCTS를 이용해 진행한 게임의 결과를 예측하도록 밸류 네트워크를 업데이트하는 것입니다.

결국 MCTS가 선생님입니다. 이게 자연스럽게 느껴지려면 본질적으로 p_t보다 π_t가 강하다는 것이 자연스럽게 느껴져야 합니다. p_t는 우리가 정의한 뉴럴넷 f_θ를 이용하여 현 상태에 대해 단숨에 좋은 액션에 대한 판단을 내리는 반면, π_t는 p_t를 이용해 죄다 시뮬레이션 해 본 다음에 판단을 내리는 것입니다. 따라서 π_t는 p_t보다 강할 수밖에 없습니다. 그래서 π_t가 p_t의 선생님이 될 수 있는 것입니다. 더 좋은 정책을 따라 배워야지, 덜 좋은 정책을 배우면 안되겠죠? 밸류도 마찬가지 이유입니다. 뉴럴넷이 단숨에 판단하는 것보다 훨씬 강한 정책인 π_t를 이용해 실제로 게임을 끝까지 해본 다음에 얻은 값이 더 정확할 것이고, 따라서 현재 예측치의 정답지가 되어 주는 셈입니다.

알파고 제로에서의 MCTS

이제 우리가 잠시 미뤄뒀던 이야기로 돌아오겠습니다. 어떻게 준비물 없이 MCTS를 진행하느냐 하는 것입니다. 알파고에선 MCTS를 돌리기 위해 여러 가지 준비물이 필요했습니다. 사람 데이터를 이용해 학습한 π_{sl}과 π_{roll}, 그리고 강화 학습을 통해 얻은 v_{rl}이 필요했지만 이들은 더 이상 존재하지 않습니다. 대신 아직 학습되지 않은 뉴럴넷 $f_\theta(s) = (\boldsymbol{p}, v)$가 있습니다. 이제는 f_θ만을 이용해 MCTS를 진행합니다. 결론부터 얘기하자면 π_{sl} 대신 $\boldsymbol{p}$를 사용하고, v_{rl} 대신 v를 사용합니다. π_{roll}은 사용하지 않습니다. 그림 10-14를 보겠습니다.

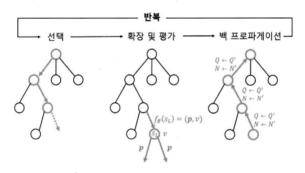

| 그림 10-14 | 알파고 제로에서 MCTS가 진행 되는 방식

기존 MCTS에서 확장 단계와 평가 단계가 하나로 합쳐지며 진행 방식이 조금 변형되었습니다. 기존의 확장 단계에서는 리프 노드 s_L에서 뻗어 나가는 액션의 사전 확률을 π_{sl}로 초기화했습니다. 하지만 이제는 π_{sl}이 없기 때문에 f_θ의 아웃풋인 $\boldsymbol{p}$를 이용하여 초기화합니다. π_{sl}은 인간 기보를 이용해 학습했기 때문에 꽤 잘 두는 정책인 반면 $\boldsymbol{p}$는 초기에는 완전한 랜덤 정책입니다. 그럼에도 불구하고 $\boldsymbol{p}$ 보다는 이를 이용해 MCTS를 돌린 것의 성능이 더 좋습니다. 게다가 학습이 진행됨에 따라 $\boldsymbol{p}$가 조금씩 발전할 것이기 때문에 MCTS 성능도 점점

좋아질 것으로 기대할 수 있습니다.

또 평가 단계에서 기존에는 s_L의 밸류 $V(s_L)$을 평가할 때 π_{roll}을 이용하여 얻은 시뮬레이션 결과와 밸류 함수 아웃풋 v를 반반 섞어서 사용했습니다. 이제는 π_{roll}이 없기 때문에 시뮬레이션 해볼 수 없습니다. 그래서 시뮬레이션 단계가 사라졌습니다. 대신 s_L의 밸류를 평가할 때는 f_θ의 아웃풋인 v를 이용합니다.

v 또한 초기에는 랜덤한 값을 리턴하겠지만, 실제 경기 결과를 이용해 학습됨에 따라 점차 정확하게 경기 결과를 예측할 것입니다. 이렇게 사소한 부분만 차이가 있을 뿐 나머지는 그대로입니다.

다시 한번 강조하지만, 재미있는 점은 f_θ는 처음에는 랜덤으로 초기화되어 있기 때문에 $(\boldsymbol{p}, v)$ 또한 초기에는 랜덤 한 값을 가질 것이라는 부분입니다. 그러니까 MCTS에서 액션의 사전 확률이 모두 랜덤으로 초기화되고, 리프 노드의 가치 또한 랜덤 값으로 초기화되어 있습니다. 여기서 중요한 것은 "그럼에도 불구하고" MCTS를 돌린 결과가 기존 $\boldsymbol{p}$보다 낫다는 것입니다. 랜덤 정책으로 바로 액션을 선택하는 것보다 랜덤 정책을 이용하여 MCTS를 해보고 그 중에서 결과가 좋았던 액션을 선택하는 것이 더 나은 정책입니다. 이 덕분에 MCTS는 선생님 역할을 할 수 있고, MCTS 덕분에 뉴럴넷 f_θ의 아웃풋 $\boldsymbol{p}$와 v는 점점 더 정확해집니다.

알파고 제로가 기존 알파고와 다른 부분은 이외에도 몇 가지 더 있습니다. 뉴럴넷의 인풋으로 들어가는 데이터에서 사람이 만든 피처를 완전히 제거했다든지, 뉴럴넷의 구조를 한층 더 깊은 뉴럴넷을 사용하였다든지 하는 등등의 디테일한 차이는 있지만, 더이상 언급하지 않겠습니다. 핵심은 학습 단계에 MCTS가 선생님이 되어 뉴럴넷의 업데이트 방향을 조정해준다는 점입니다.

이렇게 하여 알파고와 알파고 제로까지 모두 알아보았습니다. 무언가 최첨단의 인공지능 결정체처럼 느껴지던 알파고와 알파고 제로가 이제는 조금 익숙하게 느껴진다면 좋겠습니다.

블레이드 & 소울 비무 AI 만들기

복잡한 실시간 격투 게임에 강화 학습을 적용하는 일은 어떤 과
정을 거칠까요? 이번 챕터에서는 블레이드&소울에 강화 학습을
적용하여 에이전트를 학습시키는 과정과 시행착오에 대해 소개
합니다.

블레이드 & 소울 비무
AI 만들기

드디어 마지막 챕터에 도착했습니다. 이번 챕터에서는 제가 현재 속해 있는 NCSOFT Game AI 랩에서 진행했던 프로젝트를 소개하고자 합니다. 저희 팀은 강화 학습을 이용해 블레이드&소울(이하 B&S)이라는 MMORPG 게임에서 프로게이머 수준의 대전 AI를 만들었고, 해당 내용은 인공지능 컨퍼런스인 AAAI 2020-RL in Games 워크샵 논문[17] 및 세계적인 게임 개발자 행사인 GDC 2019의 AI 세션에서 소개되었습니다. 앞의 논문 및 발표에서 공개된 내용을 토대로 이번 챕터는 실전에서 강화 학습을 적용하여 인간 최고 수준의 에이전트를 만들기까지 어떤 과정을 거쳤는지, 또 어떤 시행착오를 겪는지 함께 살펴봅니다. 최대한 객관적으로 소개하기 위해 제 3자의 관점에서 이야기를 진행하겠습니다.

---

17 Oh, I., Rho, S., Moon, S., Son, S., Lee, H., & Chung, J. (2019). Creating Pro-Level AI for Real-Time Fighting Game with Deep Reinforcement Learning. arXiv preprint arXiv:1904.03821.

11.1 블레이드 & 소울 비무

| 그림 11-1 | 동양적 세계관을 가진 MMORPG 블레이드 & 소울

실제로 블레이드 & 소울 비무(B&S)를 플레이 경험이 있는 분도 있겠지만 생소한 분들도 계실 것입니다. 그래서 먼저 B&S라는 게임에 대해 먼저 소개해볼까합니다. B&S는 동양적인 세계관과 비주얼을 담고 있는 MMORPG(대규모 다중 사용자 온라인 롤플레잉 게임)입니다. 쉽게 말하면 캐릭터 하나를 정하여 육성해 다른 유저들과 협동 및 경쟁하며 몬스터를 잡거나, 무공 실력을 겨루는 게임입니다. 기타 MMORPG 게임에 비해 실제 무예를 묘사한 현실감 있는 액션 동작이 특징입니다. 각 플레이어는 검사, 권사, 역사, 기공사, 암살자, 소환사, 린검사, 주술사, 기권사, 격사, 투사, 궁사 총 12개의 직업 중 하나를 선택할수 있습니다. 그리고 각 직업은 고유한 스킬과 그로부터 파생되는 전투 메커니즘이 있어 다양한 색깔의 플레이가 가능합니다.

| 그림 11-2 | B&S 비무 전투 중 한 장면

그리고 B&S에는 PvP^{Player vs Player} 즉, 유저들끼리 겨룰 수 있는 비무라는 컨텐츠가 있습니다. 비무는 그림 11-2와 같이 8각형, 혹은 16각형의 링 안에서 상대와의 일대일 무공 진검승부를 펼치는 컨텐츠입니다. 철권, 스트리트 파이터와 같은 일대일 격투게임을 상상하면 비슷합니다. 3분 제한 시간 안에 상대방의 체력을 0으로 만들면 이기며, 만일 3분 안에 승부가 나지 않는다면 상대방에게 가한 피해의 합산이 높은 쪽이 이깁니다. 또 공정한 경쟁을 위해 비무에서는 아이템의 효과가 사라지고 모든 플레이어의 스탯(캐릭터의 강함을 나타내는 지표)이 표준화됩니다. 덕분에 몬스터를 사냥할 때는 아이템에 따라 체력이 강해지거나, 공격력이 강해지는 등의 차이가 있는 반면 비무에서는 모두 완벽히 동등한 조건에서 순수하게 무공 실력만을 겨룰 수 있습니다.

비무 속 도전 과제

그렇다면 강화 학습을 이용해 비무를 플레이하는 AI 에이전트를 학습하는 것은 얼마나 어려운 일일까요? 이에 대해 답하기 위해 비무가 갖고 있는 4가지 어려움을 소개하겠습니다.

■ 거대한 문제 공간

비무가 갖고 있는 문제 공간의 복잡도를 보다 쉽게 설명하기 위해 챕터 10에서 배웠던 바둑과 비교해 보겠습니다. 문제 공간의 크기를 정확히 측정하는 것은 불가능에 가깝지만 다음 값을 이용해 어느정도 어림해볼 수 있습니다.

$$\text{선택 가능한 액션 수}^{\text{게임의 길이}}$$

바둑의 경우 순간마다 선택 가능한 액션의 수가 1씩 줄어들기 때문에 직접 계산이 어렵지만, 실제로 가능한 경우의 수를 계산해보면 10^{170}정도라고 합니다. 반면 비무의 경우는 숫자가 대폭 증가합니다.

비무는 시점마다 선택해야 하는 액션의 종류만 3가지입니다. 어떤 스킬을 사용할지, 어떤 방향으로 이동할지, 어느 방향을 바라볼지 이렇게 3가지 종류의 결정을 내려야 합니다. 이를 각각 a_{skill}, a_{move}, a_{target}이라고 표현하겠습니다.

a_{skill}의 경우 저희가 학습한 **역사**^{Destroyer}라는 직업 기준으로 총 44가지[18] 선택지가 있으며 순간마다 처해있는 상태에 따라 사용 가능한 스킬이 바뀝니다. 평균적으로 10개 정도의 선택지가 사용 가능합니다. a_{move}는 경우 동서남북 방향에 움직이지 않는 옵션을 더하여 총 5가지가 가능합니다. a_{target}은 사실 연속적인 공간에서의 값으로 엄밀하게는 선택지가 무한하지만, 문제를 단순화시켜 상대방을 바라보거나, 진행 방향을 바라본다는 2가지 옵션만 제공하겠습니다. 그렇게 계산해도 이 세 종류의 선택을 틱마다 동시에 결정해야하기 때문에 그 조합의 수를 셈해보면 10*5*2 = 100가지 종류의 액션이 선택 가능합니다. 여기에 0.1초마다 1번의 결정을 해야 하는데, 평균 게임 길이가 90초가량이므로 총 900번의 액션을 실행합니다. 따라서 경우의 수는 $100^{900} = 10^{1800}$이 됩니다. 보수적으로 계산하였음에도 바둑에 비해 훨씬 문제 공간이 커다란 것을 확인할 수 있습니다.

② 실시간 게임이 갖는 제약

B&S 비무는 기본적으로 **실시간**^{real-time} 게임입니다. 모든 의사결정이 실시간으로 이루어지며 바로 게임에 반영되어 상태가 바뀝니다. 이는 **턴제**^{turn-based} 게임인 바둑과 대조됩니다. 실시간 게임이라는 특성 때문에 비무를 플레이하는 에이전트에게는 어려움이 있습니다. 첫 번째 어려움은 연산에 사용하는 시간이 매우 제한적이라는 점입니다. 바둑은 한 수를 둘 때 1분 가까이 시간을 생각하는데 사용할 수 있기 때문에 MCTS를 돌릴 수 있습니다. 덕분에 정책 네트워크의 실력이 조금 부족하더라도 주어진 상황에서 여러 번 시뮬레이션 해보며 더 좋은 액션을 선택할 수 있었습니다. 하지만 비무에선 그럴 사치를 부릴 여유가 없습니다. 0.1초 안에 현재 상태에 대한 데이터를 받고, 그에 대해 정책 네트워크가 액션을 선택하고, 그 액션을 다시 환경에 보내야 합니다. 따라서 정책 네트워크는 시뮬레이션 없이 단번에 좋은 액션을 선택해야 합니다. MCTS 없는 바둑 에이전트가 모두 굉장히 약했던 것을 생각해보면 무거운 모래 주머니를 달고 싸워야 하는 상황인 셈입니다.

---

18 이는 블레이드&소울의 2018년 가을 당시의 버전 기준입니다.

두 번째 어려움은 상대의 행동을 예측하며 플레이해야 한다는 점입니다. 바둑은 상대가 한 수를 두고, 상대의 모든 의사 결정을 확인한 후에 에이전트가 의사 결정을 내놓을 수 있습니다. 하지만 실시간 게임에서는 순간마다 동시에 의사 결정을 합니다. 따라서 상대 액션을 보고 나서 대응하려고 하면 이미 늦는 경우가 많습니다. 미리 이런 상황에선 '이런 액션을 사용하겠지'하고 예측한 후에 의사 결정을 해야하며 이는 문제의 난이도를 매우 어렵게 합니다.

3 물고 물리는 스킬 관계

B&S라는 게임에서 각 캐릭터가 사용하는 스킬은 저마다의 역할이 있습니다. 큰 틀에서 다음과 같은 5가지 역할로 분류해볼 수 있습니다.

1. **상태 이상**(Crowd Control, 이하 CC기) : 상대를 상태 이상에 빠뜨리는 스킬이며 콤보의 핵심 역할을 수행합니다. 상대방에게 상태 이상기를 거는 데에 성공하면 상대방은 속수무책으로 당할 수밖에 없습니다. 따라서 상태 이상기를 걸고, 데미지 딜링기를 이용해 상대의 체력을 깎고, 상태 이상이 풀릴 때쯤 다시 상태 이상을 이어가는 방식으로 콤보를 넣을 수 있습니다.

2. **저항** : 상대방의 CC기나 데미지 딜링기에 대해 잠시 동안의 면역 상태를 제공하는 스킬입니다. 상대의 CC기를 예측하여 타이밍 좋게 저항기를 사용하면 오히려 상대가 곤란한 상황에 빠지기도 합니다.

3. **탈출** : 이미 상대의 CC기에 맞았다면, 탈출기를 사용해 상태 이상을 벗어날 수 있습니다. 따라서 탈출기를 보유하고 있을 때와 그렇지 않을 때 전투에 임하는 양상이 완전히 달라집니다. 그 효과가 대단한 만큼 탈출기 스킬은 그 숫자가 적고(직업마다 다르지만 보통 1개~3개) 재사용까지의 필요 시간이 깁니다.

4. **데미지 딜링** : 상대의 체력을 빼는 데에 특화된 스킬입니다.

5. **이동** : 단숨에 상대에게 접근하거나 상대로부터 거리를 벌리는 스킬입니다.

앞서 살펴본 것처럼 비무는 실시간 게임이기 때문에 에이전트와 상대방은 동시에 액션을 선택합니다. 그리고 각각이 선택한 액션이 어느 역할군에 속하는지에 따라 가위바위보 관계가 생깁니다. 예컨대 다음 그림과 같습니다.

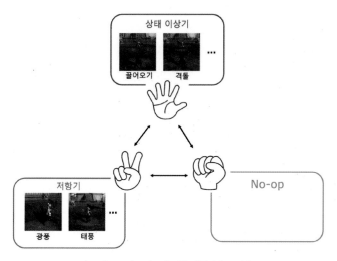

| 그림 11-3 | 스킬군에 따른 가위바위보 관계

- **No-op 〈 상태 이상기** : A가 no-op(no-operation, 아무 액션도 선택하지 않는 것)를 선택한 순간 B가 상태 이상기를 사용한다면 A에게 매우 불리한 상황이 펼쳐집니다. A는 상태 이상에 빠져 B가 퍼붓는 공격을 당할 수밖에 없기 때문입니다.

- **상태 이상기 〈 저항기** : A가 상태 이상기를 사용하는 순간 B가 저항기를 사용한다면 B에게 매우 유리한 상황이 펼쳐집니다. 저항기의 효과로 인해 역으로 A가 스턴에 걸리거나, A는 CC기가 없고 B는 CC기가 있으니 공격 주도권이 B에게 넘어가죠.

- **저항기 〈 No-op** : A가 저항기를 사용하는 순간 B가 No-op를 선택하면 A의 저항기만 낭비되고 끝납니다. 이후 B는 더 편하게 상태이상기를 사용할 수 있기 때문에 B가 유리해집니다.

이는 비무에 존재하는 무수히 많은 가위바위보 관계 중 하나일 뿐이며, 이런 관점에서 비무는 끊임없이 이어지는 가위바위보 게임이라고 볼 수도 있습니다. 상황에 따라 상대방의 심리를 파악해 적절한 패를 내야 하는 것이죠. 게다가 하나의 스킬이 때때로 2가지 이상의 역할을 수행하기도 하며 스킬마다 쿨타임(다시 사용하기까지의 텀)도 다르고 효과도 조금씩 다르기 때문에 이런 문제에서 최적의 스킬을 선택하는 것이 얼마나 어려운 문제인지 감이 올 것입니다.

◢ 상대방에 관계없이 robust한 성능

| 그림 11-4 | 수많은 B&S 프로게이머

B&S 비무를 플레이하는 프로게이머에게는 모두 저마다의 스타일이 있습니다. 누군가는 저항기 위주의 수비적 운용을 하고, 다른 누군가는 접근기(이동기)와 데미지 딜링 스킬 위주의 공격적 운용을 합니다. 하지만 에이전트는 이중 어떤 상대방을 만날지 미리 알 수가 없습니다. 다른 말로는 그 누구를 만나도 대처가 가능해야 합니다. 이는 문제의 난이도를 꽹장히 올리는 요소입니다. 정해진 한 명만 돌파하면 되는 것이 아니라 일반적으로 모든 상황의 모든 스타일에 대해 대처할 수 있어야 하기 때문입니다.

게다가 B&S에는 탄탄한 프로 게이머의 층이 있습니다. 한국, 북미, 유럽, 러시아, 중국 등 9개의 지역에서 리그가 열리며, 각 리그의 우승자들이 매년 1회씩 "B&S 월드 챔피언십"에 참여하여 경쟁합니다. 저희가 만든 에이전트는 라이브로 진행된 2018 B&S 월드 챔피언십에서 세계 각국의 최정상 플레이어와 대전해야 했습니다. 이처럼 robust한 성능을 갖기 위해 에이전트는 학습 도중 최대한 다양한 스타일의 플레이어들을 상대해야만 했고, 이를 위해 본 연구에서는 새로운 self-play 커리큘럼을 도입했습니다. 이에 대해서는 뒤에서 더 상세히 설명하겠습니다.

이제 B&S 비무가 어떤 컨텐츠인지, 또 프로 레벨의 에이전트를 만들려면 어떤 어려움을 이겨내야 하는지 감이 오셨을 것입니다. 이제 이 문제를 해결하기 위해 적용한 강화 학습 방법론에 대한 이야기로 넘어가겠습니다.

11.2 비무에 강화 학습 적용하기

이번에는 본격적으로 강화 학습을 적용해 에이전트를 만드는 방법론에 대해 살펴보겠습니다. 강화 학습을 적용하기 위해서는 문제를 MDP 형태로 만들어야 하기 때문에 어떻게 격투 게임을 MDP 형태로 만들 수 있는지 알아보겠습니다. 이어서 학습에 사용된 워커-트레이너 시스템과 알고리즘까지 소개하겠습니다.

MDP 만들기

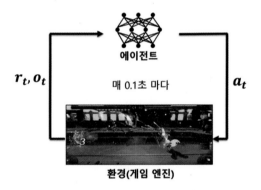

| 그림 11-5 | B&S 비무의 에이전트-환경 모식도

실시간으로 진행되는 게임을 MDP 형태로 만들기 위해 가장 먼저 해야 하는 작업은 게임을 이산적인 시간 단위로 쪼개는 것입니다. 논문에서는 0.1초의 시간을 1틱으로 정했습니다. 이보다 짧게 하면 에이전트의 정책 네트워크가 연산하는 데에 시간이 부족하고, 이보다 길어지면 에이전트의 반응 속도가 너무 느려지기 때문에 양쪽을 고려하여 정한 시간입니다. 따라서 뉴럴 네트워크로 이루어진 에이전트는 0.1초마다 상태를 인풋으로 받아 액션을 결정하여 환경(게임 엔진)에 보냅니다. 그에 따라 환경은 상태 변화를 일으키고 다음 상태를 에이전

트에게 전달합니다. 그림 11-5와 같이 이러한 루프가 계속해서 반복되며 게임이 진행됩니다. 각 요소에 대해 자세히 살펴보겠습니다.

■ 관측치(o_t)

에이전트는 틱마다 환경 안에서 현재 게임 상황에 대한 다양한 정보 o_t를 관측합니다. 엄밀히 얘기하면 관측치 o_t와 MDP에서의 상태를 뜻하는 s_t는 차이가 있습니다. o_t를 그대로 상태라고 보고 사용할 수도 있지만 일반적으로는 과거 정보까지 포함하여 $o_t, o_{t-1}, o_{t-2}, \cdots, o_1$를 이용하여 상태 s_t를 정의합니다. 보다 "마르코프하게" 상태를 정의하기 위함입니다.

$o_t, o_{t-1}, o_{t-2}, \cdots, o_1$를 이용해 s_t를 정의하는 방법은 RNN^{Recurrent Neural Network} 구조의 뉴럴 네트워크를 이용하면 됩니다. RNN은 인공 신경망의 특정한 구조를 가리키는 말입니다. 네트워크의 아웃풋이 다음 틱에서 다시 네트워크의 인풋으로 들어가 네트워크 안에서 정보가 흐를 수 있는 구조입니다. 저희는 RNN 중 가장 대표적인 구조인 LSTM^{Long-Short Term Memory} 구조를 사용했습니다. 그러면 네트워크 입장에서 틱마다 관측치 o_t를 받아 그 중에 필요한 정보는 다음 틱으로 흘려보내고, 필요하지 않은 정보는 막는 방식으로 업데이트 됩니다. 그렇게 흘러간 정보와 해당 틱에서의 관측치 o_t를 바탕으로 뉴럴넷이 상태 s_t를 만듭니다. 사실 이는 매우 디테일한 이야기이고, 잘 이해가 안 가신다면 o_t가 그대로 s_t로 쓰였다고 봐도 무방합니다.

o_t에는 다양한 정보가 포함되어 있습니다. 게임 도중 사람 플레이어가 관측할 수 있는 모든 정보를 그대로 에이전트에게도 제공했다고 생각하면 됩니다. 예컨대 현재 에이전트의 HP, 내력(스킬을 사용하기 위해 소모하는 자원), 위치 정보, 벽까지의 거리정보, 에이전트에게 걸려있는 상태 이상 정보(스턴, 그로기, 다운, 공중 등), 에이전트가 현재 틱에 사용할 수 있는 스킬 목록, 모든 스킬 각각에 대한 쿨타임 정보, 상대방과의 거리, 상대방의 HP, 상대방의 위치 정보, 상대방의 상태 이상 정보 등입니다.

■ 액션(a_t)

인간이 B&S 비무를 플레이 할 때 겪는 실제 액션 공간은 너무나 크며, 모든 액션이 반드시 필요하진 않습니다. 이런 상황에서는 도메인 지식을 활용하여 이동과 타깃팅 관련된 액션의 가짓수를 줄일 수 있습니다. 에이전트는 틱마다 a_{skill}과 $a_{move,target}$이라는 2가지 종류의 액션을 선택합니다.

a_{skill}은 말그대로 어떤 스킬을 사용할지 나타내는 것으로 총 44개의 스킬에 더하여 아무 스킬도 사용하지 않는 "no-op" 선택지를 하나 추가하여 총 45개 중 하나를 선택합니다. 여기서 no-op를 제공한 이유는 B&S에서 스킬은 아껴야 하는 대상이기 때문입니다. 스킬을 무턱대고 사용하면 해당 스킬을 재사용 대기 시간이 지날 때까지 사용할 수 없으므로 캐릭터가 굉장히 취약한 상태에 빠집니다. 사람의 경우에도 경기 도중 액션의 80% 이상이 no-op일 정도로 no-op는 중요한 액션입니다.

$a_{move,target}$은 이동 방향과 응시할 방향을 섞어서 제공하는 선택지입니다. 상대를 바라보며 앞, 뒤, 왼쪽, 오른쪽으로 이동하는 선택지(총 4개)가 있고, 움직이지 않는 "no-move" 액션이 있고, 마지막으로 상대로부터 빨리 도망치기 위해 상대방과 반대쪽을 바라보고 해당 방향으로 움직이는 액션이 있습니다. 정리하면 총 6가지 선택지를 제공했습니다.

에이전트는 a_{skill}, $a_{move,target}$ 하나씩을 선택하여 게임 엔진에 보내고, 게임 엔진은 해당 액션에 따라 캐릭터의 스킬을 사용하거나 해당 방향으로 캐릭터를 움직여서 상태 변화를 일으킵니다.

■ 보상(r_t)

| 그림 11-6 | B&S 에서의 보상

가장 중요한 보상을 정할 차례입니다. B&S 비무를 일대일 격투 게임이라고 본다면, 어떤 지표를 보상으로 줘야 할까요? 어떻게 하는 것이 격투 게임을 잘 하는 것일까요? 가장 먼저 떠오르는 정답은 승리입니다. 승리하는 에이전트가 잘하는 에이전트입니다. 승리를 보상으로 정하면 보상을 잘못 정할 수가 없습니다. 항상 이기는 에이전트가 최고의 에이전트인 것은 자명합니다. 하지만 승패는 한 게임에 딱 1번 발생하는 아주 희귀한 시그널입니다. 게임은 3분이고 0.1초가 1틱이니 최대 1800틱까지 길어질 수 있는 게임에서 딱 1번 존재하는 시그널을 이용해 강화하는 것은 매우 어려운 일입니다. 불가능하지는 않지만 정말많은 컴퓨팅 자원을 필요로 합니다. 따라서 승패 보상을 기본으로 하되, 자주발생하는 시그널을 더해줘야 합니다. 그래서 다음과 같이 체력 차이를 이용해보상 r_t^{HP}를 정의했습니다.

$$r_t^{HP} = \left(HP_t^{ag} - HP_{t-1}^{ag}\right) - \left(HP_t^{op} - HP_{t-1}^{op}\right)$$

HP_t^{ag}는 t 시점에 에이전트의 체력이고, HP_t^{op}는 t 시점에 **적**opponent의 체력입니다. 따라서 내 체력은 줄어들면 음의 보상을 받고, 적의 체력은 줄어들면 양의보상을 받습니다. 체력을 이용한 보상 시그널은 매우 자주 발생합니다. 나의 스킬이 적을 맞출 때마다, 반대로 적의 스킬에 내가 맞을 때마다 꼬박꼬박 보상이 발생합니다. 이런 시그널을 이용해 좋은 액션과 안 좋은 액션을 보다 쉽게구분할 수 있습니다.

여기서 한 번쯤 생각해봐야 할 것은 과연 체력을 이용한 보상이 "안전한" 보상인가하는 점입니다. B&S 리그에 참여한 A와 B를 생각해 봅시다. A는 이길 때마다 자신의 체력을 아주 조금 남기고 겨우 이기지만 승률이 100%입니다. B는 승률은 85%이지만 이길 때는 자신의 체력이 하나도 안 깎이고 완벽하게 상대방을 압도합니다. 이중 누가 더 잘 하는 플레이어일까요? 일반적으로는 A가 더 강한 플레이어입니다. 하지만 체력을 보상으로 주었다면 B가 A보다 보상을 더 많이 받을 수도 있습니다. 그러니 체력을 이용한 보상을 정의하게 됨으로써 "보상의 합을 최대화하는 것"과 "잘 플레이하는 것" 사이에 약간의 미스매치가 발생하게 됩니다.

본 연구에서는 어느 정도 미스매치를 감수하더라도 자주 발생하는 r_t^{HP}를 이용하는 쪽이 학습하는데 더 이득이 됩니다. 말하자면 Optimality(최적성)와 Frequency(빈도) 사이 트레이드 오프가 있는 것입니다. 제일 정확한 승패 시그널은 최적이지만 빈도가 너무 낮고, 자주 등장하는 체력 시그널은 최적은 아닐지 몰라도 빈도가 높아 학습을 빠르게 합니다.

이처럼 보상을 정할 때에는 이 트레이드 오프 사이 어딘가에서 선택을 해야 합니다. 체력 말고도 예컨대 에이전트가 CC기에 걸린 시간에 비례해서 음의 보상을 줄 수도 있고, 에이전트가 콤보를 이어갈 때마다 양의 보상을 줄 수도 있고, 정말 다양한 보상을 고안할 수 있습니다. 하지만 이 보상이 정말 최적의 플레이를 보장하는 보상인지 고민해보아야 합니다. 본 논문에서는 승패 보상과 체력 보상 이 2가지를 메인으로 사용했습니다.

$$r_t = r_t^{WIN} + r_t^{HP}$$

이후 전투 스타일을 만들기 위해 몇 가지 추가적 보상이 사용되었습니다만 그에 대해서는 뒤에서 다루기로 하겠습니다.

학습 시스템과 알고리즘

MDP의 기본 요소에 대한 정의를 마쳤으니 본격적으로 학습 과정에 대해 살펴보겠습니다. 먼저 학습 시스템은 그림 11-7과 같이 구성하였습니다.

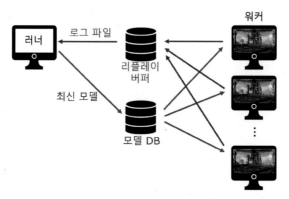

| 그림 11-7 | 워커-러너로 이루어진 학습 시스템

학습 시스템은 크게 보면 **워커**worker와 **러너**learner라는 2가지 요소로 이루어져 있습니다. 먼저 워커에서는 각각의 에이전트가 게임을 진행하며 경험을 쌓습니다. 각각의 워커는 중앙의 모델 DB(데이터베이스)에서 최신 모델을 받아와 플레이합니다. 대전 상대방의 모델 또한 모델 DB에서 가져오며 과거 모델 중 하나를 랜덤하게 뽑아서 가져옵니다. 즉, 최신 모델은 과거의 모든 자기 자신에 대해 강화됩니다. 이는 챕터 10에서 보았던 풀을 이용한 self-play 방식과 유사합니다. 경기가 끝나면 경기 로그 파일을 중앙의 리플레이 버퍼(챕터 8의 DQN 부분에서 설명했던 리플레이 버퍼를 여기서도 사용했습니다) 서버에 업로드 합니다. 대략 100개의 워커가 동시에 돌아갔으며 이 속도로 경험을 쌓으면 1주일 간 약 2년에 해당하는 플레이 데이터를 확보할 수 있습니다. 프로게이머와 대전한 최종 에이전트는 총 2주일간 학습했습니다.

러너는 정책 네트워크를 업데이트하는 것이 주된 역할입니다. 리플레이 버퍼에서 경기 로그를 가져와 정책 네트워크를 업데이트합니다. 업데이트를 하다가 중간에 정해진 주기마다 해당 네트워크의 복사본을 모델 DB에 업로드합니다. 결국 러너와 워커는 직접적으로 통신하는 내용은 전혀 없으며 모델 DB와 리플레이 버퍼를 통해 간접적으로만 모델과 데이터를 주고받습니다.

업데이트에 사용한 알고리즘은 **ACER**^{Actor-Critic with Experience Replay[19]}라는 알고리즘입니다. 이 알고리즘은 많이 알려진 **A3C**^{Asynchronous Advantage Actor-Critic[20]}의 off-policy 버전 알고리즘이기 때문에 A3C에 대해 먼저 간략히 설명하겠습니다. A3C는 다름이 아니라 챕터 9에서 배웠던 액터-크리틱 알고리즘을 여러 쓰레드를 이용해 병렬적으로 업데이트 할 수 있도록 약간 수정한 알고리즘입니다. 각각의 액터(혹은 워커)가 비동기적으로 작동하며 그라디언트를 계산하여 중앙에 보내고, 중앙에서는 그라디언트가 올 때마다 모델을 업데이트하여 다시 각각의 액터에 보내주는 방식입니다.

A3C는 기본적으로 on-policy 알고리즘입니다. 경험을 쌓는 네트워크와 학습을 받고 있는 네트워크가 동일해야 한다는 의미입니다. 만일 그 둘에 차이가 생기면 그라디언트 업데이트가 엉뚱한 방향으로 이루어집니다. 이를 보완하기 위해 만들어진 알고리즘이 바로 ACER입니다. ACER는 A3C에 off-policy 요소를 부여하기 위해 importance sampling라는 기법을 사용합니다. 이 기법을 사용하여 경험하는 네트워크가 계산한 그라디언트를 학습하는 네트워크의 관점에서 수정하여 올바른 그라디언트를 계산하도록 해줍니다. 또 이 과정에서 변동성을 줄이기 위해 몇 가지 트릭이 들어갑니다. 그 디테일에 대해서는 각주의 논문을 참조하면 됩니다. 정리하면 각 워커에서 쌓은 데이터를 이용해 off-policy 액터-크리틱 방식으로 네트워크를 업데이트한다고 이해하면 됩니다.

학습 대상이 되는 네트워크는 크게 4가지가 있습니다. 스킬을 결정하는 네트워크 π_{skill}, 이동과 타깃팅을 결정하는 네트워크 $\pi_{move,target}$, 스킬 액션의 가치를 평가하는 네트워크 Q_{skill}, 그리고 마지막으로 이동과 타깃의 가치를 평가하는 네트워크 $Q_{move,target}$입니다. 즉 2개의 정책 네트워크와 2개의 액션-밸류 네트워크가 사용되었습니다. 이 4개의 네트워크 모두가 하단부의 네트워크를 공유합니다. 앞서 챕터 9에서 배웠던 액터-크리틱 구현에서 정책 네트워크와 밸류 네트워크가 하단부를 공유했던 것과 동일합니다. 특정 시점의 관측치 o_t가 들

---

19 Wang, Z., Bapst, V., Heess, N., Mnih, V., Munos, R., Kavukcuoglu, K., & de Freitas, N. (2016). Sample efficient actor-critic with experience replay. arXiv preprint arXiv:1611.01224.

20 Mnih, V., Badia, A. P., Mirza, M., Graves, A., Lillicrap, T., Harley, T., ... & Kavukcuoglu, K. (2016, June). Asynchronous methods for deep reinforcement learning. In International conference on machine learning (pp. 1928-1937).

어오면 몇 개의 히든 레이어를 거쳐서 LSTM에 들어갑니다. 그리고 LSTM에서 나온 아웃풋이 다시 4개의 네트워크로 갈라져 나옵니다.

여기서 생각해 볼 것은 학습해야 하는 정책 네트워크가 2개 있다는 점입니다. π_{skill}과 $\pi_{move,target}$ 이렇게 2개의 네트워크를 학습해야 합니다. 여러 개의 정책 네트워크가 있을 때 학습하는 방법은 크게 3가지가 있습니다. 첫 번째 방법론은 "번갈아가며" 업데이트하는 방식입니다. 스킬을 사용한 데이터를 이용해 π_{skill}네트워크를 1번 업데이트하고, 이동 및 타겟팅을 선택한 데이터를 이용해 $\pi_{move,target}$ 네트워크를 1번 업데이트하는 과정을 번갈아 반복하는 것입니다. 두 네트워크가 하단부를 공유하기 때문에 사실 수학적으로 엄밀하다고 볼 수는 없으나 가장 손쉽게 사용할 수 있는 접근법입니다. 두 번째 방법론은 다음과 같이 π_{skill}과 $\pi_{move,target}$가 서로 독립이라 가정하고 곱셈을 이용해 쪼개서 계산하는 방식입니다.

$$\pi\left(a_{skill}, a_{move,target} \,|s\right) = \pi_{skill}\left(a_{skill}\,|s\right) * \pi_{move,target}\left(a_{move,target}\,|s\right)$$

마지막 세 번째 방법은 두 종류의 액션을 동시에 선택하는 것이 아니라 하나를 먼저 선택하고 그 다음에 다른 하나를 선택하는 것입니다. 격투 게임에서 스킬이 먼저냐 무빙이 먼저냐 하는 것은 대답하기 어려운 질문이겠지만 이 방법론을 사용하려면 무엇이든 먼저 결정할 것을 하나 정해줘야 합니다. 스킬이 먼저라고 가정하면, π_{skill}을 먼저 실행하여 a_{skill}을 뽑고, a_{skill}을 인풋으로 줘서 $a_{move,target}$을 결정합니다. 이를 수식으로 표현하면 다음과 같습니다.

$$\pi\left(a_{skill}, a_{move,target} \,|s\right) = \pi_{skill}\left(a_{skill}\,|s\right) * \pi_{move,target}\left(a_{move,target}\,|s, a_{skill}\right)$$

이동 정책 네트워크의 조건부 확률 오른편에 a_{skill}이 추가되었습니다. 이는 같은 상태 s에 있더라도 현재 선택한 스킬이 무엇인가에 따라 움직일 방향이 달라진다는 의미입니다. 이를 실제로 뉴럴넷으로 구현할 때는 뉴럴넷에 인풋으로 상태 정보와 더불어 선택된 스킬 정보인 a_{skill}를 함께 제공하면 됩니다. 3개의 방식 중 어느 방식이든 나름의 장단점이 있습니다. 본 논문에서는 가장 간단한 방식인 2개의 네트워크를 번갈아 가며 업데이트하는 방법론을 택했습니다.

이동 정책 네트워크의 학습

학습 시스템과 알고리즘, 방법론이 정해졌으니 바로 학습을 돌리면 될 것 같지만 실제로 학습을 해보면 이동과 관련된 정책 네트워크인 $\pi_{move,target}$를 학습하는데 애를 먹게 됩니다. a_{skill}의 경우 단일 액션만으로도 이후 상태에 큰 영향을 미칠 수 있지만, $a_{move,target}$의 경우 단일 액션이 만들어내는 상태의 변화가 크지 않기 때문입니다. 좀 더 자세히 얘기해보자면, 스킬을 사용한 경우 해당 스킬이 상대에게 히트했는지 여부에 따라 이후 전투 양상이 180도 달라지며 히트하지 않았더라도 해당 스킬에 공백이 생기기 때문에 이후 전투 운영 방식이 달라집니다. 반면 이동의 경우 어느 한 방향으로 한 틱 움직인다고 해서 캐릭터의 상태가 크게 변하지는 않습니다. 왜냐하면 한 틱, 즉 0.1초 동안 움직이는 거리는 매우 제한적이기 때문입니다. 액션이 상태 변화에 미치는 영향이 미미하다면 학습이 매우 힘듭니다. 논문에서는 바로 이런 이유 때문에 다음과 같은 방법을 도입했습니다.

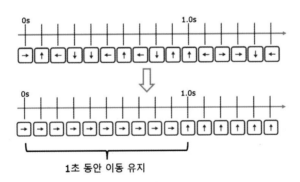

| 그림 11-8 | 이동을 유지함으로써 액션의 효과를 크게 만드는 방법론

그림 11-8과 같이 이동 액션 10개를 묶어서 하나의 액션으로 생각하는 것입니다. 한 번 이동 방향을 정하고 나면 앞으로 추가적인 9틱 동안은 꼼짝없이 같은 방향으로 움직여야 합니다. 이렇게 하면 단일 액션이 환경에 미치는 영향이 비약적으로 커집니다. 실제로 상대방과의 거리가 멀어지거나, 줄어들거나 하며 그에 따라 받는 보상이 달라지고, 이를 이용해 각 이동 액션의 확률을 조정해줄 수 있게 됩니다.

하나의 이동 명령을 유지하는 시간을 10틱보다 더 길게 할 수도 있습니다. 그러면 단일 이동 액션의 효과는 더욱 커지겠지만 그만큼 상대방의 액션에 대해 즉각적인 반응이 어려워집니다. 논문에서는 이동을 유지하는 다양한 간격에 대해 실험해 본 결과 10틱의 경우가 가장 좋았다고 합니다. 결국 에이전트는 틱마다 a_{skill}을 결정하고, 10틱에 한 번씩 $a_{move,target}$을 결정합니다. 그만큼 이동을 학습하는데 사용할 수 있는 데이터의 양은 줄겠지만 대신 단일 액션의 효과를 키움으로써 학습의 질을 올린 셈입니다. 실제로 이 방법을 사용하고 난 후에야 에이전트가 비로소 전진, 후퇴 등의 이동 전략을 학습했다고 합니다.

학습 결과

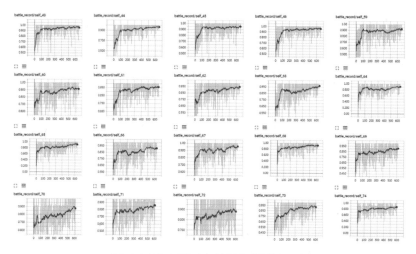

| 그림 11-9 | 과거의 자기 자신들에 대한 학습 곡선

앞서 살펴본 방법론을 토대로 self-play 학습을 진행한 결과는 그림 11-9와 같습니다. 가장 최신 모델이 과거의 모델 각각에 대해 승률이 어떻게 변화했는지 보여주는 그림입니다. 학습이 진행됨에 따라 과거의 모든 모델에 대해 승률이 올라가는 것을 확인할 수 있습니다. 이런 그림이 그려졌다면 아주 이상적으로 학습이 진행되고 있다는 뜻입니다. 많은 경우에는 과거의 모델 풀에 대해 전반적 성능은 증가하더라도 일부에 대한 성능은 오히려 감소할 수도 있습니다. 그런 경우 풀에서 모델을 뽑는 비율에 변형을 가해 문제를 완화할 수 있습니다. 예컨대 승률이 잘 안 오르는, 즉 현재 에이전트가 고전하는 상대방을 더 자주

뽑히게 해서 해당 에이전트에 대한 특별 훈련을 하는 것이죠. 반대로 이미 압도하고 있는 상대 모델들이 있다면 뽑힐 확률을 낮춰 줄 수 있습니다. 제한된 경험 자원을 낭비하지 않기 위한 방법입니다. 본 논문에서는 그런 트릭을 사용하지는 않았고, 일반적인 균등 확률 분포를 이용하되 가장 최신 모델이 좀 더 자주 뽑히도록 하는 정도의 변형만 주었다고 합니다. 보다 최신 모델이 아무래도 더 강할 테니, 더 강한 모델과의 경험을 더 많이 쌓게 해주는 의도입니다.

지금까지 B&S 비무를 MDP로 만드는 방법, 학습 시스템의 구성, 학습 알고리즘 및 학습 방식까지 살펴보았습니다. 지금까지 배운 내용만으로도 수준급으로 B&S 비무를 플레이 하는 에이전트를 만들 수 있습니다. 하지만 진정 인간 최고 수준의 플레이에 도달하기 위해서는 여기에서 한 걸음 더 나가야 합니다. 이제부터 그에 대해 알아보겠습니다.

11.3 전투 스타일 유도를 통한 새로운 방식의 Self-Play 학습

이번 챕터의 초반부에 B&S 비무 문제의 어려움에 대해 이야기할 때 비무에는 다양한 전투 스타일이 있고, 잘 플레이하기 위해서는 모두에 대해 대응할 수 있어야 한다고 강조했습니다. 따라서 우리 에이전트도 학습 도중 다양한 스타일의 상대방을 만나봐야 합니다. 기존의 self-play 방법론만 가지고는 에이전트가 다양한 스타일의 상대방을 경험해 볼 것임을 보장할 수 없습니다. 그래서 논문에서는 보상의 변형을 통해 직접 다양한 전투 스타일의 에이전트를 만들었습니다.

보상을 통한 전투 스타일 유도

비무를 간단히 격투 게임이라 생각한다면, 격투 게임에서 스타일을 가르는 요소는 무엇이 있을까요? 가장 눈에 띄고, 극명한 차이를 만드는 요소가 바로 공격성이라 생각했습니다. 그래서 본 연구에서는 서로 다른 정도의 공격성을 가진 3개의 에이전트를 만들었습니다. 공격형, 수비형, 그리고 밸런스형 에이전트입니다.

그런데 에이전트 안에 서로 다른 전투 스타일을 녹여내는 것은 간단한 일이 아닙니다. 왜냐하면 전투 스타일을 주입하는 것 그 자체로도 간단하지 않고, 심지어 동시에 잘 싸워야 하기 때문입니다. 전투 스타일이 확실하면서도 잘 싸워야 학습 과정에서 의미 있는 대전 상대가 될 수 있습니다. 스타일만 눈에 띄고 잘 싸우지 못한다면 그를 이기는 방법을 학습한다고 해서 별 도움이 되지는 않을 것입니다. 따라서 목표는 잘 싸우면서도 서로 다른 공격성을 갖고 있는 세 에이전트를 만드는 것입니다.

논문에서는 이를 위해 **보상 조절 방법**reward shaping을 사용했습니다. 보상의 변형을 통해 스타일을 유도하는 것입니다. 논문에서 사용한 보상은 크게 메인 보상과 전투 스타일 보상 2가지로 나뉩니다. 메인 보상은 앞서 설명한 승패 보상 및 체력에 관한 보상입니다. 이 둘을 최대화하는 것이 곧 플레이를 잘 하는 것에 해당합니다. 스타일 보상은 말그대로 스타일을 유도하기 위한 보상입니다. 메인 보상에 더하여 조미료를 첨가하듯 아주 조금, 스타일 관련 보상을 더해 주었습니다. 그러면 에이전트의 메인 목표는 잘 싸우는 것이면서도 동시에 보조 목표는 자신만의 전투 스타일을 익힐 수 있습니다. 스타일 보상은 그림 11-10과 같습니다.

| 그림 11-10 | 스타일을 유도하기 위한 보상 함수 조절

공격성이라는 스타일을 유도하기 위해 크게 3가지 축에서 보상을 조절했습니다. 첫 번째 축은 체력 비율입니다. 보상을 계산할 때 자신의 체력과 상대방의 체력에 가중치를 어떻게 줄지에 대한 비율입니다. 공격적인 에이전트는 자신의 체력을 조금 내주더라도 상대의 체력을 깎는 것이 중요합니다. 반면 수비적인 에이전트는 상대 체력을 조금 덜 깎더라도 자신의 체력을 보존하는 것이 더 중

요합니다. 그래서 체력에 대한 보상을 계산할 때 공격적인 에이전트는 상대방의 체력 비율을 더 높게 책정했고, 수비적인 에이전트는 자신의 체력 비율을 더 중요하게 보도록 했습니다.

두 번째 축은 경기 시간에 대한 패널티입니다. 공격적인 에이전트는 틱마다 상대적으로 커다란 음의 보상을 받습니다. 따라서 이 에이전트가 보상을 최대화하려면 최대한 빠른 시간 안에 게임을 끝내야 합니다. 이를 수행하기 위해 끊임없이 상대방에게 접근하며 공격을 퍼부을 것입니다. 수비만으로는 게임을 끝낼 수 없으니까요. 반면 수비적인 에이전트는 시간 패널티를 전혀 주지 않았습니다.

세 번째 축은 거리에 대한 패널티입니다. 거리에 대한 패널티는 경기 시간에 대한 패널티와 일맥상통합니다. 공격적인 에이전트가 틱마다 거리에 비례하여 커다란 음의 보상을 받도록 하여 상대에게 접근하는 플레이 스타일을 유도하였습니다. 반면 수비적인 에이전트는 거리에 대한 패널티를 주지 않아 상대방에게 다가갈 유인이 없도록 했습니다.

공격적 전투라는 특성이 어떻게 보상에 녹아 들어갔는지 살펴보는게 좋습니다. 에이전트에게 부여한 보상이 항상 해당 특성과 일치하지 않을 수도 있고 혹은 각각의 전투 스타일을 만들기 위해 더 좋은 다른 형태의 보상이 존재할 수도 있습니다. 위 3개의 축과 구체적 값은 하나의 예시라고 생각하면 좋습니다.

물론 여기서 가장 어려운 것은 구체적인 비율을 정하는 일입니다. 메인 보상과 스타일 보상 사이의 비율도 정해야 하고, 스타일 보상 안에서도 각 스타일에 대해 상대적 보상 비율을 정해야 합니다. 이 비율이 틀어지면 매우 극단적이거나 혹은 거의 눈에 띄지 않는 밋밋한 스타일을 갖게 됩니다. 이런 과정은 어쩔 수 없이 사람의 노력을 필요로 하는 **핸드 튜닝**hand-tuning 과정을 거쳐야 합니다. 적당한 비율을 정해 학습해보고, 이상하면 비율을 바꿔서 다시 학습해 보는 방식입니다. 논문에서는 결국 위와 같은 비율의 보상을 이용해 3가지 전투 스타일을 가진 에이전트를 만들었습니다. 이제 이를 이용해 새로운 self-play 커리큘럼에 들어갈 차례입니다.

새로운 self-play 커리큘럼

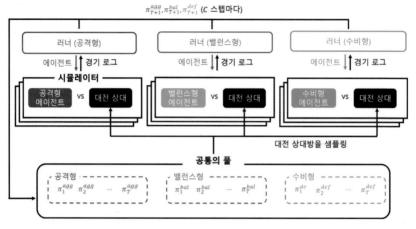

$\pi_{T+1}^{agg}, \pi_{T+1}^{bal}, \pi_{T+1}^{def}$ (C 스텝마다)

| 그림 11-11 | 3가지 스타일의 에이전트를 이용한 self-play 커리큘럼

논문에서는 그림 11-11과 같이 3가지 전투 스타일의 에이전트를 이용한 새로운 self-play 커리큘럼을 제시했습니다. 3가지 종류의 에이전트가 서로 경쟁하며 강화되는 방식입니다. 그림을 자세히 살펴보면, 먼저 3개의 스타일을 위한 3개의 러너가 있고, 각각의 러너는 해당하는 스타일의 고유한 보상을 통해 에이전트를 학습합니다. 공격형 에이전트를 학습하는 러너는 공격형에 맞는 보상을, 수비형 에이전트를 학습하는 러너는 수비형에 맞는 보상을 사용하는 방식입니다. 3개의 러너를 각각 사용하는 보상 함수만 다를 뿐 학습 알고리즘이나 업데이트 방식은 모두 동일합니다. 그럼에도 불구하고 러너마다 보상이 다르기 때문에 서로 다른 스타일의 에이전트가 생성됩니다.

그렇게 학습된 3가지 스타일의 에이전트는 일정한 주기로 하나의 거대한 풀에 모입니다. 즉, 풀에는 공격형, 수비형, 밸런스형 에이전트가 모두 존재합니다. 이 풀은 나중에 시뮬레이터에서 대전 상대방으로 쓰이기 위해 존재합니다. 각각의 러너마다 할당된 n개의 시뮬레이터가 있으며, 각 시뮬레이터는 공통의 풀에서 무작위로 에이전트를 뽑아와 대전을 진행합니다. 결국 공격형, 수비형, 밸런스형 등 어떤 에이전트라도 대전 상대방으로 뽑힐 수 있습니다. 이렇게 대전을 진행하면 각각의 러너에서는 모든 종류의 스타일을 상대할 수 있도록 학습이 됩니다. 예컨대 공격형 러너에서는 공-수-밸 모두를 상대할 수 있는 공격형 에이전트를 학습할 수 있습니다. 이것이 본 self-play 방법론의 핵심입니다.

논문에서는 3가지 스타일을 예로 들었지만 이는 얼마든지 확장할 수 있음을 강조합니다. 예컨대 공격성의 축에서 3가지보다 많은 종류의 에이전트를 만들 수 있습니다. 더 나아가 공격성이 아닌 다른 축에서 에이전트를 만들 수도 있습니다. 그렇게 에이전트의 스타일의 범위를 확장한다면 본 방법론은 더 효과가 증대될 것입니다. 결국 실전에서 그 어떤 스타일의 상대방을 만나더라도 대처할 수 있습니다. 논문에서는 이 방법론이 실제로 성능 향상에 도움을 줬다는 몇 가지 실험 자료도 제시하지만 여기서 그것까지 다루지는 않도록 하겠습니다.

이와 같이 self-play 도중 상대방의 다양화를 꾀하는 방법론은 근래에 다양한 분야에서 강화 학습 에이전트를 학습하여 인간 최고 수준에 도달하기 위해 많이 사용하는 방법론입니다. 인간 최고 수준에 도달한 스타크래프트 인공지능인 알파 스타[21]도 마찬가지로 self-play 강화 학습을 이용해 학습했습니다. 학습 도중 만나볼 상대의 전략의 다양화를 위해 인간이 사용한 전략들의 모음에서 하나를 샘플링하여 따라하게 하는 방식을 사용했습니다. 해당 전략을 플레이한 인간이 선택한 액션과 에이전트가 선택한 액션이 다르면 패널티를 주고, 같으면 보상을 주는 방식입니다. 또 포커에서 인간 챔피언을 이긴 AI인 **플러리버스**Pluribus[22]도 마찬가지로 self-play 도중 다양한 대전 상대방을 만들기 위해 비슷한 트릭을 사용했습니다. 근간이 되는 전략이 있고, 해당 전략에서 **콜**call에 치우친 에이전트, **레이즈**raise에 치우친 에이전트, **폴드**fold에 치우친 에이전트를 만든 것입니다. 각각이 말하자면 B&S에서의 밸런스형, 공격형, 수비형과 유사하다고 볼 수도 있습니다. 이들은 근간이 되는 정책에서 더 각각의 액션에 치우친 에이전트를 만들기 위해 단순히 해당 액션의 확률을 5배 올려주는 방식을 이용했습니다. 이처럼 self-play를 통한 학습을 할 때 대전 상대의 다양성을 확보하기 위해 여러 방법론이 적용되었고 B&S에서 도입한 리워드를 이용한 전투 스타일 다양화도 이러한 흐름과 궤를 같이 합니다.

---

21 Vinyals, O., Babuschkin, I., Chung, J., Mathieu, M., Jaderberg, M., Czarnecki, W. M., ... & Ewalds, T. (2019). Alphastar: Mastering the real-time strategy game starcraft ii. DeepMind blog, 2.

22 Brown, N., & Sandholm, T. (2019). Superhuman AI for multiplayer poker. Science, 365(6456), 885-890.

바닥부터 배우는
강화 학습

1판 1쇄 발행 2020년 9월 15일
1판 3쇄 발행 2023년 9월 20일

저 자 노승은
발행인 김길수
발행처 (주)영진닷컴
주 소 (우)08507 서울특별시 금천구 가산디지털1로 128
STX-V 타워 4층 401호
등 록 2007. 4. 27. 제16-4189호

ⓒ2020., 2023. (주)영진닷컴
ISBN 978-89-314-6317-0

YoungJin.com **Y.**
영진닷컴

영진닷컴
프로그래밍 도서

영진닷컴에서 출간된 프로그래밍 분야의 다양한 도서들을 소개합니다.
파이썬, 인공지능, 알고리즘, 안드로이드 앱 제작, 개발 관련 도서 등 초보자를 위한
입문서부터 활용도 높은 고급서까지 독자 여러분께 도움이 될만한
다양한 분야, 난이도의 도서들이 있습니다.

스마트 스피커
앱 만들기
타카우마 히로노리 저
336쪽 | 24,000원

호기심을 풀어보는
신비한 파이썬 프로젝트
LEE Vaughan 저
416쪽 | 24,000원

나쁜 프로그래밍
습관
칼 비처 저
256쪽 | 18,000원

유니티를 이용한
VR앱 개발
코노 노부히로, 마츠시마 히로키,
오오시마 타케나오 저
452쪽 | 32,000원

하루만에 배우는
안드로이드 앱 만들기
2nd Edition
서창준 저
272쪽 | 20,000원

퍼즐로 배우는
알고리즘 with 파이썬
Srini Devadas 저
340쪽 | 20,000원

돈 되는
안드로이드 앱 만들기
조상철 저
512쪽 | 29,000원

IT 운용 체제 변화를 위한
데브옵스 DevOps
카와무라 세이고, 기타노 타로오,
나카야마 타카히로 저
400쪽 | 28,000원

게임으로 배우는
파이썬
다나카 겐이치로 저
288쪽 | 17,000원

수학으로 배우는
파이썬
다나카 카즈나리 저
168쪽 | 13,000원

텐서플로로 배우는
딥러닝
솔라리스 저
416쪽 | 26,000원

그들은 알고리즘을
알았을까?
Martin Erwig 저
336쪽 | 18,000원